حرب السويس
وشروق شمس الناصرية

نواف نصار
٢٠٠٨

بسم الله الرحمن الرحيم

الطبعة الأولى

2008

حرب السويس وشروق شمس الناصرية/نواف محمود نصار. عمان: المؤلف، ٢٠٠٧

ر.أ.: (٢٠٠٧/٦/١٦٧٨)

الواصفات: / قناة السويس// مصر//البحر الأحمر/

أعدت دائرة المكتبة الوطنية بيانات الفهرسة والتصنيف الأولية

مركز الكتاب الأكاديمي

شكر و اعتزاز

إلى ولدي نضال

لقد كان لمساعدتك لي في صف هذا البحث
على جهاز الحاسوب – وأنت لم تبلغ الثانية
عشرة – آثار عظيمة ، وفوائد جمة ، وفرت
علي الكثير من الجهد و العناء و المال ..
بارك الله فيك ، و هداك و رعاك ، وبلغك كل
ما تشتاقه نفسك ، ويصبو إليه فؤادك ، من
رفعة و سؤدد .. ..

والدك

" قناة السويس هي قضية الصراع بين الشرق والغرب منذ أن وجد الغرب
سبيله إلى خزائن الشرق ، وهي قطب الرحى في كل برنامج استعماري تضعه لنفسها
دولة أيا **كانت** ، ولذلك كانت وثيقة الصلة بجميع الحروب التي نشبت ، وبتطورات
العالم في ميادين السياسة والاقتصاد "

الدكتور مصطفى الحفناوي
في كتابه النفيس : قناة السويس ومشكلاتها المعاصرة
الجزء الأول ص ٥

بسم اللـه الرحمن الرحيم

الحمد لله الذي هدانا ، وما كنا لنهتدي لولا أن هدانا اللـه .

أما بعد فقد شاءت مقاديره عـز وجـل أن أعـيش فـترة طفـولتي في طرف مـن الـزمن الناصري الجميل ، أو قل بقايا زمن الكرامة والعز الذي كان عبد الناصر المساهم الأكبر في صنعه ، ووضع أسسه وأركانه ، وإشعال شموعه وأنواره ، فكنت أرى الناس يلتفون حول المذياع للاستماع إلى خطاباته وكلهم شوق ولهفة لما سيقوله الرئيس في ذلك الخطاب ، وكنت أراهم يرقبون كلماته بكل يقظة وحـذر بـل ويطلبـون مـن الآخرين الصمت حرصا على أن لا تفوتهم كلمة من كلماته .

ولما كبرت ، وأصبحت منغمسا في شـؤون الثقافة والمعرفة ،وأصبحت مـن الـذين يعرفون على الأقل ما يدور حولهم ، أخذت أجمع الكتب عن تلك الفـترة الخصبة مـن التاريخ الحديث ، لأجد أن فترة الزمن الناصري هـي أخصب فـترات تاريخنا الحديث وأغناهـا بالمواقف الشجاعة المشرفة ، وبالإنجـازات العظيمـة التـي خلدت صاحبها ورسمت اسمه بحروف من نور في صفحات التاريخ العربي والعالمي الحديث .

ولما أردت الاستزادة ، رحت أدور على المكتبـات التجارية لجمع أكبر عـدد مـن المراجع عنها ،ولما لم أجد ما يكفيني فزعت إلى المكتبات العامة فوجدت عددا آخر مـن المراجع أقبلت عليها قراءة وتلخيصا وتصويرا ،وركزت عـلى موضـوع "حـرب السـويس" كونها البداية الحقيقية للخروج مـن ظلمـات الاسـتعمار والتبعيـة الى أنـوار الاسـتقلال والحرية ، وبداية مرحلة الشموخ والصعود وامتلاك القرار بدون الرجوع إلى تلك الدولة العظمى الوصية ، أو تلك القوة المتنفذة العلية ، فكانت المرحلة التالية غنية بآثار ذلك كله ونتائجه وفضائله .

ولما توفر لدي ذلك العدد الطيب من المراجع والمصادر ، آنسـت في نفسيـ القدرة على الشروع في الكتابة وليس لي من معين سوى قدرته عز وجل وتوفيقه ،

٥

وذلك الحماس المتأجج للخوض في غمار السويس ودروب الناصرية الصعبة المريرة ، لعلي آتي بشيء أضيفه إلى ما كتبه الأساتذة عبر عشرات السنين عن هذا الموضوع الجليل .

كانت حرب السويس مفصلا فاصلا لمواقف مصر ومواقف أعدائها ،فقد أصبح لمصر مواقفها الشجاعة المستقلة،فغدت تعامل الكل بما يستحق بدون ذرة من مجاملة أو حتى دبلوماسية - كما نصف في معظم الأحيان المواقف الجبانة!-وأصبحنا نعرف بتلك المواقف أعداءنا من أصدقائنا !وصار أعداء مصر والعروبة مكشوفين واضحين في العراء لا يستطيعون حجب صورتهم القبيحة عن أحد ، ولا يستطيعون في الوقت ذاته حجب –أو الدفاع عن مواقفهم العدائية ،ومطامعهم وأحقادهم على العرب والمسلمين ، لذا كانت الحرب ضرورة ناصرية –أو ضرورة عربية إسلامية - حدثت في الوقت المناسب ، فقد بدأ الاستعمار ينسحب من معظم دول العروبة والإسلام ،ولكن انسحابه هذا لم يكن عن حب وود ورغبة في السلم،بل انسحب مضطرا مهزوما،وجاءت حرب السويس كاشفة نواياه الشريرة الشرهة،وأحقاده الدفينة،ورغبته في العودة والمزيد من الاحتلال والاستعمار .

لذا على أولئك الآملين كثيرا في خيرات إسرائيل ودول الغرب الاستعمارية - وغير الاستعمارية - أن يدركوا شيئا من - المعلوماتية - عن تلك الدول،لعل تلك المعلومات- والتي صارت اليوم مشاعا لا أسرار – تزودهم بشيء من الحيطة والحذر والانتباه ، فالاستعمار هو الاستعمار لم يتغير ولم يتبدل ، ونواياه في القرن التاسع عشر هي نواياه في القرن العشرين والحادي والعشرين وما يتلوه من قرون في الاحتلال والاستعمار والاستعباد ، وها هي ساحات العراق وفلسطين ولبنان وأفغانستان تقدم كل يوم الدليل تلو الدليل على ما نقول وندعي !

وما سيرد في الأبواب القادمة يقدم الأدلة والبراهين الدامغة على ما سبق،وإن كان المقام لا يتسع للشرح والإسهاب،والتعليل والتذكير،فالرجوع الى هذه الأدلة في مظانها من المصادر والمراجع يقدم للباحث الجاد المادة الثرة الكافية للاستزادة والتعمق في هذا الموضوع .

فالله أسأل أن يوفقني فيما ذهبت اليه

الباب الأول

أسباب العدوان

تمهيد

عداء الغرب للعروبة والإسلام قديم جسدته الحروب الصليبية أيما تجسيد ، وكذلك الحملة الاستعمارية منذ القرن التاسع عشر الذي عادت فيه " الصليبية" إلى سابق عهدها ، ولكن بأساليب وطرق وأعذار قد تختلف عن سابقتها ، ولكن الأسباب لم تختلف ، وليست بحاجة إلى نظر عميق ، أو تفكير طويل لاستجلائها ومعرفة مكنون أسرارها وغامض خفاياها ، فالأسباب واحدة تقريبا تجتمع في السطور التالية :

١- موقع الوطن العربي الجغرافي الاستراتيجي ، وسيطرته على منافذ برية وبحرية وجوية أكسبته أهمية استراتيجية ، ووزنا سياسيا مما جعله غاية للقوى الغربية في سباقها المحموم للاستعمار والاحتلال .

٢- الخوف من نهضة إسلامية قادمة تقف أمام الغرب ومحاولاته السيطرة على الوطن العربي ، وبالتالي تشكل خطرا على القوى الاستعمارية في المستقبل .

٣- الموارد الطبيعية التي يزخر بها الوطن العربي ، فضلا عن كونه سوقا للمنتجين الغربيين .

٤- القضاء على عبد الناصر كقوة فاعلة ناشطة موحدة للوطن العربي ، وقادرة على تحقيق آمال شعوبه وأمانيهم في الاستقلال والوحدة والتقدم والعيش الكريم .

وهكذا تجمعت الأسباب والهدف واحد ، فكان القرار التاريخي العظيم "تأميم القناة"عام ١٩٥٦ باعثا وحافزا وعذرا مناسبا أمام الغزاة للغزو والاحتلال ، وتحقيق هذه الأهداف مجتمعة بضربة واحدة ترد كل شيء إلى ما كان قبل

موجة التحرر العربي ، ولربما - كما أملوا- ردته إلى حال أسوأ مما كان عليه في زمن العهد التركي .

وما يرد في الأبواب القادمة يقدم الأدلة الدامغة على ذلك كله ، وإن كان القادم لا يتسع للشرح والإسهاب ، والتعليل والتذكير ، فالرجوع إلى ما ذكرته من مراجع ومظان يقدم للباحث – والمستزيد - من المادة الثرة الكافية للاستزادة والتعمق في هذا الموضوع .

أولا : الموقع الجغرافي

هذا الموقع المتميز والكبير الذي يشغله الوطن العربي كان المسؤول المباشر عما تعرض له من حملات واستعمار واحتلال على مر العصور ، وسوف يظل عرضة لذلك طالما أن أهله في فرقة وتمزق ونزاع .

تبلغ مساحة الوطن العربي ١٥٨، ١٤مليون كم ، ويقع منه ٢٠٩،٢٥٠،١٠ مليون كم أي ٧٢% في قارة افريقيا ، ويقع ٩١٨٠٤١،٣ كم أي ٢٨% في قارة آسيا ، وتفوق هذه المساحة قارة أوروبا مصدر الويلات والمصائب عليه عبر القرون ، كما تفوق مساحة الولايات المتحدة عدوه الجديد !

ويمتد من المحيط الأطلسي غربا إلى الخليج العربي شرقا بمسافة ٧٠٠٠ كم ، ومن جنوب السودان حتى الحدود الشمالية لسوريا والعراق بمسافة ٤٠٠٠ كم ، هذا الامتداد الرائع والكبير أعطاه الإشراف على جملة من المواقع والمنافذ والطرق جعلت عيون أعدائه شاخصة إليه ، وملء قلوبها الحسد والحقد ، والرغبة في السيطرة عليه ، وإذلال أهله ، ونهب خيراته ، وفرض السيادة عليه ، وفي الفصول القادمة ما يؤيد ذلك كله بكل وضوح وجلاء ، وعلى ألسنة هؤلاء

الأعداء وما جروه على هذه الأمة ، وما لا زالوا يكنونه لها من نوايا وأحقاد وسوء طوية

.

ويحد الوطن العربي من الشرق جبال زاجروس التي تفصله عن إيران ، والخليج العربي الذي يبلغ طوله من الإمارات حتى مضيق هرمز ٩٨٥ كم ، ويشرف من الغرب على المحيط الأطلسي بساحل طوله ٣٤٠٠كم .

وتمتد حدوده في الشمال ما بين مدينة طنجة في الغرب إلى لواء الإسكندرونة في الشرق .

وتمتد في الجنوب عبر القارة الإفريقية الشاسعة مجاورة عددا من دولها كالسنغال ومالي والنيجر وتشاد وأفريقيا الوسطى وزائير وأوغندة وكينيا وأثيوبيا ، ووقعت حدوده في جنوب الصومال على المحيط الهندي ، أما في آسيا فتقع حدوده على خليج عدن وبحر العرب وهما امتداد للمحيط الهندي .

وبين ذلك كله من الامتداد العظيم ، والمساحة الشاسعة ، والانتشار ما بين القارتين احتضن الوطن العربي عددا كبيرا من البحار والخلجان والمضائق والجزر والممرات التي زادت من أهميته الإستراتيجية ، ونأتي على هذه المواقع بشيء من التفصيل :

١- **الخليج العربي** : وهو الذراع المائية الممتدة ما بين رأس مسندم الذي يفصله عن خليج عمان في الجنوب ، ومصب شط العرب في الشمال ، ويبلغ طوله ٩٨٥ كم ، وعرضه الأقصى عند دولة الإمارات ٢١٠ كم ،وترجع أهميته إلى موقعه الإستراتيجي المتوسط بين ايران ودول الخليج ، ووجود عدد من الجزر فيه ، وانتهائه جنوبا بمضيق هرمز ،وكذلك لجواره للدول الخليجية النفطية ، وقد كان موضع نزاع بين العثمانيين والبرتغاليين في القرن السادس عشر ثم مع

البريطانيين الذين نجحوا في بسط نفوذهم عليه وتوقيع عدد من الاتفاقيات مع أمراء الخليج ومشايخه .

٢- **البحر الأحمر** : وهو ذو موقع فريد لوقوعه بين القارات الثلاث مشكلا حلقة اتصال بين البحار الشرقية والغربية ،فهو يصل المحيط الهندي بالبحر المتوسط بواسطة قناة السويس ،ويبلغ طوله ٢٠٠٠ كم ، وعرضه ما بين ٢٨٠ كم الى ٣٤٠ كم ، وتقع على شواطئه عدة دول كالأردن وفلسطين والسعودية واليمن في آسيا، ومصر والسودان وأثيوبيا والصومال وارتيريا وجيبوتي في أفريقيا .

ومن ملامح البحر الأحمر خليج العقبة وخليج السويس وباب المندب ، ولها مواقعها الإستراتيجية :

١- خليج العقبة : وطوله ١٧٦ كم ، وتطل عليه أربع دول : السعودية ويبلغ ساحلها ٩٤ ميلا ، والأردن ويبلغ ساحلها ٨ كم ، ومصر وطول ساحلها ٢٤٤ كم ، وإسرائيل وطول ساحلها ١٢ كم، وقد استولت عليه في العاشر من آذار ١٩٤٩ ليكون لها منفذ على البحر ، وحولت ميناء "أم رشراش" إلى ميناء إيلات،ولم تعترف الدول العربية بهذه السيادة .

وفي جنوب الخليج تقع جزيرتا صنافير وتيران المشكلتان مضائق تيران التي أغلقتها مصر في ١٦ أيار ١٩٦٧في وجه الملاحة الإسرائيلية ، فكان ذلك من أسباب حرب حزيران .

٢- خليج السويس :ويبلغ طوله ٣٦٠كم ، وعرضه ٢٨- ٣٢ كم ، وعمقه ٢٠٠-٣٠٠ قدما ، وعليه ميناء مهم لتجارة الشرق .

٣- باب المندب :ويبلغ عرضه ٣٦ كم ، ويصل البحر الأحمر بخليج عدن والمحيط الهندي .

٤- قناة السويس : موضوع هذا الكتاب ، ويبلغ طولها ١٩٥كم ،وعرضها٩٢ مترا، ويبلغ عمقها ١٩ مترا ، وعرضها عند القاع ٩٢ مترا ، و٢٢٦ مترا عند السطح ،وهو ما يسمح بمرور السفن الكبيرة ، وهي مجرى مائي صناعي يصل البحرين الأحمر والأبيض المتوسط مارة ببحيرة التمساح عند مدينة الإسماعيلية ، والبحيرات المرة ، ويفصل بين قارتي آسيا وإفريقيا ، كما يفصل بين الإقليم المصري وصحراء سيناء ، وقد بدأ الحفر فيها عام ١٨٥٩ وانتهى عام ١٨٦٩ ، وتعد أقصر الطرق الملاحية بين شرق الكرة الأرضية وغربها ،كونها تجنب السفن مشقة الدوران حول القارة الإفريقية ،وهذا يقصر المسافة من ١٧% إلى ٥٩% حسب مكان الانطلاق والوصول ، فمثلا المسافة التي تقطعها السفينة ما بين ميناء جنوا الإيطالي ومدينة بومبي الهندية ٤٤٠٠ كم ، ولكن لو سلكت طريق رأس الرجاء الصالح لأصبحت المسافة ١٠٦٠٠ كم ، وسوف نأتي على تفاصيل ضافية عنها في الفصول القادمة

وقد كان البحر الأحمر وما جاوره من دول مسرحا للنشاط الاستعماري ودوله الناشطة في التسابق على نهب خيرات الشعوب وسلبها ، وبحثا عن منافذ على البحار تكون منطلقا للسيطرة على مناطق أخرى، فاستعمرت ايطاليا أرتيريا مرتين ، مرة في أواخر القرن التاسع عشر ، ومرة قبيل الحرب العالمية الثانية ، ثم مدت نفوذها إلى أثيوبيا في أواخر القرن التاسع عشر ، ولما هزمت هزيمة منكرة أمام الأثيوبيين في موقعة عدوة الشهيرة عام ١٨٩٦، عادت عام ١٩٣٥ بدعوى الثأر للشرف المهان واحتلت البلاد مرة أخرى ، وكانت قد احتلت الصومال عام ١٩٢٥ ،وأقامت قواعدها على ميناءي عصب ومصوع على البحر الأحمر ، ولم تنسحب من

الدولتين إلا بالهزيمة في الحرب العالمية الثانية لتحل بريطانيا مكانها ،أما الصومال الإيطالي فلم ينل استقلاله إلا عام ١٩٦٠(١) .

أما فرنسا فقد استعمرت موانىء جيبوتي وأوبوك وتاجورة على سواحل البحر عام ١٨٨٤وذلك لكي تقابل الوجود البريطاني في عدن ،ولتكون هذه الموانىء مراكز إمداد لسفنها العابرة في باب المندب ، وقامت بمد سكك الحديد طولها ٤٨٦ ميلا بين أديس أبابا وجيبوتي ، وقد استقلت جيبوتي عام ١٩٦٠ .

أما بريطانيا فقد أقامت مستعمراتها في الصومال البريطاني مثل مينائي زيلع وبربرة وذلك دعما لقاعدتها في عدن ، وتكريسا لتواجدها الاستعماري على البحر الأحمر ، وقد استقلت عدن عام ١٩٦٧ وأصبحت جمهورية اليمن الديمقراطية الشعبية ، أما الصومال البريطاني فقد استقل عام ١٩٦٠ .

مما سبق يتبين لنا مدى خطورة الموقع الاستراتيجي للبحر الأحمر عبر الأزمان ، ومدى حرص الدول المستعمرة على مصالحها فيه ، حتى قال عنه الزعيم الإيطالي الفاشي موسوليني : إذا كان البحر الأحمر هو مجرد طريق لبريطانيا ، فهو شريان الحياة بالنسبة لإيطاليا (٢).

والقارىء لتاريخ المنطقة يعلم ان مصر بعد ثورة يوليو قد ساعدت – وبكل الوسائل المتاحة - الحركات الاستقلالية في الدول العربية والإفريقية ، وعززت النزوع القومي في بلدانها وبين شعوبها ، وبطردها البريطانيين وأحلافهم من السويس ، وبتأميم القناة عام ١٩٥٦ قد أحالت البحر الأحمر الى بحيرة عربية خالصة من النفوذ الاستعماري البغيض .

وللبحر الأحمر خطورته الجغرافية السياسية لكونه حلقة الوصل بين منابع النفط في دول الخليج العربي ، ودول الغرب المستوردة المستهلكة له ، وإذا علمنا أن دول الخليج تنتج ١٣ مليون برميل في اليوم ،علمنا مدى أهمية وخطورة البحر الأحمر وممراته وخلجانه .

- ٣- **البحر الأبيض المتوسط** : وهو البحر الفاصل بين أوروبا وين آسيا وافريقيا ، ويبلغ طوله ٣٧٠٠ كم ، ومساحته ٥،٢مليون كم ،ومعدل عمقه٥٥٠٠متر ، ويربط بين المحيط الأطلسي والمحيط الهندي بواسطة قناة السويس والبحر الأحمر من الشرق ومضيق جبل طارق من الغرب ، ويرتبط بالبحر الأسود بواسطة مضيق الدردنيل وبحر مرمرة ومضيق البسفور ،وأكبر جزره كريت وقبرص وسردينيا وكورسيكا وصقلية .

ويطل على المتوسط الدول العربية مصر وليبيا وتونس والجزائر والمغرب في إفريقيا ، وفلسطين ولبنان وسوريا في آسيا ،

وللبحر الأبيض المتوسط أهميته في الحضارات القديمة ، وفيه جرت اول معركة بحرية في التاريخ الإسلامي في عهد عثمان بن عفان عام ٦٤٩ م ،وذلك حين أراد الروم الانتقام لفتح المسلمين جزيرة قبرص ، فحشد لهم المسلمون بقيادة عبد الله بن أبي السرح ٥٠٠ مركب مقابل مدينة الإسكندرية في معركة ذات الصواري ، وقد دعيت كذلك لكثرة السفن التي شاركت فيها ، وقد انتصر المسلمون فيها على الروم بقيادة قسطنطين الثاني ابن هرقل .

لذا ، لا نستغرب كيف حارب البريطانيون ابراهيم باشا الذي كان يتباهى بعروبته ومحاولته إنشاء دولة عربية ، عندما حاول الحلول مكان الأتراك في ثلاثينيات القرن التاسع عشر ، إذ رأت في هذا الكيان القادم خطرا يهدد

تجارتها ومواصلاتها بين الشرق والغرب ، وكانت تفضل أن تظل هـذه المنطقـة تحـت حكم ضعيف يمكنها من الاحتفاظ بنفوذها وهيمنتها على المنطقة . (٣)

وفي العصـور الحديثـة تبـذل الـدول العظمـى الجهـود الكبـيرة للتواجـد في البحر المتوسط من خلال القواعد العسكرية أو باتخاذ الحلفاء والأصدقاء والأتبـاع ، لـذا لا غرابة ان يكون للسوفييت والأمريكيين أسطولاهما فيه ، ولا نـنس أن الاستعمار الـذي حصل لدول العرب جرى من خلاله ، خاصة الغزو البحري الهائل الـذي حصل لمصر- في حرب السويس ، وكانت مصر قد غزيت من قبل بقصف الإسكندرية من البحر بواسطة الأسطول الإنجليزي عام ١٨٨٢ ، ليبدأ استعمارها الذي دام ٧٠ عاما ، ومن خلال البحر المتوسط قدم اليهود الى فلسطين على متن السـفن الأوروبيـة وبأعـداد هائلـة في مطلع القرن العشرين .

أما أهم مضائق البحر المتوسط وممراته فهي :

١- مضيق جبـل طـارق : وطولـه ٥٦ كـم ، وعرضـه ١٦ كـم ، ويصـل بـين البحر المتوسط والمحيط الأطلسي ، وقد استولت عليـه بريطانيـا عـام ١٧٠٤ وأقامـت غليه مستعمرة جبل طارق ومساحتها،٥ ٢ميل مربع ، وتشرف عليه الآن معهـا المغرب وإسبانيا التي تحتل مدينتين مغربيتين هـما سـبتة ومليلـة ، وتـمر منـه السفن المحملة بالنفط غالبا بأعداد تصل الى ١٦٠ سفينة يوميا .

٢- مضيق الدردنيل : ويصل بين بحر مرمرة وبحر إيجة في شمال البحر المتوسط ، ويبلغ طوله ٥٧ كم ، وتسيطر عليه تركيا .

٣- مضيق البسفور : ويصل بين البحر الأسود وبحر مرمرة ، ويبلغ طوله ٢٧ كـم ، وتسيطر عليه تركيا أيضا .(قاسم الدويكات:جغرافية الوطن العربي)

لا يستغرب القارىء الحصيف بعد هذه العجالة أن يكون الوطن العربي غاية وهدفا للمستعمرين للأسباب التالية :

١- أن الوطن العربي يحتل موقعا مهما وفريدا بين دول العالم القديم والحديث ، ويشكل جسرا بريا عظيما عامرا بين القارات الثلاث الكبرى : آسيا وأفريقيا وأوروبا ، فصار طريقا تجاريا مزدهرا وعامرا لا يمكن إهماله او تجنبه .

٢- يسيطر الوطن العربي على المسطحات المائية الخطرة في العالم : البحر الأبيض المتوسط والبحر الأحمر والخليج العربي ، وما يتبعها من ممرات ومضائق زادت من أهمية موقعه مثل قناة السويس ومضيق هرمز ومضيق باب المندب ، وهذه المسطحات تشكل المنافذ الى المسطحات الأكبر كالمحيط الأطلسي والهندي والهادي.

٣- مناخه المتميز يصلح لإنتاج زراعي وافر متنوع جعله الإقليم الأفضل والأنسب للشعوب والحضارات عبر الأزمان .

لذا كان لموقع الوطن العربي الفريد أهمية كبيرة من عدة نواح ،وهي :

١- أهمية اقتصادية :لكون موقعه على درجة عالية من الأهمية ، بسيطرته على الطرق التجارية ، وخطوط الملاحة العالمية .

٢- أهمية سياسية :وهذا ما دفع القوى العظمى لمحاولة السيطرة عليه ، لأن هذه السيطرة تضمن السيطرة على العالم بسهولة ، وقد حدث ذلك على مر العصور ابتداء من الاسكندر الأكبر في القرن الرابع الميلادي ، مرورا بالدولة العثمانية ، ثم محاولات نابليون ، ثم الدول الاستعمارية المعاصرة وآخرها الولايات المتحدة والاتحاد السوفييتي السابق ، لذا كانت بعض مناطقه مسرحا للحروب

كما حدث في معركة العلمين في مصر بين الألمان والانجليز ، تلك المعركة الفاصلة التي أنهت نفوذ الألمان في أفريقيا

٣- أهمية اجتماعية وثقافية : لقد كان الوطن العربي مهبطا للأديان الثلاث اليهودية والمسيحية والإسلام ، ومنه انتشرت هذه الأديان في شتى بقاع الأرض ، وعاشت فيه حضارات وثقافات كثيرة كالفرعونية والرومانية والفارسية والإسلامية والمغولية والصليبية والعثمانية والأوروبية ، فكان مهدا ومنطلقا للهجرات وتلاقح الثقافات عبر القرون .

هذه العوامل مجتمعة أدت إلى نشأة أقدم الحضارات وأكثرها ازدهارا كالفرعونية والفينيقية والآشورية والسومرية والإسلامية والعثمانية الخ . كذلك نشأت فيه الديانات الثلاثة ومنه انتشرت إلى أرجاء العالم القديم والحديث ، وأصبح العرب حملة الرسالة والدعوة الإسلامية الى بقية دول العالم .

ولا ننس في هذه العجالة موقع مصر الاستراتيجي في الركن الشمالي الشرقي من افريقيا ملاصقا للبحر الأبيض المتوسط من جنوبه ، ووقوع البحر الأحمر شرقيها ، ووقوع القارة الافريقية جنوبها ، والقارة الآسيوية تجاورها من الشرق، وتقابلها القارة الأوروبية عبر البحر الذي يجلب الخير والشر معا ، كل ذلك جعلها معبرا استراتيجيا بين الشرق والغرب أغرى الدول والقوى والامبراطوريات عبر العصور باحتلالها ، ومحاولة وصل البحرين ليزداد هذا الموقع قوة وخطورة مع مرور الأزمان .

ويزيد هذا الوطن أهمية وجود المواد الخام فيه وأخطرها النفط الذي حرك مصانع اوروبا واميركا ، وهو أيضا صار سوقا رائجة لهم ، ومعبرا لإيصال منتجاتهم الى دول الشرق كالهند والصين واليابان ودول شرق آسيا .

أما من الناحية العسكرية فهو يسيطر على الطرق البحرية والبرية والجوية اللازمة للوفاء بالأغراض العسكرية وإقامة القواعد والمنشآت خدمة للغايات والأهداف الحربية ، وقد اتضح ذلك في الحربين العالميتين وحرب السويس وحرب حزيران وحرب أكتوبر .

أما عن مصر فهي " تمثل في أهمية مركزها الاستراتيجي ، في موقعها الجغرافي في قلب الوطن العربي ، في وزنها البشري ، ثقلها العسكري ،الخ ..القطر العربي المرشح حاليا أن يمارس دور الإقليم القاعدة ، فبدون مصر تستحيل الوحدة العربية ، وخروجها منها يعني قتلها ، هذه الوحدة يمكنها "الاستغناء" عن أقاليم أخرى ، وخصوصا التي تقع في أطراف الوطن العربي ، ولكنها تستحيل بدون مصر التي تشطر الوطن العربي إلى نصفين ، لهذا لم يكن من الغريب أن تصدر عنها المبادرتان أو الحركتان الوحيدتان اللتان حققتا درجة من الوحدة في هذا الوطن في تاريخنا الحديث ، مرة في النصف الأول من القرن التاسع عشر ، وأخرى في النصف الثاني من القرن العشرين " (٤)

ثانيا : الخوف من نهضة إسلامية قادمة

" يتمثل مركز العرب البارز في ثلاث ظواهر عامة أشبه ما تكون بالحلقات المتداخلة والمترابطة ، وهي :

١- تسبب العرب في تغيير خريطة العالم ، بل تسببوا في تغيير قومية كثير من الشعوب ، فعربوا معظم مناطق الشرق الأوسط وجميع مناطق شمال افريقية .

٢- نشر العرب الدين الإسلامي فيما وراء حدود الوطن ، إما بواسطة الفتح عندما كانت دولتهم تمتد من إسبانيا غربا الى حدود الصين شرقا ، في مساحة تزيد على ضعف مساحة الامبراطورية الرومانية في أوج إتساعها ، أو بحمل لواء

الإسلام في قلب آسيا حتى الطرف الجنوبي للملايو وعبرالبحرحتى جزر أندونيسيا والفلبين في آسيا ، ومن شرق افريقيا حتى جنوبها .

٣- أن العرب قد اشتركوا في صنع التقدم الحضاري ونشروا الحضارة العربية الإسلامية في العالم ، وكانت دمشق وبغداد والقاهرة ، كما كانت قرطبة وغيرها من مدن الأندلس مراكز انتشار هذه الحضارة التي لم تقتصر على الناحية الروحية فحسب ، بل شملت النواحي الأدبية والعلمية والفنية ، فكان لهم فضل في تقدم البشرية عامة ، كما كانوا سببا في حدوث عصر النهضة في أوروبا وما تلا ذلك من تقدم علمي " (٥)

و يظل هذا العالم الغربي العلماني متربصا خائفا حذرا متوجسا من أية قوة قد تظهر في الشرق تؤثر على سيطرته وجبروته ، وقوته وتسلطه ، وتأتي الصهيونية العالمية بكل ما أوتيت من قوة وأساليب ، وخبث ودهاء ، تعزز هذه المخاوف ، وتزين للغرب غزو الشرق وتغريه به ، وتحذره منه ، فلا تترك فرصة إلا وتهتبلها لدعم ذلك التوجه المخطط والمدروس .

ولا تعدم الصهيونية وأتباعها الأسباب والأساليب والطرق لنشر أفكارها الهدامة ، فلديها صحفها وكتابها ، وعلماؤها وكهنتها ،وموظفوها وعملاؤها، والآن لها فضائياتها العاملة التي تصل الليل بالنهار عملا وإفسادا للقادة والشعوب على إختلاف أجناسهم ومشاربهم ، وتفتيت أي اتحاد لهم ترى فيه خطرا عليها ولو على سبيل الظن والوهم ، ولعقول الناس خاصة الجهلة الذين تجد فيهم المساحة الدسمة الشهية للعمل والهدم .

وعلينا أن لا ننسى أيضا أن إنشاء دولة إسرائيل ضرورة استعمارية ملحة ، لكونها ركيزة وأداة تلعب الدور الأعظم لتحقيق أغراض الاستعمار وغاياته .

وقد توفرت لهذا الوطن العربي عوامل وحدة عدة جعلته الغاية الأولى للصهيونية ومن سار في ركابها من طغم الاستعمار ، وجيوش الطواغيت نجملها في :

١- **وحدة اللغة** : فاللغة العربية أهم العوامل في توحيد العرب في كافة أقطارهم ، هذه اللغة التي كتب بها القرآن الكريم والحديث الشريف ، وما روي عـن أعـلام الأمة من شعر ونثر وحكم وأمثال وغناء وحداء وقصص وروايات ، ورغم تعدد اللهجات بين أقطار العرب " لم تستطع أي لهجة منها أن تكون لغة مستقلة لها قواعدها الأصيلة في اشتقاق الألفاظ أو بناء الجمل ، والسبب أن الوحدة الروحية التي نبتت أساسا من القرآن لا تزال كما كانت والدولة العربية في عـز مجدها ، وكانت النتيجة الطبيعية أن الجماهير لم تفقد صلتها بلغتها الأصلية " (٦)

لقد كانت اللغة العربية الوعاء الذي حوى كـل أصناف الثقافة العربية ، وهو الذي حفظها من الضياع والتشتت ، ولا ننس أن اللغة العربية كانت هدفا واضحا للمستعمرين سواء من الأتراك أو من الأمم التي تـدعي المدنية والتطور والرقي مثل بريطانيا وفرنسا وإيطاليا ، الذين حاولوا جاهدين فرض لغاتهم علينا ، وحرموا ـ كما حدث في الجزائر مثلا ـ استعمال العربية وفتحوا المدارس التي لا تستعمل سوى اللغة الفرنسية ، بل وشجعوا استعمال اللهجات العامية ، وبذلك يصطادون عـدة عصافير بحجر واحد ، ففي ذلك سلخ للشعب المستعمر عـن لغته وقرآنه وعقيدته ،وتاريخـه وآدابه وتراثه ، وعاداته وتقاليده وفنونه ، وفيه تجسيد

للإقليمية البغيضة التي تكرس كل ما هو مفرق مشتت ، ليكون ولاء كل شعب لإقليمه بدلا من ان يكون ولاء الشعوب للقومية العربية التي تجمع الكل وتربطه برباط قوي متين يؤدي الى الوحدة والقوة والازدهار والتطور .

٢- وحدة التاريخ والمصير : تكاد الظروف التي مرت بها دول العرب أن تكون واحدة وإن اختلفت أشكال هذه الظروف ، فما أصاب كل دولة أصاب الباقي ،ولم تحد الحدود الحالية من تلك المشاعر المشتركة التي أورثها هذا التاريخ ، فقد مرالوطن العربي بحضارات ما قبل الإسلام والتي لا يخلو أي قطر من آثارها ، ثم جاء الإسلام ليعم بنوره أقطار العرب الذين حملوا رسالته الى أقطار الدنيا ، وتلت مرحلة الخلفاء الراشدين المرحلة الأموية والعباسية ، وغزاه المغول والصليبيون والأوروبيون،ثم كان العهد العثماني الذي ساد العالم العربي أربعة قرون من التخلف والظلام ، ولما جاء الاستعمار وجد الأمة بأسرها "جاهزة" للابتلاع والنهب ، ثم كانت حركات التحرر والثورة على المستعمرين وبدأت أقطار العروبة تنال استقلالها الواحدة تلو الأخرى ، لتتلوها مرحلة النهضة التي شارك فيها المواطن العربي سواء في قطره أو في أي قطر عربي شقيق .

لذا يظل هذا التاريخ بآلامه وأحزانه ، ومسراته وأفراحه ،ومعاركه وبطولاته وأمجاده ، حقيقة واقعة حية في ذهن كل عربي ،عبر عنها شعراؤه وكتابه ومبدعوه ، وتناقلته الكتب ، وحدا به رواة الأدب الشعبي ومطربوه ، فتناقلته الأجيال ليظل في ذاكرة الأمة لا يطويه الزمن ،شاخصا ببصرها وبصيرتها نحو مصير واحد أملا في مستقبل زاهر مشرف .

ويؤكد العالم والمؤرخ البريطاني أرنولد تـوينبي ذلك ، فيقـول في كتابـه " مـدخل تاريخي للدين " : " إن الإسلام أكثر العقائـد الدينية اتفاقـا مع المنطـق ، وأشـدها صرامة في الإيمان بمبدأ الوحدانية الجليـل ، وأعظمهـا وضوحـا في إدراك الإستشـراق الإلهي . "

ويقول أيضا : " إن اللغة الفصحى في القرآن هـي الربـاط الوثيـق الـذي يمنـع العالم العربي من التفكك "(٧)

٣- **عقلية واحدة** :ويقصـد بها تلك المكونات والصفات التي طبعت الشخصية العربية وميزتها عن بـاقي الشخصيات ، كالكرم والنخوة وحمايـة الجار واحـترام الوالدين وأهـل العلـم والـدين ،وازدراء الجهـل وممارسـة المحرمـات ، والإحسـاس بالكرامة والفردية ، والاعتزاز بالقبيلة والوطن ،والإيمان بالقضاء والقدر.

٤- **شيوع الإسلام** : قد يـرى البعـض أن الإسلام لا يشكل عامـل وحـدة بـين دول العروبة وذلك لوجود نسبة ضئيلة من السكان تدين بالمسيحية ، ولكن قارىء التاريخ يرى أن الإسلام كان عامـل وحـدة كبـير في تاريخ الأمـة في نزاعهـا مـع أعدائها ، وفي الوقت نفسه كان هذا الدين مسـتهدفا بالحقـد والأذى ، والتـآمر والغزو للقضاء على حملته فكيف بالدعاة اليه ، والأدلة عـلى ذلك تعمر بهـا الكتب والمصادر .

ومن ذلك مثلا ما يقوله أنتوني ناتنج في كتابه " العرب" :

" منذ أن جمـع محمـد صـلى اللـه عليـه وسـلم أنصـاره في مطلـع القرن السـابع الميلادي ، وبدأ أول خطوات الانتشار الإسلامي ، فإن على العالم الغـربي أن يحسـب حساب الإسلام كقوة دائمة وصلبة تواجهنا عبر المتوسط " (٨)

ويقـول مـورو بيرجر في كتابـه " العـالم العربي المعاصر" ان الخـوف مـن العـرب ، واهتمامنا بالأمة العربية، ليس ناتجا عن وجود البترول بغزارة عند العرب ، بـل بسـبب الإسلام .

يجب محاربة الإسلام ، للحيلولة دون وحدة العرب ، التي تؤدي إلى قوة العرب ، لأن قوة العرب تتصاحب دائما مع قوة الإسلام وعزته وانتشاره .

إن الإسلام يفزعنا عندما نراه ينتشر بيسر في القارة الإفريقية" (٩)

وليتنا نقرأ ما يقوله أعداؤنا ... أن البترول وحده لا يشكل مصدر خوف للغرب ، بل إن وحدة العرب ، وأعظم عامل يجمعهم ويوحدهم هـو الإسلام ، وقوتهم كائنـة حاصلة بتمسكهم به ، وهوانهم بابتعادهم عنه .

أما ما قاله مسؤول في وزارة الخارجية الفرنسية عام ١٩٥٢ فيكـاد أن يكـون خلاصـة مريحة لصفحات كثيرة عن هذا الموقف العدائي، يقول :

" ليست الشيوعية خطرا عـلى أوروبا فيما يبـدو لي ، ان الخطر الحقيقـي الـذي يهـددنا تهديـدا مبـاشرا وعنيفـا هـو الخطـر الإسلامي ، فالمسـلمون عـالم مسـتقل كل الاستقلال عن عالمنا الغـربي ، فهـم يملكون تـراثهم الروحي الخـاص بهـم ، ويتمتعـون بحضارة تاريخية ذات أصالة ، فهم جديرون ان يقيموا قواعد عالم جديد دون حاجة الى إذابة شخصيتهم الحضارية والروحيـة في الحضارة الغربيـة ، فـإذا تهيـأت لهـم أسـباب الإنتاج الصناعي في نطاقه الواسع انطلقوا في العـالم يحملـون تـراثهم الحضـاري الثمـين ،وانتشـروا في الأرض يزيلـون منهـا قواعـد الحضـارة الغربيـة ، ويقـذفون برسـالتها إلى متاحف التاريخ .

وقد حاولنا نحن الفرنسيين خـلال حكمنـا الطويـل للجزائـر أن نتغلـب عـلى شخصية الشعب المسلمة ، فكان الإخفاق الكامل نتيجة مجهوداتنا الكبيرة الضخمة .

إن العالم الإسلامي عملاق مقيد ، عملاق لم يكتشف نفسه حتى الآن اكتشافا تامـا ، فهو حائر ، وهو قلق ، وهو كاره لانحطاطه وتخلفه ، وراغـب رغبة يخالطها الكسـل والفوضى في مستقبل أحسن ، وحرية أوفر...

فلنعط هذا العالم الإسلامي ما يشاء ، ولنقو في نفسه الرغبة في عدم الإنتاج الصناعي ، والفني ، حتى لا ينهض ، فإذا عجزنا عـن تحقيـق هـذا الهـدف ، بإبقـاء المسلم متخلفا ، وتحرر العملاق من قيود جهله وعقـدة الشعـور بعجـزه ، فقـد بؤنـا بإخفاق خطير ، وأصبح خطر العالم العربي ، وما وراءه من الطاقات الإسلامية الضخمة خطرا داهما ينتهي به الغرب ، وتنتهي معه وظيفته الحضارية كقائد للعالم " (١٠)

هكذا إذن ...! وضوح ما بعده وضوح ، وكشف للنوايا ما بعده كشف ، وجلاء للحقائق يعفي العقلاء من إعمال الفكر ، وإتعاب العقول ، ولو أردنا أن " نستفيد" مما قاله السياسي الفرنسي الفاضل لأدركنا ما يلي :

١-أن الخطر الذي يخشاه الغربيون ويترصدونه ليس الخطر الشيوعي ، بل هو الخطر الإسلامي الداهم الذي يقلق راحتهم ، ويقض مضاجعهم .

٢- أن المسلمين يملكون عالما مستقلا يملك تراثا روحيا يخصهم ، ولهم حضارتهم التاريخية العريقة القديمة الأصيلة .

٣- أن حضارتهم أصيلة عريقة لا تسمح بان يتم تذويب شخصيتهم الروحية المستقلة في الحضارة الغربية التي تفتقد الروحية والاستقلال والعراقة والثبوت .

٤- أن ما سبق يعطي المسلمين الجدارة والصدارة لإقامة قواعد عالم جديد (ولكن هذا المفكر يبخل علينا بصفات هذا العالم الجديد ، ولا يذكر لنا طبيعة هذه القواعد)

٥- من الممكن جدا لهذه الأمة أن تتهيأ لها أسباب الإنتاج الصناعي الهائل،والذي يؤهلها لفتح العالم وإنارته بتراثها الراقي الرائع الثمين.

٦- يزعم هذا السياسي أن المسلمين إذا انتشروا في الأرض يزيلون حضارة الغرب ويشطبون رسالته المزعومة التي لا يخبرنا بطبيعتها ولا بمضمونها !

٧- أن الإخفاق الكامل كان مصير المحاولات اليائسة للتغلب على الشخصية المسلمة (رغم الجهود الكبيرة والملايين التي أنفقت على الحملات المدمرة لكل شيء حي في الجزائر) .

٨- ينبه - بدون أن يقصد النصيحة بالطبع - العالم الإسلامي أنه قوي عملاق لا يعلم مقدار قوته وطاقاته ، ولديه الرغبة الصادقة في التغيير والوصول والارتقاء الى مستقبل أفضل ، ولكن الفوضى تحكم مساره ، وتبدد جهوده ، والكسل يعيق آماله ومساعيه .

٩- يشجع على منح العالم الإسلامي ما يريده وما يبتغيه - لا عن كرم وجود - ولكن ليظل مستوردا مستهلكا ، وعبدا خنوعا لكل ما ينتجه الغرب من صناعات، وبذا تقتل عنده ملكة الابتكار والإبداع ، فيبقى قزما متخلفا ، فقيرا معوزا ، لا يهمه سوى حاجاته وشهواته .

١٠- إذا ما نفذ كل ذلك - لا سمح الله- يزول الخطرالإسلامي المزعوم وما وراءه من طاقات وقوى هائلة مؤثرة فاعلة ، وبذا تنتهي هذه الوظيفة الحضارية التي يمكن للعالم الإسلامي أن يقوم بها كقائد للعالم - كما

يتوقع السياسي الحصيف بدون مواربة - ومرشد وهاد له كما كان في عصوره الزاهرة .

" وأبرزالكاتب لورنس براون هذا الموقف في صورة واضحة حينما قال : إذا اتحد المسلمون في امبراطورية عربية أمكن أن يصبحوا لعنة على العالم وخطرا،أو أمكن أن يصبحوا أيضا نعمة له ،أما إذا بقوا متفرقين فإنهم يظلون حينئذ بلا وزن ولا تأثير " (١١)

وعليه لا غرابة أن يسعى الغرب جاهدا لتأسيس دولة إسرائيل ، ومساعدتها بكل الوسائل للبقاء قوية منيعة أمام العرب والمسلمين .

" ففي عام ١٩٠٧ طلبت الحكومة البريطانية الى مؤتمر خبراء الاستعمار الذي انعقد حينذاك بناء على اقتراح منها ان يتدارس الوسائل التي تتسع للحيلولة دون اضمحلال الاستعمار الغربي .

ولقد تدارس هؤلاء الخبراء فيما طلب اليهم ثم تقدموا بنتائج بحوثهم في تقرير الى وزارة الخارجية البريطانية، فجاء فيه :

ان البحر الأبيض المتوسط هو الشريان الحيوي للاستعمار... وهو ملتقى طرق العالم فلا بد لنجاح أية خطة تستهدف حماية المصالح الأوروبية المشتركة من السيطرة على هذا البحر ، وعلى شواطئه الجنوبية والشرقية لأن من يسيطر على هذه المنطقة يستطيع التحكم في العالم .. فعلى طول ساحله الجنوبي من الرباط الى غزة ، وعلى الساحل الشرقي من غزة حتى مريسين وعلى الجسر- البري الضيق الذي يصل آسيا بأفريقيا وتمر فيه قناة السويس شريان حياة اوروبا ، وعلى جانبي البحر الحمر وعلى طول ساحلي المحيط الهندي وبحر العرب حتى خليج البصرة حيث الطرق الى الهند والإمبراطوريات الاستعمارية في الشرق ، في هذه البقعة

الشاسعة الحساسة يعيش شعب واحد تتوفر له وحدة تاريخية ودينية ووحدة اللغة والآمال وكل مقومات التجمع والترابط والاتحاد ، وتتوفر له في نزعاته التحررية وفي ثرواته الطبيعية وفي كثرة قبائله كل أسباب القوة والتحرر والنهوض ، ويبلغ تعداده الآن ٣٥مليون نسمة ، ويمكن ان يكون وضع هذه المنطقة إذا توحدت فعلا آمال شعبها وأهدافه ، وإذا اتجهت هذه القوة كلها في اتجاه واحد ...عند ذلك ستحل الضربة القاضية حتى بالامبراطوريات الاستعمارية .. وتفاديا لتلك الضربة نبه التقرير الى ضرورة العمل على فصل الجزءالإفريقي من هذه المنطقة عن جزئها الآسيوي .... وذلك بإقامة حاجز بشري قوي وغريب على الجسر الذي يربط آسيا بأفريقيا ويربطهما معا بالبحر المتوسط بحيث تشكل في هذه المنطقة من قناة السويس قوة صديقة للاستعمار وعدوة لسكان المنطقة "(١٢)

ويوضح هذا الحديث أمورا أخرى مثل :

١- استراتيجية موقع الوطن العربي وأهميته .

٢- أهمية البحر الأبيض المتوسط .

٣- قلق الدول الاستعمارية الدائم على نفسها ، لذا هي دائما في حالة يقظة دائمة ، هذه اليقظة يعينها ويقوم عليها أهل العلم والدراية وليس أصحاب الغايات الذاتية الذين لا يهمهم شيء سوى مكاسبهم ، وليس لديهم شيء أغلى من مطامعهم .

٤- أن منطقتنا العربية قد توفرت لها كل أسباب الوحدة والقوة والمنعة ، ولكن أهلها لا يقلقهم ذلك كثيرا .

٥- أن دول الاستعمار تراقب بكل حذر احتمال نهوض هذه الأمة وسعيها لتحقيق أمل ما يضر بالاستعمار وقوته وسيادته ، لذا يجب تجزئته وتمزيقه وتفتيته خشية وقوع ما لا تحمد عقباه من زحوف وفتوحات ونشر عقائد .

٦- كان الحل الأمثل لذلك كله وضع هذا الجسم الغريب ليؤدي الوظيفة المطلوبة منه ، مشكلا حاجزا بشريا بين دول هذه الأمة ، ويعمل ليل نهار للتفريق والإفساد ، ونزع ثقة هذه الأمة في نفسها وقدراتها ، لتظل ضعيفة غير قادرة على شيء ، ويسهل بالتالي على الاستعمار وأدواته احتواؤها ، أو غزوها واحتلالها .

٧- يؤكد التقرير على موقع فلسطين ، ويركز على قناة السويس كهدف لا غنى عنه في الحاضر والمستقبل لبقاء الاستعمار واستمراره .

ويقول المستشرق المعاصر ولفر كانتول سميث في كتابه الإسلام في التاريخ الحديث : " إن الغرب يوجه كل أسلحته الحربية والعلمية والاجتماعية والاقتصادية لحرب الإسلام ، وإن خلق إسرائيل في قلب العالم الإسلامي كجزء من هذا المخطط المرسوم " ، ويبارك ما فعله كمال اتاتورك ضد الإسلام والمسلمين ، فيضيف " إن العلمانية التركية التي قام بها أتاتورك هي حركة إصلاحية إسلامية ، وهكذا يجب أن يفهم الإسلام "

ولا يخفي اللورد بالمرستون (١٧٨٤- ١٨٦٥) رئيس الوزراء البريطاني الأسباب الاستعمارية لاستقدام الجاليات اليهودية الى فلسطين في النصف الأول من القرن التاسع عشر ،" فقد ارتبطت منذ البدء فكرة تشجيع استيطان اليهود لفلسطين بفكرة إقامة حاجز بشري استعماري غريب يحول دون قيام دولة عربية مستقلة موحدة تقسم المشرق العربي وإفريقيا العربية وذلك حفاظا على استمرار السيطرة الأجنبية على مقدرات الوطن العربي "(١٣)

حرب على كل أسباب الحضارة

ولا يترك الاستعمار وأعوانه أي سبب من أسباب الحضارة والتقدم للشعوب الا ويشن عليها كل أنواع الحرب والتخريب والإحباط ، وذلك لكي يقتل فيها أسباب القوة والتقدم والعمران ، لكي يكون استعمارها سهلا ، وخضوعها مضمونا ، واستعبادها مصيرا لا نقاش فيه ولا جدل ، بل ولا بديل عنه سوى الفناء .

والمفكرون الذين عاشوا تلك الفترة المعتمة من تاريخ الأمة ، لديهم الكثير مما يقال فيكتب لأمة لا تحب القراءة ، بل وتعزف عنها ، ولا ترغب في صداقة من يمارسها !

.

ومن هؤلاء المفكرين الكاتب المصري المعاصر سلامة موسى   (١٨٨٠- ١٩٥٨) الذي يقول في كتابه " تربية سلامة موسى " في فصل بعنوان :

" القاهرة فيما بين ١٩٠٣- ١٩٠٧ "

"... وكان الإنجليز يحاربون شيئين في الأمة لا ثالث لهما ، وكانوا يكفلون بقاءنا في ظلام الجهل وذلة الفقر بهذين الشيئين ، وهما **العلم والصناعة** ، ونجحوا في ذلك نجاحا عظيما ، فلم يسمحوا طول إشرافهم على وزارة المعارف بإنشاء مدرسة ثانوية للبنات في أية مدينة من مدارس القطر ، وكانوا يعلموننا أن بلادنا زراعية لا تلائمها الصناعة ، كأن القدر قد قضى علينا بالفقر الأبدي ، وكانوا يصرون على المحافظة على تقاليدنا ، فكانت المدرسة السنية الابتدائية في القاهرة ، وكانت ناظرتها إنجليزية تصر على اتخاذ البرقع للتلميذات وهن في العاشرة أو الثانية عشرة من العمر ، وكان معلم اللغة العربية يفصل من وزارة المعارف إذا نزع عمامته وقفطانه واتخذ البنطلون والجاكتة ، وتقدمت الآنسة نبوية موسى لامتحان الشهادة الثانوية في سنة ١٩٠٧ من بيتها ، فرفض دنلوب

المستشار الانجليزي لوزارة المعارف قبولها في الامتحان ، ولكنها استمرت على الكفاح ،وأحدثت ضجة في الجرائد ، وتقدمت في السنة التالية فقبلت ونجحت ، ولكن الإنجليز تنبهوا ، فلم تفز فتاة مصرية بالشهادة الثانوية منذ ١٩٠٨ إلى ١٩٢٩ حين تقدمت الفتيات اللاتي أنشأت لهن وزارة المعارف مدرسة ثانوية في ١٩٣٥ ، أي بعد إعلان الاستقلال بسنتين .

وكانت التلمذة في المدرسة الخديوية فيما بين ١٩٠٣ و١٩٠٧ سلسلة من التعذيب ، فكان أحدنا يعاقب طوال العام الدراسي بالحضور يوم الجمعة في المدرسة حتى لا يهنأ بالإجازة الأسبوعية ، وكان من العقوبات المألوفة أن يحضر ـ أحدنا في منتصف الساعة السابعة صباحا ، أي في الظلام مدة الشتاء ، ثم لا يترك المدرسة آخر النهار إلا بعد الحبس ساعة أو اكثر ، وقد يكون السبب الوحيد لكل هذه العقوبات أن المعلم الإنجليزي قد طلب من التلميذ أن يقعد فوقف

أو يقف فقعد ، وقد تكون هذه محض التباس لا أكثر ، ثم يتأخر المسكين في الحضور الساعة السادسة والنصف ، فيزداد عقوبة ، والزيادة تتراكم ، وهذا إضافة الى عقوبات مهينة ، مثل حرمانه من الغداء إلا برغيف يأكله وهو واقف أمام زملائه .

وكان ناظر المدرسة يدعى شارمان ، وكان يتأنق في تعذيبنا ، وحدث أن الجمعية الخيرية الإسلامية أرسلت على نفقتها بعض تلاميذها من مدارسها الابتدائية ، وكانت تشتري لهم ملابسهم في شكة صفراء واحدة ، وكان هؤلاء المساكين يخجلون من هذه الملابس الرخيصة ، واشتروا غيرها من الملابس المألوفة ،

حتى لا يتميزوا بفقرهم أمام زملائهم ، ولكن شارمان أصر أن يلبسوا ملابسهم التي تصمهم بالفقر ، فلبسوها ، وكانوا ينزوون منا في خجل .

ولست أشك أنه حين أعلنت الجرائد وفاة شارمان هذا غرقا في أواخر الحرب الكبرى الأولى ، عم الفرح جميع القارئين الذين كانوا تلاميذه ، وقد يستنكر القارىء هذه العاطفة منا ، ولكني أؤكد أن التلمذة في تلك السنين كانت عذابا لا يطاق ، وكان للمعلمين الإنجليز لذة في تعذيبنا ، وكانت العلاقة بيننا وبين هؤلاء المعلمين خالية من الإحساس البشري ، حتى لقد كنا أحيانا نجهل اسم أحد المدرسين طوال العام الدراسي .

وقضيت ثلاث سنوات في المدرسة الخديوية لا أكاد أعد أسبوعا واحدا فيها هنئت به ، ولذلك تخلفت في الدراسة ، وكان من أسباب هذا التخلف أيضا أني مرضت بعيني واحتجت الى إجراء عمليتين لا يزال أثرهما المشوه باقيا " .

"وبفضل الحزب الوطني ، بل بفضل الشاب مصطفى كامل ، تزايدت الحركة الوطنية ، وأخذت موجاتها تعلو وتزيد ، ورأى كرومر عجزه عن مكافحتها ، فحمله الغيظ على العنف الأحمق ، بل على التوحش الإجرامي ، فانتهز حوالي ١٩٠٧ فرصة التقاء الجنود ببعض الريفيين في دنشواي ، إحدى القرى في المنوفية ، وكانوا يصيدون الحمام الذي كان هؤلاء الفلاحون يربونه ، فاشتبك الريفيون مع الإنجليز في مشاجرة انتهت بقتل بعض الإنجليز ، أو بالأحرى بوفاتهم ، وعندئذ عينت محكمة مخصوصة كان رئيسها المرحوم بطرس غالي باشا ، ومن أعضائها المرحوم فتحي زغلول باشا ، وكان المحامي عن الإنجليز الهلباوي ، الذي صار بعد ذلك عضوا في حزب الأحرار الدستوريين ، وشرع في محاكمة الدنشوائيين ، وعم الأمة توتر نفسي ، وغلت العواطف ، وكتب "المقطم" بأن المشنقة أرسلت إلى دنشواي قبل أن تنتهي المحاكمة ، فخجلت

الحكومة وكذبت الخبر ، ولكن المرجح أن المقطم كان صادقا ، لأنه كان يتصل اتصالا وثيقا بالإنجليز في ذلك الوقت .

وصدر حكم المحكمة بجلد البعض وبشنق آخرين ، ونفذت الأحكام في القرية ذاتهـا ، ورأى الأطفـال آبـاءهم يشـنقون أو يجلـدون ، ورأت الزوجـات والأمهـات والشقيقات والآباء أعزاءهم وهم يتدلون من الحبال أو يصرخون من الجلد .

وأذكر أني كنت في الإسكندرية ذلك الوقت أتنزه مع أخي ، وكنا نأكل في المطاعم ، فلما قرأت الحكم عمني جمود يشبه الغثيان ، فلم أستطع الأكل جملة أيـام ، ودارت في نفسي خواطر جنائية عن هؤلاء المعتدين على بلادنا وأهلنا ، وخجل الإنجليز أنفسهم من هذا الحادث الإجرامي ، فعزلوا كرومـر عـن وكالتـه في مصر ، وكـان يـرأس الـوزارة الإنجليزية في ذلك الوقت رجل من الحربيين يدعى هنري كامبل بانرمـان ، ولكـن وزير الخارجية المدعو جراي بـرر جريمـة كرومـر بـأن وقـف في البرلمـان يقـول : إن التعصب الإسلامي قد تفشى في إفريقيا الشمالية كلها ، بمـا في ذلـك مصـر ، وكتـب المقطم مقالا عنوانه " التعصب يمتد ويشتد " أي تعصب المصريين المسلمين الذين يجب أن يكبحوا بمشانق دنشواي ، وما زالت كلمات هذا المقال ترن في ذهني ، ولا تزال دنشواي عنـدي من الذكريات النفسية الأليمة "(١٤)

ويقول سلامة موسى في مقال آخر بعنوان :

"التدابير الإنجليزية لفقرنا وجهلنا ومرضنا" :

" ثم شرع الإنجليز في مهمتين سلبيتين : إحداهما منع التعليم ، فأقفلوا المدارس ، وثانيتهما منع الصناعة ، فلم يأذنوا بإقامة مصنع ، بل لقد أقمنا مصنعا

لنسيج القطن في بولاق حوالي١٩٠٠، اشتغل وأنتج الأقمشة ، فتعقبوه بالمعاكسات حتى أقفلوه وعينوا مديره الإيرلندي في وظيفة حكومية ، ولا تزال أسسه قائمة ، وقد حصلت من كامل صدقي باشا على أحد الأسهم التأسيسية لهذا المصنع الذي عمل الإنجليز على إفلاسه .

ثم حددوا التعليم ، وصرحوا بأن المقصود منه إيجاد موظفين فقط للحكومة ، وكانت مدرسة الطب محدودة العدد ، حتى أن خريجيها في بعض السنين لم يكونوا يزيدون على ستة أو سبعة أطباء في العام كله ، وكان أطباء الجيش يجلبون من لبنان من خريجي الكلية الأميركية في بيروت ،وكانت حالنا مع ذلك أفضل من حال الهنود ، فإن هؤلاء كانوا محرومين من مدرسة للطب الى ١٩٢٠ ، فلم يكونوا يتعالجون - وهم ٤٠٠مليون - من أمراضهم إلا على أيدي الدجالين أو على أيدي الأطباء القليلين جدا الذين تعلموا في أميركا أو أوروبا ، فتعقل هذا أيها القارىء ، تعقل وتدبر في هذه القسوة ، وكيف كنا محرومين من الأطباء قبل ١٩١٩الا خمسة أو ستة تخرجهم مدرسة الطب كل سنة ، وكيف حرم الهنود حرمانا تاما من مدرسة للطب إلى ١٩٢٠ !

وإني أذكر فيما بين ١٩٠٠ و ١٩١٥ أني لم أزر طبيبا مصريا ، لا أنا ولا واحد من أعضاء عائلتي ، ولم أكن أسمع عن طبيب مصري إذ كان الأطباء الممارسين في القطر المصري أجانب من اليونانيين أو الإيطاليين أو الإنجليز والفرنسيين ، بل أكثر من هذا ، ففي عام ١٩٢٧ كان ماهر باشا وزيرا للمعارف ، وسنحت له الفرصة بإحالة الجامعة الشعبية إلى جامعة حكومية ، وكانت هذه الفرصة هي غياب المندوب السامي البريطاني جورج لويد ، وجمع المختصين وصرح لهم " بأننا يجب أن نبادر وأن نؤسس الجامعة المصرية على أساس ثابت في غياب

اللورد لويد ، لأنه إذا جاء قبل أن ننتهي من هـذا العمـل فإنـه سيعارض ويمنعنـا مـن إيجادها " ، وتلك كانت خطة الإنجليز لتبوير العقول المصرية ، وتم تأسيس الجامعة في غياب اللورد لويد ، ولما عاد إلى مصر ووجدها قائمة ، كان ينتفض غيظا وجزعا .

وكانت همة الإنجليز المشؤومة في منع التعليم تتجه إلى البنـات كما تتجه إلى الغلمان ، فإنهم منعوا التعليم الثانوي للبنات ولم نسـتطع إيجـاد مدرسـة ثانويـة إلا في عام ١٩٢٥ ، وكانت وزارة المعارف ترسل البعثات إلى اوروبا وتشـترط عـلى أعضـائها ألا يلتحقوا بأية جامعة ، وإذا فعلوا فصلوا من البعثة وحرموا من الإعانة المالية .

هذا من ناحية التعليم من حيـث المنع ، أي مـن حيـث تحديـد الكـم ، ولكـن حملتهم المشؤومة كانت تتجه أيضا نحو الكيف ، فكـانوا مـثلا يصرون عـلى أن تـدخل البنت في المدرسة السنية الابتدائية (أكرر كلمة ابتدائية) إلا وهي مبرقعة ، كـما كـانوا يصرون على أن يكون معلم اللغة العربية معمما ، غيرة على التقاليد ، حتى نبقـى مـن دعاة الفعل الماضي نعيش في الأمس .

أما في ناحية الصناعة ، فقد عرفوا المصنع في عام ١٩٠٤ بأنه : " محـل مقلـق للراحـة أو مضر بالصحة أو خطر " ، ولا يزال هذا التعريف قائما إلى الآن ، وهو يكفـي لإقفـال أي مصنع في العالم ، ولذلك لم يجرؤ واحد على إنشاء مصنع إلى ١٩١٩ ، بـل إني أنظـر في جدول الصادرات والواردات عـام ١٩١٣ فأجـد أن الـواردات إلى مصرـ كلهـا مـن السـلع الإنتاجية ، أي الآلات ، لا يزيد ثمنها على ١٨٠٠ جنيه ، أي أقل مما يحتاج إليه مصنع في سنة واحدة ."

" ومن الحروب الكثيرة التي شنها الانجليز على المصريين ، تعميم الأمراض الدودية بالري الوفير لزرع القطن ، " فإن أي إنسان مهما كان جاهلا ، كان يستطيع أن يفهم في عام ١٩٠٠ مثلا أنه إذا استشبعت التربة بالمياه الوفيرة فإنها ستملح وتقل خصوبتها ، كما ان الحشرات والديدان ستعيش فيها وتتكاثر ، ولا بد أن تفشو ديدان البلهرسيا والأنكلستوما والأنكاريس، وقد فشت هذه الديدان التي لم نكن نعرفها في عام ١٩٠٠ إلا قليلا جدا ، إذ لم يكن بين الفلاحين من يحملون هذه الديدان في أجسامهم ، تأكل لحومهم وتشرب دماءهم من عام ١٨٩٠ الى ١٩٠٠ سوى ٢ او ٣ في المئة ، فأصبحوا الآن بفضل جنون الساسة التجاريين من الإنجليز نحو ٨٠ او ٩٠ في المئة ، أصبحنا أمة مريضة تحاول الآن أن تشفي فلاحينا من هذه الديدان "(١٥)

وسلامة موسى كاتب مسيحي علماني ، ولكن ذلك لا يدعه مفتونا بالإنجليز أصحاب الإمبراطورية التي لا تغيب عنها الشمس ، وذلك لسبب بسيط وهو أن الرجل قد عاش بنفسه هذه الأهوال التي يحدثنا عنها بكل صراحة وموضوعية وتجرد ، فها هي صورة الاستعمار كما هي بقلم " شاهد عيان" مثقف وواع لا تنقصه الشجاعة فيما يقوله ويدونه للأجيال القارئة ، فالإنجليز :

١- وضعوا التعليم أهم غاية وأغلى هدف لشن الحرب ضده والقضاء عليه ، وواضح أنهم مبدعون خلاقون فيما يبتكرونه من أساليب شيطانية لتنفيذ هذه الحرب المعلنة أو غير المعلنة على كل من تسول له نفسه أن يلتحق بمدرسة ، أو أن يصبح شيئا ما يوما ما !

٢- يعلمون الناس - ويحاولون جاهدين إقناعهم - بأن بلادهم زراعية فقط، لذا حكم عليها أن تظل زراعية بفتوى منهم ، فهي لا تصلح لصناعة أو تجارة أو أي نوع من أنواع الابتكار أو الإبداع البشري ، لا لشيء إلا ليظل أهلها عبيدا للاستعمار وأذنابه وكل من يدور في فلكه .

٣- لقد قرأنا عن "دنشواي" في الكتب المدرسية وكانت تدعى بحادثة دنشواي ، فيظن المرء أنها مجرد حادثة كإسمها ، ولكن الكاتب الملتزم يصف المشهد المأساوي وصفا دقيقا يصور به مدى حقد الاستعمار وقسوته وظلمه ، ومدى ساديته وتلذذه بتعذيب البشر .

٤- محاربة البريطانيين للصناعة بمنع استيراد الآلات ، وإغلاق المصانع ، كي تبقى البلاد فقيرة ، ولتظل سوقا للبضائع الإنجليزية .

٥- ولكن الشيء الأغرب في كل ما سبق هذا الحرص الشديد ،والمخطط والمدروس لخلق الأمراض وبذل الجهود لإفشائها بين كل الطبقات ،إمعانا في الإساءة وتجسيدا للأحقاد الدفينة ، وإضعافا للناس الذين لا تتوفر لديهم سبل العلاج للأمراض العادية ، فكيف بالأوبئة والديدان القاتلة .

****

ولنتأمل الدين الإسلامي الحنيف ، ودعاته الأماجد الذين نشروه في بقاع الدنيا بدون تعذيب أو سفك دماء ، أو نهب أو سلب أو هتك أعراض كما تعودنا أن نقرأ ونسمع عن الحملات الغربية المسعورة الغاشمة على ديار الإسلام ، " ففي عام ١٩٦٣ أثارت الصحف الأميركية حملة ضارية ضد الإرساليات التبشيرية الى القارة الإفريقية التي أنفقت مئات بل ألوف الملايين من الدولارات ، بدون أن تؤدي الغرض من وجودها ، والأمل المعقود عليها ، وعيرتها بأن الإسلام قد انتشر

في تلك القارة انتشارا عفويا بدون بعثات وإرساليات ، فكان جواب المبشرين على تلك الحملة : إنهم إن يكونوا أخفقوا في دعوتهم ، فهم قد نجحوا نجاحا ملحوظا في تشويه الإسلام في نفوس أصحابه من العامة .. واعتذروا عن تقصيرهم فيما أرسلوا من أجله بأن الإفريقيين _ والوثنيين منهم خاصة - كانوا ينفرون بشدة من المبشرين لأن ما يدعونه من سماحة المسيحية وتعاليم يسوع ، يخالف مخالفة دنسة التعذيب البشع ،والتقتيل الجماعي الذي يقاسونه من الاستعمار!"(١٦)

أما موقف إسرائيل وزعمائها ، والصهيونية ودعاتها وكبارها ، فهو واضح جلي لا يخفيه هؤلاء ، ويصرحون به بمناسبة وبدون مناسبة ، فهم لا يخفون كرههم للشعوب الأخرى ، وحقدهم على الأديان غير اليهودية مهما كان مصدرها أو مكانها أوحملتها ودعاتها ، لنقرأ :

" فالأمم في نظر إسرائيل دواب وبصاق ، ولا تستحق حمل اسم الإنسان_ سفر عزرا الرابع ، الفصل الخامس - "وستتجمع الأمم عند ظهور المسيح في أورشليم لكي تلحس التراب عن أقدام إسرائيل - أشعيا - الفصل ٤٩ العدد ٢٣(١٧)

" وكلمة الأمم تثير قرف (التلمود) الذي يعلم اليهود أن ليس عليهم وفاء عهودهم نحو الشعوب الأخرى ، والمسيحي عندهم يمثل صنفا من الأمميين ، مكروها بنوع خاص ، فالتلمود ينكر عليه الحق في أن يعامل بالإنصاف والوفاء والإحسان ، بالإضافة إلى الإفتراءات السمجة التي وردت في النصوص والتي تنعت المسيح باللقيط ! وتقذف مريم العذراء بالفجور ، وهناك المؤلف الصفيق المسمى " نسب المسيح- تولدة يشوع" ، الذي جمع كل تلك الشناعات وألصقها بالمسيح وأمه " (١٨)

ويقول بن جوريون مؤسس دولة إسرائيل : إذا كان ينبغي مـن أجل خـير أرض أجدادنا أن نغزو أمـما أجنبيـة ، ونسـتعبدها ونبيـدها ، فيجـب أن لا تمنعنـا مـن ذلك اعتبارات إنسانية .

ويقول رئيس إسرائيل الأسبق مناحيم بيغن : نحن نحارب إذن نحن موجـودون " (١٩)

وعلى عكس ذلك كله . نرى الدين الإسلامي الحنيف فد ترك للكتابيين حقهـم في البقاء على دينهم ، وممارسة طقوسهم ، فلم يكن هناك ما يسمى بالصراع الـديني بـين المسلمين وغيرهم ، لذا فإن المسلمين وحضارتهم ، وجيوشهم وفتوحاتهم ، قد احتضنت كل الأديان بدون سفك دماء أو اغتيال او تعذيب ، فسادت روح التسامح الـديني كـل الأقطار التي فتحها المسلمون ، لذا لا نستغرب أن يدخل مئات الملايين من الناس والأمم الأخرى هذا الدين الحنيف النموذج في التعامل والسلوك والتمدن ، واحـترام معتقـدات الشعوب الأخرى ، بل وأمن لهم الحماية والرعاية من أي معتد خـارجي ، وتركت لهـم حرية العمل والكسب والعيش ، وممارسة الحياة كأي مسلم داخل الدولة .

نظرية هوبسون في الاستعمار والرد عليها

المفكر الإنجليزي جون هوبسون(١٨٥٨- ١٩٤٠) المحاضر السـابق في جامعـة أكسفورد له رأي في أسباب الاستعمار يستحق التوقف عنده للتأمل !

" يرى هوبسون أن الإمبريالية وليدة النظام الرأسمالي وما ينتج عن تبلوره وتطوره من فائض في الناتج الصناعي دون أن يقابله استهلاك مماثل ، أي في الوقت الـذي يزيـد فيه الفائض الصناعي نتيجة زيادة الغنى في جانـب الرأسماليين ، فإن الاسـتهلاك يقـل نتيجة ضعف القوى الشرائية عند الغالبية من فئـات المجتمـع ، بمـا لا يمكنها اسـتهلاك ثمار التصنيع ، فالمجتمعات الرأسمالية تواجه بورطة

تتمثل في زيادة الإنتاج ونقص الاستهلاك في نفس الوقت ، وبالتالي فإن هذا الخلل في النظام الرأسمالي يؤدي إلى البحث عن أسواق في الخارج (فيما وراء البحار) لتصريف المنتج والبحث عن فرص لاستثمار رؤوس الأموال "(٢٠)

وهذا كلام لا يخلو من معرفة بطموحات دول الغرب في تنمية أموالها ، وتطوير تجارتها ، بخلق أسواق لها في دول المشرق الفقيرة ! ، ولكن هذا الاستعمار الطيب القلب ، صاحب النوايا الحسنة التي لم نحسن تقديرها أو التعامل معها ، كان بإمكانه أن يفعل ما يلي :

١- تحسين صورته في البلاد التي استعمرها ، وذلك بسلوكه القويم ، وتمسكه بمبادئه وثقافته وحضارته التي يحدثنا عنها كتابه وفلاسفته ليل نهار ، فيكون نموذجا يقتدى ، ومثلا يحتذى لنا نحن الفقراء إلى كل ذلك ! .
٢- نشر بضائع سليمة مفيدة للمستهلكين .
٣- أن لا يكشر عن أنيابه المسمومة في احتلال البلاد وتخريبها ، وانتهاك أعراضها ، وتشريد رجالها وعلمائها .
٤- أن يكون على ثقة تامة بمبادئه وتعاليمه وثقافته ، فينشرها بين الناس الذين سوف يتقبلونها عن رحابة صدر ، وليس بالعنف والقتل ، والسلب والنهب .
٥- أن يؤدي الوظيفة التي جاء من أجلها ، وهي تسويق المنتجات الفائضة ، فيخلق أسواق دائمة لبضائعه التي لن ينافسه فيها أحد ، طالما انه مستقيم وأمين وثقة .
٦- الدول المستعمرة كانت ضعيفة فقيرة ، وإلا فما كانت لتكون سهلة على دول الغرب لاستعمارها ، لذا كيف يتوقع لها أن تكون سوقا رائجة ، ويملك أهلوها العملات الصعبة لاستيعاب منتجات الغرب وطموحاته ؟ .

٧- أثبتت حوادث التاريخ أن ما زعمه هوبسون عن غايات الاستعمار لم تثبت صحتها في شيء في كل الدول المستعمرة ! ، ولم يرحب أحد بالاستعمار ولا بأهدافه النبيلة الشريفة ! وإلا فكيف يفسر لنا هذه الثورات العارمة التي قامت في كل الدول المستعمرة ؟ ، أتراها قامت وقدمت الضحايا والشهداء لأن بضائع الغرب لم تعجبها ، ورفضت ان تكون سوقا للمستعمرين ؟ .

إن من يقرأ ما ورد في الصفحات السابقة يشكك في كل كلمة قالها هوبسون ، أو يطلع على ما كان فعله الايطاليون في ليبيا ، والفرنسيون في الجزائر والمغرب سوف يرى أن ما قاله لا يتعدى كونه استبساط للعقول ، وسخرية من التفكير المستنير السليم ! .

وعلينا أن نقر بدون حرج أن الأتراك الذين حكموا بلادنا كانوا شكلا من أشكال الاستعمار، وإذا كان مفهوم الاستعمار سيطرة حضارة راقية على حضارة متخلفة ، فقد كان الأتراك على عكس ذلك ، فلم يكن لديهم حضارة ولا رقي يقدمونه لهذه الأمة ، بل كانوا عالة على تراث العرب ابتداء من العمارة حتى شكل الكتابة ، ومن الصناعة حتى الثقافة .

وفضلا عن قيامهم بنهب موارد البلاد وقواها المحلية من زراعية وصناعية ، ومكاسب تجارية ، إلى جانب الضرائب الكثيرة التي كانوا يفرضونها على الناس ، فقد هيأ الاتراك الوطن العربي ليكون لقمة سائغة للمستعمرين من الغرب ، " ومنذ الاستعمار التركي فقط بدأ الافتراق بين المستوى الحضاري والفني للغرب والعرب : الغرب إلى أعلى والعرب على الى اسفل , كان الاستعمار التركي نقطة الانعكاس في المنحنى الحضاري وخط التقسيم بين تقدم الغرب وتخلف العرب ، فبينما كان العالم العربي يتدهور بخطى حثيثة ، كانت النهضة الأوروبية بعثا حقيقيا ومطردا لم

يلبث أن طفر في قفزات ثلاث هي : الانقلاب التجاري ثم الميكانيكي وأخيرا الانقلاب الصناعي ، وقد تعاصر الانقلاب الأول مع أوائل الاستعمار التركي ، بينما تعاصر الانقلاب الأخير مع أواخره " (٢١)

" لهذا فليس صحيحا في هذا الصدد أن الاستعمار التركي هو الذي وقف حائلا أمام الاستعمار الأوروبي وحمى منه الشرق العربي ، بل العكس هو الصحيح تماما ! فبصرف النظر عن تخريب القوة الذاتية للعالم العربي على يد الاستعمار التركي ، بدأ التوغل الأوروبي في المنطقة عن طريق " الرجل المريض" وبفضل عجزه ، وفي النهاية كانت هزيمة الاستعمار العثماني هي السبب المباشر في انقضاض الاستعمار الأوروبي على المنطقة "(٢٢)

ثالثا : الثروة النفطية

صناعة النفط وأسعاره وأسواقه ، وأرقام إنتاجه وصادراته ووارداته ،لا تكاد صحيفة أو دورية أو نشرة أخبار تخلو من ما جد في ذلك كله كل يوم ، وعليه فإن كل ما يجد في مجاله يؤثر في الأحوال الاقتصادية والسياسية والاجتماعية كونه عصب الصناعة ووسائل النقل والإنتاج الحياتي اليومي ، لذا حظي بالاهتمام الأعظم منذ اكتشافه سواء للدول المنتجة له أو الدول المستهلكة ، وهذا بدوره أثر تأثيرا كبيرا في تشكيل العلاقات الدولية المتشابكة المعقدة بين دول العالم .

" والشرق الأوسط هو المنطقة الثانية في العالم من حيث الأهمية في إنتاج البترول ، إنه الإقليم الذي جاهدت وتجاهد فيه مختلف الشركات الاحتكارية ، سواء بجهودها الذاتية أو بتأييد من حكوماتها ،في سبيل نيل الامتيازات والسيطرة على موارد الزيت الوفيرة ، وعلى حسابه تمت وتتم الاتفاقات العلني

والسرية - والأخيرة أكثر وأخطر- بين الدول والهيئات التي يعنيها الأمر دون أن يكون لأصحابه وأهله صوت مسموع ، وفي أرجائه تحاك الدسائس ، وتدبر المؤامرات ، وتنتشر الشائعات ، ويشيع جو من السرية والغموض يحيط بأعمال وكلاء الشركات وبعثاتها البريئة المظهر ، وأعمالها ومصانعها ومكاتب إداراتها ، فإذا اقتربت من مدينة بترولية شعرت كأنك موضع الارتياب والمراقبة ، وتحس كأنك في وسط غريب وبيئة غير مألوفة ، وهو نقطة الخطر في محيط السياسات والأطماع الاستعمارية ، وموضع المنافسات والخلافات بين الدول ، ومعمل البارود الذي قد يتفجر يوما من الأيام ، فإذا بالعالم وقد انغمر في حرب ثالثة لا يستطاع التكهن بأخطارها ونكباتها " (٢٣)

هذه المدن النفطية مستعمرات مستقلة داخل الدول المنتجة للنفط ، ولا نظلم أحدا إذا قلنا أنها مدن للاستغلال ونهب الثروات ، وتوجيهها لفائدة الشركات وبأقل التكاليف ،لذا هي لا تحب الغرباء الذين قد يدسون أنفسهم في أمور تعنيها هي فقط ، فلا داعي لأن يزج مدع للوطنية بنفسه في أسرارها ومؤامراتها ،وخططها وأهدافها ، ولا نستبعد أن تكون أيضا مدنا للتجسس وجمع المعلومات عن كل تفاصيل هذا الوطن البريء لصالح الغرب الطامع المتوثب ، ولصالح الصهيونية العالمية التي لا تدع مساحة – مهما صغرت- إلا وهي متيقظة حريصة على سبر أغوارها ، ومعرفة أخبارها وقدراتها ، بل ونواياها وأحلامها ! ، فكيف بها إذا كانت مدن نفط ....! مدن الذهب الأسود المتحكم في عصب الحياة بكل تفاصيلها تنهل منه بلا ارتواء .

ففي عام ١٩٥٠ كانت أوروبا الغربية تستهلك ٥٠ مليون طن من النفط سنويا ، وارتفع الرقم الى ٢٢٠ مليون طن عام ١٩٦٠ ، ثم إرتفع عام ١٩٧٣ الى ٩٤٥ مليون طن ، أي ما يساوي ٥،٩٤ مليار برميل .(٢٤)

أما عن الولايات المتحدة ففي عام ٢٠٠١ بلغ استهلاكها من النفط ٧ مليار برميل ، بينما بلغ استهلاك العالم كله ٢٨،٢ مليار برميل !(٢٥) ، لذا نرى الولايات المتحدة حريصة على شراء النفط من الخارج وعدم استهلاك مخزونها منه ، فقد أصبح اليوم الذي ينفد فيه نفط الشرق قريبا لتنعم هي بما لديها منه لعقود قادمة ، فلماذا لا نتعلم منها ؟ .

أما عن الغاز الطبيعي ، فقد بلغ الاحتياطي العربي منه ٣٩٥،٢٩ مليار متر مكعب ، في الوقت الذي بلغ فيه الاحتياط العالمي ٩٨٦،١٤٥ مليار متر، أي أن الوطن العربي يمتلك ٢٠% من المخزون العالمي .

لذا هو من مصلحة الغرب ومنفعته وغاياته أن يكون هذا الجسم الغريب - إسرائيل- مزروعا في قلب الوطن العربي النفطي ، مدعوما بكل الوسائل من الغرب ليظل ورما خبيثا في أحشائه ، وتظل قوى هذا الوطن وطاقاته وأمواله منصرفة مكرسة لهذا العدو ، قلقا واستعدادا ، وإنفاقا وقتالا ، فتظل أمواله التي جناها من تجارة النفط تصرف على شراء السلاح ولوازمه على مر السنين ،وبالطبع يصب ذلك في حسابات الغرب ، ولا ينفق منها شيئا على التنمية والصناعة والتطوير والتعليم المتميز المثمر - كما حصل في التجربة الناصرية الناجحة ١٩٥٢-١٩٧٠ .

رابعا: القضاء على عبد الناصر

ليس غريبا أن يكون عبد الناصر وأسلوب حكمه وإدارته لأمور الدولة ، وشعاراته وخططه للنهوض بمصر كقوة مواجهة للغرب ولإسرائيل بالذات ،ومناداته باستقلالها ، واستغلال مواردها وقدراتها وإنسانها،وتوجهاته القومية المعلنة لجمع الصف ، وتوحيد الجهود والقوى ، وتوجهه نحو الشرق لإمداده بالخبرات والسلاح ، فأوجد بذلك قيادة وطنية واعية ملتزمة تفتقر إليها الأمة في ظروف دقيقة للغاية... ليس غريبا لكل ذلك أن يكون ناصر سببا من أسباب العدوان الثلاثي على مصر .

لقد أعلن ناصر منذ الأيام الأولى لثورة يوليو أن مصر ليست مستعدة لقتال إسرائيل في ذلك الوقت ، فالميراث الذي ورثه عن سلفه الملك فاروق كان حقبة من الفساد والتراجع والاستسلام لمشيئة الغرب ، فلم يترك جيشا قويا قادرا على خوض معركة ،ولا اقتصادا يمكن أن ينهض بالبلد ، ولا مالا يمكن أن يستعان به لبناء أو تقدم أو ازدهار ، فتاريخ فاروق وبطانته لا يخبر بوطنية أو غيرة على الوطن ، أو أدنى نية في عمل إيجابي يذكر ، بل إن كل ما يمكن أن يذكر أو يدون هو تاريخ من الفساد والحفلات والمغامرات والقمار والنساء، وإنفاق الأموال على كل شيء إلا مصلحة الشعب والبلاد ، لذا ارتأى الزعيم الراحل أن الأولى والأجدى هو النهوض بالبلاد زراعيا وصناعيا وعلميا وعسكريا واجتماعيا وثقافيا لتمكين الإنسان المصري من النهوض ليصبح قادرا على قتال إسرائيل الناهضة السائرة على دروب القوة والتطور، ولما سمع بن غوريون هذه التصريحات قال :" هذه أخبار سيئة جدا " وكان صادقا !

ولنقرأ ما بثته إذاعة قبرص البريطانية إثناء المعركة : " إنكم ما لم تجلوا فلن يكون هناك أي شك في أن دياركم ستدمر ، لقد ارتكبتم خطيئة ...وهي أنكم وضعتم ثقتكم في عبد الناصر" ويضيف راوي هذا الخبر: وهكذا ظهرت بجلاء ووضوح النية الحقيقية للتدخل الإنجليزي الفرنسي – ألا وهو الإطاحة بحكومة عبد الناصر " (٢٦)

ولكن ما يهمنا في هذا الفصل هو أننا لن نتناول بالبحث الإنجاز الناصري بعد العدوان الثلاثي ، بل ما كان قد قام به بالفعل ، أو ما صرح بأنه سيفعله ويخطط له ، خاصة وأن النوايا كانت مقترنة بالأفعال على غير ما تعودت عليه إسرائيل والدول التي ترعاها !

" وأخذت الصحف البريطانية تتحدث علانية : أحيانا في مواربة ، وأحيانا في سذاجة مضحكة عن الأدوار التي يمكن أن يسندها الغرب لجمال عبد الناصر .

" أيمكن أن يقوم بدور نابليون ؟ أنستطيع أن نسند إليه دور جورج واشنجتون ؟ وقالت أشد هذه الصحف عداء إن هذا الرجل الصموت الذي يحسن التواري عن الناس لا يصلح إلا لدور بروتس: المتآمر الأكبر !

كان واضحا من هذا كله مدى الحيرة التي وقعت فيها بريطانيا إزاء عبد الناصر وهي حيرة لم يفعل الرجل العظيم شيئا واحدا ليبددها ، بل لعله تعمد أن يزيد الاستعماريين الإنجليز خيالا على خيال "(٢٧)

ولا ننس أن " زعامة ناصر (شعبيته ، نفوذه ،جماهيره ، آثاره ، أفكاره)تعدت حدود القطر الذي انتمى إليه وتحمل مسؤولياته ، لتشمل الوطن العربي كله من محيطه إلى خليجه ، وكأن لا حدود سياسية ولا قانونية بين قطر وآخر

تقسم الوطن الواحد إلى أكثر من عشرين كيانا يتمسك كل منها بزعاماته ومسؤوليه " (٢٨)

ونحاول هنا تلخيص أهم الأسباب النابعة من عبد الناصر نفسه ، والتي كانت وراء حرب السويس :

أولا : إعلانه أهدافه الوطنية : وكان يعلن عن أهدافه بوضوح وبدون مواربة ، ومنها :

" ١- تصفية جميع مناطق النفوذ الأجنبية في العالم العربي سواء أكانت اقتصادية أم سياسية .

٢- قيام كتلة عربية مستقلة عن الشرق والغرب تسعى إلى تحقيق مصلحة العرب وحدهم وفقا لما يحددونه هم لا ما يحدده مصدر أخر .

٣- تحقيق وحدة العرب السياسية من المحيط إلى الخليج .

٤- بناء دولة عصرية قوية ، ذات اقتصاد قوي تعتمد على مواردها الطبيعية ، وإنسانها المؤمن بعروبته ، المنتمي لوطنه وقيادته .

وتحقيقا لهذه الأهداف رفض عبد الناصر كل الأحلاف ومعاهدات الدفاع الغربية ، وشن حملة واسعة النطاق على النفوذ الغربي في العالم العربي وتعاون مع الاتحاد السوفييتي - بصفة وقتية - في نضاله ضد الغرب "

ثانيا : حملته على سياسة الأحلاف في المنطقة :

لقد كان ناصر صاحب الدور الرئيس في فشل سياسة الأحلاف وانهيارها ، يثبت ذلك مواقفه الوطنية الواضحة التي تدل على وعي وذكاء وبعد نظر في تلك السن المبكرة ، وبالخبرة الضئيلة في الحكم وكواليسه ومؤامراته .

لقد شن ناصر حملة عنيفة – وبكل الوسائل- ضد الأحلاف التي كانت ستجر الأمة إلى عهود الاستعمار الأولى بتسميات جديدة ، وأول هذه الأحلاف حلف بغداد الذي استمات نوري السعيد رئيس وزراء العراق آنذاك في الدفاع عنه وتبريره بشتى الوسائل ، فكان رد ناصر:

" المعاهدة أو الحلف الذي ينتج عنه احتلال وسيطرة أجنبية وتدخل أجنبي ، لا يمكن بأي حال من الأحوال أن يحمي الوطن ويحمي سلامة الوطن ، ويؤمن بحرية الوطن ، لأن هذا الحلف الذي تتولاه دولة أجنبية ، أو تقوم به دولة أجنبية ، ليس إلا مرحلة من مراحل السيطرة ، وليس إلا عدوانا في حقيقة الأمر "(٢٩) وكان صانعوالحلف يرون أن الخطر الذي يهدد العرب قادم من الاتحاد السوفييتي ولا بد للتعاون مع الغرب لردعه .

" وقد صرح رئيس الوزراء البريطاني انتوني ايدن في مجلس العموم سنة ١٩٥٦ أنه صاحب فكرة حلف بغداد ، وان ميثاق بغداد تعزيز لنفوذ بريطانيا في الشرق الوسط ، وانه لا يتعارض مطلقا مع مصالح إسرائيل ، بل إن نظرة جغرافية بسيطة تجعل الحكومة الإسرائيلية تعتقد أن الغرض من ميثاق بغداد هو صرف نظر الطرفين إلى اتجاه آخر غير إسرائيل " (٣٠).

في حديث لناصر يوم ٨ أيلول ١٩٥٧ عن مشروع ايزنهاور بضرورة قيام الأحلاف وانضمام العرب لها ، شرح أهداف السياسة الأميركية التي تتلخص في ثلاثة أمور وهي :

١- تصفية قضية فلسطين .

٢- فرض نظام دفاعي يخدم المصالح الأميركية وحدها

٣- انحياز إلى السياسة الأميركية في جميع المشاكل الدولية ، بحيث تتحول الدول العربية بالفعل إلى منطقة نفوذ لأميركا .

أما فيما يتعلق بإسرائيل ، فقد رأى أن المشروع يحقق ما يلي :

١- تحويل النظر عن خطر إسرائيل .

٢- خلق أخطار وهمية من بعض العرب على البعض الآخر .

٣- إعطاء سلاح لا يخيف إسرائيل لبعض الدول العربية .(حصلت العراق من انضمامها للحلف على ثلاث طائرات !)

٤- ربط بعض الدول العربية في نطاق واحد مع إسرائيل ، نطاق تقوم فيه اميركا بدور التوفيق والتنسيق في جميع النواحي العسكرية ، ذلك ان اسرائيل لم تعد في الحقيقة عدوا لهذا البعض من الدول العربية بل أصبحت زميلا في الحلف " (٣١)

وكان نوري السعيد يرى ان عهد الاستقلال التقليدي قد انتهى ، وأن الخطر القادم من الشيوعية والاتحاد السوفييتي لا يمكن رده الا بالانضمام للغرب والاستعانة بسلاحه لرد الخطر .

ورد ناصر بأن العرب قادرون على إجبار المستعمر على الرحيل بدون ان يكون هناك فراغ برحيله ، لأن المنطقة تسكنها أمة عربية قادرة على الأخذ بالقوة ، أما الاعتماد المتبادل فيجب ان يكون ضمن الإطار العربي ، وأن الخطر لن يأتينا من الإتحاد السوفييتي ، بل إن الخطر جاثم امامنا وعلى القرب منا ..إنه إسرائيل ! ، اما تركيا وباكستان وإيران فلن تحارب معنا ضد إسرائيل لأنها لا تشعر بخطرها لبعدها عنها .(٣٢)

٤٩

وإذا ما أردنا تلخيص مبدأ إيزنهاور الذي لم يحقق شيئا للمنطقة سوى الفرقة والتشتيت ، نقول :

١- صور الاتحاد السوفييتي وكأنه بعبع استعماري يريد التهام المنطقة ، وقد أثبتت الأيام عكس ذلك تماما ، فالبعبع هو الغرب الذي أظهر نواياه في حرب السويس وغيرها م الحروب .

٢- جعل الناس يكرهون أميركا لأنها استعمار جديد مكان القديم .

٣- كان هذا المبدأ عامل تفتيت وتفريق للمنطقة لانقسام المسؤولين والشعوب بشأن صدق المبدأ وصلاحيته .

٤- إظهار شخصية عبد الناصر التقدمية الواقعية ، وكشف سياسة الأحلاف وما وراءها من مؤامرات لخلخلة النظام العربي .

٥- ترك ايزنهاور ميراثا سيئا للذين جاؤوا من بعده من حكام .

٦- أن هناك من الدول العربية والإسلامية من هو كامل الاستعداد للانضواء تحت أي نفوذ استعماري على حساب اخوته من العرب والمسلمين !

٧- أن دول الاستعمار ما زالت تصر على البقاء في المنطقة إبقاء لنفوذها فيها ،للأسباب التي ذكرناها سابقا كخطورة الموقع ووجود النفط ..الخ.

وبسبب حلف بغداد ، يحاول البريطانيون التذرع بالنفوذ السوفييتي في مصر للهجوم عليها ، ولجر أميركا معهم في الهجوم المرتقب " لذا فإن تقرير رئيس هيئة أركان حرب المملكة المتحدة المرفوع إلى وزير الدفاع ووزير الدولة للشؤون الخارجية ، يقول تقريبا أن نجاح الشيوعية ومصر أصبح مهددا لمصالحنا الحيوية وكذا مواقعنا الاستراتيجية ومصالحنا الاقتصادية والسياسية ، ولذا فإنه ينبغي علينا أن نعمل بسرعة من أجل تدارك الموقف .

وفي الفقرة الثانية يخلص التقرير إلى أن السماح لعبد الناصر ببناء إمبراطورية عربية تلتف حوله هو الخطر بعينه ضدنا ، وهو ما يستفيد منه الاتحاد السوفييتي ، وأن تزايد قوة عبد الناصر سوف يعطيه بلا شك الفرصة للتحكم في قناة السويس مما يتعارض مع مصالحنا ، ويعرضنا للخطر " (٣٣)

إذن فالخطر قادم من التفاف العرب حول قيادة واعدة واعية ، وطنية صادقة مؤمنة بقدرات الأمة إذا ما اتحدت وسلمت أمورها لهذا القائد الرمز ، ولأجل التخلص منه ، يتذرع البريطانيون وغيرهم طورا بحلف بغداد ، وتارة بالقناة ، ويخفون الأسباب الأخرى الأكبر والأخطر – في نظرهم - ألا وهي وحدة هذه الأمة وتسخير قواها من أجل التخلص من والاستعمار والتبعية .

وقد أثبتت الأيام صحة ما ذهب إليه ناصر ، فلم تكسب الدول المشاركة في الحلف شيئا منه ، لا دعما اقتصاديا ولا عسكريا ولا تحالفا صادقا ضد الأخطار ، وأين هي الأخطار إذا استثنينا إسرائيل !

وقام انقلاب عسكري في العراق في١٤ تموز وقتل نوري السعيد ،وقتل معه الملك فيصل الثاني ، وخاله الأمير عبد الإله ، وأعلن النظام الجمهوري ، وتم إلغاء الحلف ليحل مكانه حلف آخر باسم الحلف المركزي ومقره أنقرة !

ثالثا :إجلاء الإنجليز عن مصر:

بعد مقاومة طويلة وعنيدة من الشعب المصري ، ولما كانت ثورة يوليو قد اعتبرت جلاء المستعمر وإلغاء أي معاهدة سابقة مع النظام السابق من أهدافها ، ألح عبد الناصر على تنفيذ رغبة الأمة في جلاء القوات البريطانية عن منطقة القنال ، فبدأت المباحثات في ٢٧ نيسان ١٩٥٣ ، وتوقفت لفترة طويلة ، ثم أستؤنفت في ٢٠ كانون أول ، وفي ٢٧ تموز ١٩٥٤ تم الاتفاق على الجلاء على

مراحل ، كانت نهاية المرحلة الأخيرة منه في آذار ١٩٥٦ ، فغادرت القوات البريطانية – وعددها ٧٠ ألفا – القناة بقيادة الجنرال هل ،وقد تسلمت مصر بموجب هذا الجلاء منشآت ومعسكرات تزيد قيمتها على ٧٠ مليون جنيه .

ونتيجة لهذا الجلاء ارتفعت الأصوات المعارضة في الحكومة البريطانية وبرلمانها ، واتفق الحزبان المتنافسان العمال والمحافظون على أن شروط المعاهدة كانت في صالح مصر ، وفيها إذلال لبريطانيا ، وعلق زعيم المحافظين ووتر هاوس ساخرا " إننا نحن المحافظين قد نعينا على العمال تسليم عبدان لإيران ، وها نحن نسلم اليوم القناة لمصر " (٣٤)

وكان الزعيم الراحل قد أذاع يوم ٢٧ تموز ١٩٥٤ البيان التالي :

" أيها المواطنون : اننا نعيش الآن لحظة مجيدة في تاريخ وطننا .. إننا نقف الآن على عتبة مرحلة حاسمة من مراحل كفاح شعبنا ، لقد وضع الهدف الأكبر من أهدافنا منذ هذه اللحظة موضع التنفيذ الفعلي ،لقد وقعنا الآن بالحروف الأولى اتفاقا ينهي الاحتلال وينظم عملية جلاء القوات البريطانية من أرض مصر الخالدة ، وبذلك تخلص أرض الوطن لأبنائه شريفة عزيزة منيعة بعد أن قاست اثنين وسبعين عاما مريرة حزينة "(٣٥)

وفي يوم ١٨ حزيران ١٩٥٦ رفع عبد الناصر علم مصر على مبنى البحرية في بور سعيد ، واصبح هذا اليوم عيدا قوميا هو عيد الجلاء .

رابعا: كسره احتكار السلاح من دول الغرب :

كانت الدول الاستعمارية الثلاث بريطانيا وفرنسا وأميركا تريد دائما البقاء على حالة التوازن في ميزان القوى بين الطرفين العربي والإسرائيلي ، لذا كانت حريصة على عدم تدخل الكتلة الشيوعية في مسائل التسليح وذلك من اجل إبقاء

إسرائيل في حالة تفوق أبدي ، وذلك حفاظا على مصالحها – أي الدول الثلاث- في المنطقة ، ولكن الزعيم الراحل لما وجد أن الغرب لن يمده بشيء ، توجه إلى الكتلة الشيوعية بدون تردد .

لقد كان لعقده صفقة الأسلحة التشيكية دوي هائل في العالم ، فقد كان قرارا شجاعا لا يصدر إلا من زعيم واثق بنفسه وقدرات أمته .

فبعد اعتداء إسرائيل على قطاع غزة في ٢٨ شباط ١٩٥٥ وقتلها عددا كبيرا من المدنيين ، خاطب ناصر دول الغرب مطالبا بالسلاح ، فلم يستجب لطلباته ، فانتهز فرصة لقائه برئيس وزراء الصين الشعبية في مؤتمر باندونج في نيسان عام ١٩٥٥ ، ووسطه لعقد صفقة مع السوفييت الذين وافقوا على الفور.

وقد حاولت أميركا إيقاف إتمام الصفقة ، فأرسلت وزارة خارجيتها جورج ألن لإقناع ناصر بإلغاء الصفقة ، ولكن المحاولة باءت بالفشل ،

ويعلق الرئيس الأميركي ايزنهاور في كتابه " النضال من اجل السلام : إن المحاولات الشيوعية لإحداث القلقلة أصبحت مستمرة ، وقد اقتنع الحمر بان الشرق الأوسط يشكل طريقا يخترق العالم الحي ،ويوجد خلافات في التعاون القائم بين البلاد الغربية ، أما وقد أصبح الأمر يتعلق بتهديد سوفييتي ، فإن الولايات المتحدة لا يمكن أن تلتزم الصمت ، وعلينا أن نتصدى لهذا التهديد " (٣٦)

" رحبت موسكو بالطلب المصري ، وعرضت التسهيلات ، إذ قبلت أن يكون محصول القطن المصري ثمنا لصفقة الأسلحة ، وتقرر أن تنسب إلى تشيكوسلوفاكية لأكثر من سبب، فقد فضلت موسكو عدم مواجهة الغرب ،وحتى يبدو ناصر أقل ميلا لليسار حيث كانت إسرائيل تحصل على الأسلحة من تشيكوسلوفاكيا إثناء حرب فلسطين ، كما راوده الأمل في

إمكانية أن يغير الغرب موقفه ويستجيب لطلبه-من الأسلحة- ، وانتظر بعض الوقت ، لكنه اضطر في النهاية إلى الإعلان عن صفقة الأسلحة رسميا في ٢٧ سبتمبر- أيلول- ١٩٥٥ ، وكان معنى ذلك أن سيطرة الغرب على الأسلحة في الشرق الأوسط قد أصبحت منتهية " (٣٧)

ومع أن هيكل يقول أن " الصفقة الأولى لم تكن كبيرة ، إلا أنها كانت تغييرا واضحا في موازين القوى " ، أقول : إنها ممتازة في ذلك الزمن الصعب لدولة خرجت لتوها من نظام فاروق الفاسد الذي لم يحاول لا هو ولا زبانيته   عقد صفقة مثلها أو اقل منها .

ويورد لنا هيكل مشكورا تفاصيل الصفقة ، وكانت :

٥٣٠ عربة مصفحة

٢٣٠دبابة

٢٠٠ ناقلة جنود مدرعة

١٠٠ مدفع ذاتي الحركة

٥٠٠ قطعة مدفعية من أنواع مختلفة وثلاث غواصات

٢٠٠ طائرة مقاتلة وقاذفة

مجموعة بحرية تضم مدمرات وكاسحات ألغام (٣٨)

وفي الأسبوع الثاني من اكتوبر ١٩٥٥ تحدث دالاس وزير خارجية اميركا مع نظيره السوفييتي مولوتوف في موضوع الصفقة ، منذرا بأن الصفقة قد تسبب قيام الحرب ، وأرسل ايزنهاور رسالة الى الرئيس السوفييتي بولجانين يقول فيها :

" لقد تسلمت رسالتك في ٢٢ أكتوبر بخصوص صفقة الأسلحة لمصر ، والتي ذكرت فيها انه لا داعي للقلق من هذه الصفقة ، ولكن على الرغم من ذلك

وبناء على معلوماتي فإن هذه الصفقة قد زادت من خطر انتشار أعمال العنف في المنطقة ، ولقد طلبت من دالاس أن يقوم بمزيد من المباحثات مع مولوتوف في جنيف بهذا الخصوص "

وكتب نائب وزير الخارجية البريطانية ايفلن اسكابير يقول : لقد كنا نفترض أن الخطر السوفييتي في الشرق الأوسط إما أن يأخذ شكل العدوان المباشر او الأعمال الهدامة بالنمط الشيوعي المألوف ، وقد كان اعتمادنا على الرجال الأقوياء مثل نوري السعيد واللواء زاهدي والبكباشي عبد الناصر لإخماد النشاطات الشيوعية ، واعتمدنا اكثر على التنمية وتحسين مستوى المعيشة ، وما إلى ذلك نتيجة الثورة الجديدة في الدول العربية ، ولكن وجد الروس طريقة مختلفة تماما لاختراق المنطقة ، فقد اختاروا أقوى ديكتاتور واشد المقاومين للشيوعية في الشرق الأوسط ليؤيدوه وبطريقة تكاد تكون معصومة عن الخطأ ، اختاروا ذلك الشكل من الإغراء الذي لا يمكن لمثل هذا الرجل أن يقاومه ، والذي سيكون مضربا للدول العربية الأخرى ، إذ ان تزويد الأسلحة يعني بالنسبة لأي جار لإسرائيل شيئا واحدا فقط ، هو زيادة قوته ضد إسرائيل ، وفي الواقع ، فقد استطاع الروس أن يجدوا نقطة الضعف المركزية لموقفنا في المنطقة ، ألا وهي وجود إسرائيل كمحمية للغرب ، وقد اتخذ الروس قرارا بتأييد العرب ، وهذه دون شك ضربة معلم ، وربما يعتمد مستقبل هذا البلد ومستقبل أوروبا الغربية على رد فعلنا ضدها ، وقد استطاع الروس إقناع الرأي العام العربي بأنهم مؤيدون للعرب ضد إسرائيل ،وان القوى الغربية تقف إلى جانب إسرائيل فإنهم سينجحون نسبيا في انتزاع موطىء قدم (٣٩)"

ويذهب الغربيون المتصهينون بعيدا في حذرهم وخوفهم على ربيبتهم إسرائيل ، فالكل قلق ومهتم وساهر عليها وعلى راحتها ولا يترك فرصة إلا ويهتبلها تأكيدا لولائه للصهيونية ، فها هو المارشال تمبلر رئيس هيئة الدفاع البريطاني يقول محذرا من تواجد السوفييت في المنطقة للأسباب التالية :

١- إن صفقة الأسلحة مع مصر كبيرة ، وتتضمن تسليح ثلاث فرق مدرعة .

٢- إن تسليح الجيش المصري على هذا النحو سوف يحدث خللا في موازين القوى الإقليمية ، وسوف يمكن مصر من ممارسة دور أكبر في الشرق الوسط .

٣- إن اتجاه مصر إلى موسكو للحصول على السلاح يعني أنها لن تنضم لأي حلف دفاعي غربي .

٤-إن المثل الذي ضربته مصر سوف يغري آخرين بان يسلكوا نفس الطريق ٥- هذا الوضع سيؤدي إلى سباق في التسلح ، وقد تقرر إسرائيل مهاجمة مصر قبل أن تستوعب السلاح الجديد .

٦- أصبح حلف بغداد مهددا بفقدان فاعليته ، لأن الاتحاد السوفييتي قفز وراءه (٤٠).

وحديث تمبلر واضح لا لبس فيه ، وليس بحاجة لشرح أو تفسير ، فالرجل خائف أن تتقوى مصر بالسلاح الجديد ، وهذا ممنوع عليها وعلى سواها من أعداء إسرائيل ،وهذه القوة التي قد تمتلكها مصر تعني خروجها عن الطوق ، وسعيها للتحرر ، لذا هي لن تفكر في الخضوع لأي حلف ، والكلام الأجمل هو أن الدواعي التي دعت لتأسيس حلف بغداد - وأولها منع السوفييت من التوغل في دول الشرق - قد زالت الآن لأن السوفييت تجاوزوا ذلك كله ووصلوا إلى المياه الدافئة بكل ذكاء وكياسة .... وعن طريق من .. عن طريق مصر عبد الناصر ،

وهو تجاوز لا يتحمله " تمبلر " ولا أسياده من زعماء الغرب ، إذن فضرب مصر وإنهاء هذه الزعامة العربية قرار يجب أن يتخذ وبسرعة مهما كانت الذرائع .

خامسا : انضمامه لحركة عدم الانحياز :

كان الزعيم الراحل أبرز الزعماء الذين شاركوا في مؤتمر عدم الإنحياز في باندونج في أندونيسيا للدول الأفروآسيوية ، في نيسان ١٩٥٥ ، واشتركت فيه ٢٧ دولة مستقلة ، وكان من أهم قراراته :

١- التعاون الاقتصادي والتجاري والاجتماعي بين بلدان الكتلة الآسيوية الأفريقية .

٢- الاعتراف بحق تقرير المصير ، وتأييد قضية الحرية والاستقلال للشعوب التابعة .

٣- استنكار استعمار الشعوب ، ونبذ سياسة القوة كوسيلة لحل المشاكل الدولية .

٤- المناداة بالسلام والتعاون العالمي في نطاق الأمم المتحدة .

٥- الاعتراف بحق اللاجئين العرب في العودة إلى ديارهم.

٦- وجوب نزع السلاح كضرورة حتمية لصيانة السلام (٤١)

(إن العصر الذهبي لحركة عدم الانحياز هو دون أدنى مبالغة التجسيد الحقيقي لدور جمال عبد الناصر الدولي ، صحيح انه لم يكن صاحب فكرتها ، ولكنه كان باليقين مصدر ديناميكيتها ، ونقطة البداية للحركة الدولية لعدم الانحياز هي من مؤتمر بريوني في ١٨ يوليو ١٩٥٦ بين جمال عبد الناصر وتيتو ونهرو) (٤٢)

وبناء عليه فإنا لا نستغرب قول دالاس عن حلف بغداد " وسوف يبين هذا آننا نبني حلف بغداد ليس فقط ليكون منظمة دفاعية ضد الاتحاد السوفييتي ، بل أيضا كحلف اقتصادي ضد مصر " .(٤٣)

إن الغرب الذي كان قد عقد الآمال على الأحلاف التي راح يؤسسها في بلاد المشرق قد بدأ يرى أن أحلامه الوردية هذه في خطر ، فعبد الناصر ليس فقط عدوا لما يبنون ، بل يضع يده في يد السوفييت – عدوهم الأول – وهذا التفاهم يعرض مواقعهم الاستراتيجية ومصالحهم السياسية والاقتصادية للخطر ، والرجل - كما تثبت كل المعطيات - واقف ثابت لا يتزعزع ، ومصمم على المواجهة والتحدي ، فلم يبق من حل لمعضلته سوى الغزو العسكري بعد فشل سياسة الاحتواء .

سابعا : دعمه ثورة الجزائر :

كان وقوف عبد الناصر مع ثورة الجزائر السبب وراء مشاركة فرنسا في العدوان الثلاثي ، ولم ينكر ناصر دعمه لثورة الجزائر لتنال استقلالها .

فقد اجتمع يوم ١٢ آذار١٩٥٦ مع وزير الخارجية الفرنسي كريستيان بينو في القاهرة ، وأثار بينو موضوع الجزائر والدعم المصري لها ، فرد ناصر بأن مساعدة مصر لها التزام مبدئي بمساعدة الثوار الجزائريين ، ليكون ذلك الاجتماع الأول والأخير مع المسؤولين الفرنسيين ، ولتزيد فرنسا شحنات الأسلحة إلى إسرائيل ، ولتزيد مساعدات مصر للثورة الجزائرية !

" ويصرح شمعون بيريز في مذكراته : في ربيع سنة ١٩٥٦ كانت المشاعر معبأة بشدة ضد عبد الناصر ، في باريس ، وذات يوم اخرج لي جي موليه - رئيس الوزراء الفرنسي- من درج مكتبه نسخة من كتاب ناصر الذي صدر بعنوان

فلسفة الثورة ، وقال لي : نحن وأنتم أمام هتلر جديد في العالم العربي والإسلامي ، ولا بد أن نضرب مخططاته ، وإلا فاتتنا الفرصة كما فاتتنا حين لم نفهم مقاصد هتلر في كتابه كفاحي " (٤٤)

وكانت القيادة العسكرية الفرنسية مقتنعة تماما أن تصفية القيادة الثورية في القاهرة يجب أن تسبق تصفية الثورة الجزائرية ، وذلك اقتناعا منهم بأهمية مساعدات مصر للثورة هناك .(٤٥)

وكم كان جي موليه واضحا وصريحا حين قال : لو رفع ناصر يده عن ثورة الجزائر لقضينا عليها في أربع وعشرين ساعة .

وإذا عدنا إلى ثورة يوليو ومبادئها الستة الشهيرة نقرأ عذر فرنسا وبريطانيا واضحا لغزو مصر ، وهي :

١-القضاء على الاستعمار وأعوانه الخونة .

٢-القضاء على الإقطاع .

٣- القضاء على سيطرة رأس المال على الحكم .

٤- إقامة عدالة اجتماعية .

٥- إقامة جيش قوي .

٦- إقامة حياة ديمقراطية سليمة .(٤٦)

إذن فالثورة في مبدأها الأول وبدون مواربة أو غموض تهدف إلى القضاء على الاستعمار وأعوانه الخونة ، أو لم يكن هذا الوضوح كافيا لتتحد الدول الثلاث ضد الثورة وزعيمها الخالد ، ودارس مسار ناصر وثورته في الأعوام اللاحقة يجد كم كانت هذه الثورة الفتية ملتزمة بما نصت عليه مبادؤها الستة ، وكم كلف

ذلك ناصر ومصر من الأعباء الجسام دعما لدول العروبة والإسلام ، ولكل الأحرار في العالم ضد الإمبريالية والقوى الرجعية وأذناب الاستعمار .

ويؤكد الزعيم الراحل عبد الناصر بعض ما ذهبت إليه ، فيقول في كتابه " فلسفة الثورة " :

" وحين أحاول أن أحلل عناصر قوتنا لا أجد مفرا من أن أضع ثلاثة مصادر بارزة من مصادرها يجب أن تكون أول ما يدخل في الحساب :

أول هذه المصادر أننا مجموعة من الشعوب المتجاورة المترابطة بكل رباط مادي ومعنوي يمكن أن يربط مجموعة من الشعوب ، وأن لشعوبنا خصائص ومقومات وحضارة انبعثت في جوها الأديان السماوية المقدسة الثلاثة ، ولا يمكن إغفالها في محاولة بناء عالم مستقر يسوده السلام .

هذا هو المصدر الأول

أما المصدر الثاني فهو أرضنا نفسها ومكانها على خريطة العالم ، ذلك الموقع الاستراتيجي الهام الذي يعتبر ملتقى طرق العالم ومعبر تجارته وممر جيوشه .

يبقى المصدر الثالث : البترول الذي يعتبر عصب الحضارة المادية والذي بدونه تستحيل كل أدواتها – المصانع الهائلة الكبيرة لكافة أنواع الإنتاج ، وسائل المواصلات ، أسلحة الحرب ... – تستحيل كلها قطعا من الحديد يعلوها الصدأ "

ويؤكد ناصر في كتابه " فلسفة الثورة " الذي ألفه عام ١٩٥٣ قوة الأمة بأسلوب واضح وسهل ، ويقسمها إلى دوائر :

" الدائرة الأولى التي لا مفر من أن ندور عليها وان نحاول الحركة فيها بكل طاقتنا ، وهي الدائرة العربية .

الدائرة الثانية : القارة الإفريقية : لن نستطيع بحال من الأحوال أن نقف بمعزل عن الصراع الدامي المخيف الذي يدور اليوم في أعماق إفريقيا بين خمسة

ملايين من البيض ومئتي مليون من الإفريقيين ، لا نستطيع لسبب هام وبديهي ،
هو أننا في إفريقيا .

الدائرة الثالثة : التي تمتد عبر قارات ومحيطات ، والتي قلت أنها دائرة إخوان
العقيدة الذين يتوجهون معنا أينما كان مكانهم تحت الشمس إلى قبلة واحدة ،
وتهمس شفاههم الخاشعة بنفس الصلوات .. حين أسرح بخيالي إلى هذه المئات
من الملايين الذين تجمعهم عقيدة واحدة ، أخرج بإحساس كبير بالإمكانيات الهائلة
التي يمكن أن يحققها هؤلاء المسلمين جميعا "(٤٧)

ويؤكد هذا الهدف من أهداف الغزو شهادة الكاتب الإسرائيلي مردخاي
بارأون الذي يقول " لقد كان الإسرائيليون يتطلعون إلى الحصول على إنجازات
سياسية إضافة إلى الإنجازات الجغرافية المشار إليها ، فقد كانوا يأملون في أن
يؤدي إيقاع هزيمة ساحقة بمصر إلى تقويض زعامة عبد الناصر وثقته
الشخصية بنفسه ، ويساعد في إحياء قوة الردع الإسرائيلية " (٤٨)

وننهي هذا الفصل بقول لبن غوريون مخاطبا رئيس هيئة الأركان
الإسرائيلي موشيه دايان " إن الدخول إلى سيناء قد لا يكون كافيا ، ذلك انه بدون
القضاء على " الطاغية" في القاهرة فإن أي انتصار عسكري في سيناء لا قيمة له ،
لأن الصراع سوف يستمر ، والأمن لن يتحقق " (٤٩)

مراجع الباب الأول

(١) جلال يحيى ، البحر الأحمر والاستعمار ، ص ١١٤ ، وزارة الثقافة والإرشاد القومي ، مصر ، ١٩٦٢ .

(٢) د. عبد الله السلطان ،البحر الأحمر والصراع العربي الإسرائيلي، ص ٥٣-٥٥ ، مركز دراسات الوحدة العربية ، ط ٣ ، ١٩٨٨ .

(٣) د. عبد الله السلطان ، م س ، ص ٥٦ .

(٤) د.نديم البيطار ، من التجزئة إلى الوحدة ، ص ٣٨٨ -٣٨٩ ، مركز دراسات الوحدة العربية ط ٣ ، ١٩٨٢

(٥) د صلاح الدين الشامي ، د فؤاد الصقار ، جغرافية الوطن العربي الكبير ، ص٢٨٢ ، ط ٣ ، منشأة المعارف ، الاسكندرية ١٩٧٢ .

(٦)د .محمد الصياد وآخرون ، المجتمع العربي والقضية الفلسطينية ، ص ٢٦ ، دار النهضة العربية ، بيروت ، ١٩٧٣ .

(٧) سعد جمعة ، الله أو الدمار ، ص ١١٥ ، دار الكاتب العربي ، بيروت ، بلا تاريخ .

(٨) جلال العالم ، دمروا الإسلام وأبيدوا أهله ، ص ٥٢ ،

(٩) م ن ، ص ٥٥ .

(١٠) م ن ، ص ٥٤ .

(١١) د . مصطفى الخالدي ، د . عمر فروخ التبشير والاستعمار في البلاد العربية ، ص٣٧ ، المكتبة العصرية ، بيروت - صيدا ، ط ٥ ، ١٩٧٣ .

(١٢) د . محمد الصياد ، م س ، ص ٣٣٦ .

(١٣) سعد جمعة ، م س ، ص ٩٧ .

(١٤) سلامة موسى ، تربية سلامة موسى ، ص ٣٨- ٤٤، المستقبل بالفجالة والإسكندرية ومؤسسة المعارف ببيروت ، بلا تاريخ .

(١٥) سلامة موسى ، م . ن ، ص ٢٣٧- ٢٤٠ .

(١٦)سعد جمعة ، م .س، ص ١٠٦ .

(١٧) سعد جمعة ، م . ن ، ص ٩٠

(١٨) سعد جمعة . م ن ، ص ٩٠- ٩١

(١٩) سعد جمعة ، م ن ، ٣٩ .

(٢٠) حورية مجاهد ، الاستعمار كظاهرة عالمية ، ص ٥٠ ، عالم الكتب ، القاهرة ، ١٩٨٥.

(٢١) د . جمال حمدان ، الاستعمار والتحرير في العالم العربي ،ص ١٧- ١٨ ، دار القلم ، القاهرة ، ١٩٦٤ .

(٢٢) د . جمال حمدان ، م ن ، ص ١٩ .

(٢٣) د . راشد البراوي ، حرب البترول في الشرق الوسط ،ص ٢١ ،مكتبة النهضة المصرية ، القاهرة ، بلا تاريخ .

(٢٤) د . محمد الرميحي ، النفط والعلاقات الدولية ، ص ١٠٦ ، المجلس الوطني للثقافة ، سلسلة عالم المعرفة ، ١٩٨٢ .

(٢٥) موسوعة إنكارتا .

(٢٦) بول جونستون ، حرب السويس ، ص١٣٨

(٢٧)مجلة الهلال ، عدد تموز ٢٠٠٢ ، ص ١٤٧ .

(٢٨) أنيس الصايغ وآخرون ، عبد الناصر وما بعد ، ص ٥ ، المؤسسة العربية للطباعة والنشر ٬ بيروت ، ١٩٨٠ .

(٢٩) جمال الشرقاوي وآخرون ، نضال عبد الناصر ، ص ١٦٨ ،دار الحكيم ، بيروت، ١٩٧٣.

(٣٠)د . إبراهيم العدوي ، الصراع بين الأمة العربية والاستعمار، ص٩٥ ،دار نهضة مصر ، القاهرة ، ١٩٦٩ .

(٣١) جمال الشرقاوي وآخرون ، م س ، ص ١٦٩ – ١٧٠ .

(٣٢) محمد حسنين هيكل ، لمصر لا لعبد الناصر ، ص١٦٨ ،شركة المطبوعات للتوزيع والنشر ،بيروت ١٩٨٢، .

(٣٣)رؤوف عباس ، حرب السويس بعد أربعين عاما ، ص ٣٤،مركز الدراسات السياسية والاستراتيجية ، القاهرة ، ١٩٩٧ .

(٣٤) جمال الشرقاوي ،م س ، ٣٦٣ .

(٣٥) أمين هويدي ، حروب عبد الناصر ، ص ٤٠ ، دار الطليعة ، بيروت ، ط٢ ، ١٩٧٩ .

(٣٦) أمين هويدي ، مجلة العربي ، وزارة الاعلام ، الكويت ، آذار ١٩٨٧

(٣٧) رؤوف عباس ، م .س ،ص ٢١ .

(٣٨) محمد حسنين هيكل ،قصة السويس ،ص٢٩ ،شركة المطبوعات للتوزيع والنشر ، بيروت ط ٢ ، ١٩٨٢ .

(٣٩) مجلة العربي ،م . س ، المقال نفسه .

(٤٠) م .ن.

(٤١)أحمد عطية ، القاموس السياسي ، ص ١٨٠ ، دار النهضة العربية ، القاهرة ،ط٥ ، ١٩٧٤، .

(٤٢) أنيس الصايغ وآخرون ، م س ، ص ٢٢ .

(٤٣) دونالديف ، حرب السويس ،ص ٢٩٢ ، ترجمة أحمد خضر وعبد السلام رضوان ، مكتبة مدبولي ، القاهرة ، بلا تاريخ .

(٤٤) محمد حسنين هيكل ، قصة السويس ، ص ٤٦ .

(٤٥) م. ن ، ص ٤٦

(٤٦) رؤوف عباس ،ثورة يوليو إيجابياتها وسلبياتها ، ص١٨٨ ، دار الهلال ، القاهرة ، يوليو ٢٠٠٣ .

(٤٧) جمال عبد الناصر ، فلسفة الثورة ،ص ١٠٤ -١٠٩ ، بدون معلومات نشر .

(٤٨) مردخاي بارأون ، حرب سيناء ١٩٥٦ ، ص ٣١.

(٤٩) محمد حسنين هيكل ، م .س ، ص ٣١.

الباب الثاني

تاريخ القنـــاة

" إن من يستعرض الأحداث التي عاصرت إنشاء قناة السويس ، وتلك التي تلت هذا الإنشاء ، لا يفوته أن يدرك ما كان لقناة السويس من أثر خطير في تاريخ بلادنا ، جعلت منه تاريخا حافلا بالعبر ، مليئا بأليم الذكريات ، ألم تدفع مصر في هذا الطريق العالمي للملاحة ثمنا غاليا ؟ ألم تهدر صفوفها تلك الفترة من تاريخها ؟ .. ألم تكن القناة من الأسباب الرئيسية التي دفعت بالاستعمار إلى احتلال بلادنا بعد أن بيعت أسهم مصرفه بأبخس الأثمان ؟ ألم يتخذ الاستعمار من القناة ذريعة يسوغ بها بقاء الاحتلال ؟ ومن الدفاع عنها سببا لربط مصر بعجلتها ؟ ذلك عهد سجلنا نهايته وانقضاءه بحمد الـلـه باتفاق الجلاء ... وأقسم بالله ما انقضى إلا بفضل كفاح طويل ومرير استغرق ثلاثة أجيال من كفاح بدأه أجدادنا ، وحمل شعلته آباؤنا ، وأوقد جذوته شبابنا "

" من رسالة الزعيم الراحل جمال عبد الناصر إلى الشعب بمناسبة الذكرى ٨٥ لافتتاح القناة ، وقد أذيعت الرسالة في ١٧ نوفمبر ١٩٥٤ .

"نضال عبد الناصر ، ص ٣٥٣"

v.

الفصل الأول

تاريخ القناة قبل الاحتلال

يرى بعض الدارسين أن البحرين الأحمر والأبيض المتوسط كانا متصلين في الزمن البعيد جدا ، وان هزة أرضية أوجدت هذا الحاجز الرملي ، ويرون وجود البحيرات المرة دليلا على هذا الاتصال .(١)

ويعود تاريخ اهتمام الحضارات والدول بفكرة شق قناة بين البحر الأحمر والبحر الأبيض المتوسط إلى أيام الفراعنة ، أي قبل حوالي ٤٠٠٠ عام .

* فما بين عام ١٨٨٧ و ١٨٨٩ ق.م ،كان يحكم مصر سنورست الثالث وهو من فراعنة الأسرة الثانية عشرة ، وفي عهده شقت قناة تربط بين البحر الأحمر والبحر المتوسط ،فكانت المراكب القادمة من البحر الأبيض تسلك أول فرع من فروع النيل شرقا حتى تصل إلى مدينة بويست (الزقازيق) ، ثم تتجه شرقا مارة بمدينة تيخاو (أبو صوير) فتبلغ البحيرات المرة التي كانت في ذلك الحين خليجا متصلا بالبحر الأحمر .

* وفي عام ٦١٠ قبل الميلاد ، كانت القناة قد امتلأت بالرمال والأتربة ، وعزل البحر الأحمر عن البحيرات المرة ، ولما أراد – نخاو- الملك الفرعوني آنذاك إعادة حفرها ، حذرته العرافة ميليت بأن لا يفعل ، لأن شق القناة سوف يجلب الضرر لمصر ، وأن الأجانب سوف يطمعون في البلاد بسببها ! وهكذا تنبأت هذه العرافة بهذا المستقبل قبل حصوله بستة وعشرين قرنا !

* لما حكم الفرس مصر ، اهتم الملك " دارا" بالقناة وذلك سنة ٥١٠ قبل الميلاد ، ويبدو أن الحفر قد توقف لأسباب لا نعرفها ، إذ لم تتصل البحيرات المرة بالبحر الأحمر إلا بقنوات صغيرة لا تصلح للملاحة .

* في عهد الإغريق ،وفي سنة ٢٨٥ ق م ، أمر بطليموس بحفر الجزء الواقع بين البحر الأحمر والبحيرات المرة لتصل القناة على مدينة كليسما وهي السويس اليوم .

* وفي عهد الرومان وفي سنة ٩٨ م ، قام الإمبراطور تراجان بحفر وصلة   جديدة من القاهرة - اليوم - تتصل بالبحيرات المرة ، غير أن هذا الفرع طغى عليه التراب بمرور الأيام .

* وبعد فتح المسلمين مصر، وفي عهد عمر بن الخطاب ، أحيا عمرو بن العاص هذه الوصلة ، وفكر في حفر قناة تربط البحرين ولكن الخليفة عمر بن الخطاب عارض المشروع لأن البعض ذكر له أن شق القناة يعرض مصر لطغيان البحر الأحمر ، ولكن ظلت السفن تستعمل قناة الروم القديمة للوصول إلى الحجاز واليمن والهند ، وقد دعيت هذه القناة بقناة أمير المؤمنين ، وتم استخدامها مئة وخمسين عاما للتجارة ونقل الحجاج ، إلا أن الخليفة أبو جعفر المنصور أمر بردمها عام ٧٧٥ م ، لأنها استعملت لنقل المؤن لأهل المدينة المنورة الذين تمردوا عليه ، فظلت معطلة منذ ذلك الزمن إلى القرن التاسع عشر .(٢)

وهناك من يرى أن أمير المؤمنين عمر بن الخطاب قد منع عمرو من تجديد القناة " لأنه خشي تسرب المسيحيين ووصولهم بحرا إلى الأراضي المقدسة ، ولو صحت هذه الرواية لدلت على أن خليفة رسول الله كان يقرا في كتاب مفتوح " (٣)

*****

وتخبرنا المصادر عن شاب يدعى " ليبنتز " طلب مقابلة الملك الفرنسي لويس الرابع عشر عشية دخول الفرنسيين الأراضي الهولندية ، ولما لم يأذن له الملك بمقابلته ، بعث إليه برسالة لا تخلو من خطورة ، والرسالة مؤرخة في ١٥ آذار ١٦٧٢ ، وهي تكشف بجلاء عن نوايا الأوروبيين وأطماعهم في المنطقة ، يقول ليبنتز(٤) :

" مولاي صاحب الجلالة :

إن ما اشتهر عن جلالتكم من حكمة عالية ، ليغريني بان أتقدم إلى سدتكم بثمار عملي في مشروع يراه كبار القوم أوسع المشروعات التي يمكن وضعها في حيز التنفيذ بمنتهى السهولة ، أريد أن أتحدث إليكم يا مولاي في مشروع غزو مصر ، لا يوجد بين أرجاء الأرض جميعها بلد يمكن السيطرة منه على العالم كله وعلى بحار الدنيا بأسرها غير مصر ، وهي تستطيع أن تلعب هذا الدور لسهولة استيعابها لعدد كبير من السكان ولخصب أرضها المنعدم المثال"

وبعد حديث طويل عن نظام الحكم التركي والفوضى التي تحكمه ، وبيع المناصب – حتى منصب الوالي – وعن عداء العرب للترك ، وضعف البلاد أمام أي غزو أوروبي ، يعود ليبنتز إلى موقع مصر فيقول " إن موقع مصر الفذ سيفتح لكم خزائن الشرق ذي الثراء الهائل ، وسيربطكم مع الهند برباط وثيق يمكن لتجارة فرنسا ، ويعبد الطريق أمام غزاة عظام خليقين بالانتساب الى الاسكندر المجيد "

وبعد هذه الرسالة ب٢٦ عاما ، أي عام ١٦٩٨ ، يطلب وزير خارجية فرنسا الكونت رتران من قنصل فرنسا في مصر" بلوا دي ماييه " إعداد تقرير عن إمكانية إقامة علاقات مـع النجاشي حاكم الحبشة تمهيدا للسيطرة على نهر النيل للحصول على مراكز توصل فرنسا إلى الهند .

وفي تقرير من ماييه إلى السفير الفرنسي في القسطنطينية ورد : " أن شق قناة بين البحرين الأبيض والأحمر مشروع لا تستطيع فرنسا أن تنجح بدونه ، وبين طريقة ذلك وأطنب في وصف مزاياه ، والمهم في هذا التقرير أن القنصل الفرنسي ذكر أن الإنجليز يعملون على احتلال مصر يوما من الأيام وذلك لسد طريق البحر الأحمر ، وان فرنسا يجب أن تفطن لهذه الخطة فتبدأ بوضع مركب صغير يحمل البريد من السويس الى بعض موانئ البحر الأحمر ، وبذلك يألف الناس رؤية علمها ، ثم يصير المركب اثنين ويصبح الاثنان أسطولا ، وهكذا بالتدريج خطوة بعد أخرى ، وذكر القنصل الفرنسي أن إنجلترا عينت قنصلا لها في سوريا اسمه " فيزلر" وكان يتجول من سوريا إلى طرابلس ويضع النواة الأولى لخطة إنجليزية لغزو مصر " (٥)

يتضح لنا مما سبق أن السباق إلى استعمار المنطقة قديم يرجع إلى القرن السابع عشر ، إن لم يكن قبل ذلك ، وان الدولتين الكبريين في عالم الاستعمار ونهب الشعوب واستغلالها – بريطانيا وفرنسا- كانتا تعيشان زمنا من الصراع الخفي على المنطقة تسخران لأجله كل السبل والإمكانيات - المكشوف منها والخفي – للوصول إلى المنطقة ، كما ندرك أن مشروع القناة موجود على أجندة هؤلاء المستعمرين إدراكا منهم لخطورة موقع مصر أولا ، وذلك من اجل استعمار بقاع أخرى وهي الهند وما جاورها ، ثم أن الدولتين تدركان وتسعيان لفتح قناة السويس التي تسهل عليهما الوصول الى أهدافهما الاستراتيجية ، خدمة للتجارة والتوسع والشره البرجوازي في الثراء والتسلط واستعباد العباد ! .

ودليل آخر يشع وضوحا وحقدا ، فبعد حرب السنين السبع ، تعود الحكومة الفرنسية للتفكير في خططها الاستعمارية القديمة وبالذات في قناة السويس ،

ومن ذلك ما صرح به المركيز دار جنسون ، " فقال أن أوروبا قد أضحت بعد حرب السنين السبع(١٧٥٦- ١٧٦٣) تنعم بالسلام ، وان على فرنسا أن تنتهز هذه الفرصة فتنقض على الإمبراطورية العثمانية ، لتقيم صرح المسيحية فيها وتستخلص الأراضي المقدسة ،" ويضيف .... " إن مشروعي صليبي ، ومن ميزاته التجارية العظيمة إمكان حفر قناة تصل البحر الأبيض بالبحر الأحمر ، وتكون ملكا مشتركا للعالم المسيحي " (٦)

نابليون يحلم بالقناة

ولما وصل نابليون إلى مصر عام ١٧٩٨ ، كان قد استقدم معه جماعة كبيرة من المهندسين والعلماء والفنيين برئاسة المهندس " ليبير" الذي كلفه نابليون بدراسة إمكانية حفر برزخ يخلق ممرا إلى الهند ، وورد في تقرير ليبير عن المشروع ما يظهر حنكته وحسن اطلاعه ، إذ قال :

" إن تفوق مصر الذي حبته بها الطبيعة قابل للزيادة إذا استطاعت الحكومة الأوروبية التي تستعمرها أن تشق القناة التي لا ينازع أحد في مزاياها والتي اهتمت بمشروعها العظيم كل دولة كانت لها على مصر سيادة ... ولا محل للقياس بين منافع الطريق المائي وطريق البر ،وإذا لوحظ أن الجزء المقترح حفره هو أقصر مسافة بين النيل والبحر الأحمر تحققت أهمية المشروع الذي سيفيد الحجاج المسافرين إلى مكة أو إلى دمشق ومنه إلى أواسط آسيا ، ولا يبقى ثمة محل للقوافل التي تسير بين قنا والقصير ، والنتيجة الأهم من كل هذا طريق رأس الرجاء الصالح ، وسيكون احتكار هذا الطريق سهلا للدولة التي تستولي على مصر " (٧)

وفي عام ١٨٣٣ أوفد الفرنسيون إلى محمد علي بعثة اسمها جماعة سان سيمونيان يرأسها قس اسمه انفنتان ، وكانت غايتها الإعداد لمشروع حفر قناة السويس ، وقد اقامت البعثة أربع سنوات في ضيافة محمد علي ثم عادت على فرنسا .

وفي عام ١٨٤٦ كون انفنتان جمعية أطلق عليها اسم " جمعية الدراسات الخاصة بقناة السويس " ، وقد نجحت هذه الجمعية التي اشترك فيها انجليز وألمان في بلورة المشروع ، وتوصلوا إلى تصحيح الخطأ القائل أن مياه البحر الأحمر ترتفع عن سطح البحر الأبيض بعشرة أمتار ، لذا صار تنفيذ المشروع ممكنا علميا لعمل أبحاث خاصة بالقناة وشقها ، إلا أن محمد علي كان أذكى من ورثته ، فقد رفض المشروع الفرنسي ، وطلب أن تشرف الحكومة المصرية عليه وبتمويلها ، كما اشترط حياد مصر وعدم تدخل الدول الكبرى فيه ، وينسب عنه انه قال " لا أريد في مصر بسفورا آخر " ، أي أنه لا يريد فتح بوابة للدول الأوروبية للهجوم على بلاده .

وفي عام ١٨٥٦ تم إنشاء خط حديدي بين الإسكندرية والقاهرة ، ومع أن هذا الخط كان خطوة متميزة للبلاد وللتجارة ، إلا انه لم يغن عن القناة التي تريح التجار والشركات من تفريغ البضائع وإعادة شحنها عبر البحر الأحمر إلى أسواقها في الهند ودول المشرق . (٨)

ظهور فرديناند ديلسبس
(١٨٠٥ - ١٨٩٤)

ولد فرديناند ديلسبس في مدينة فرساي في فرنسا عام ١٨٠٥ ، وقد ألحقه والده – صاحب الحظوة عند نابليون - بوزارة الخارجية عام ١٨٢٥ بدون حصوله على الشهادة الثانوية ، ووصل إلى منصب نائب القنصل الفرنسي في مصر عام ١٨٣٢ ، وتمكن من خلال وظيفته هذه أن يتعرف بمحمد سعيد بن محمد علي باشا ، وكان غلاما في الثالثة عشرة من عمره ، وكان بدينا مترهل الجسد ، وأمارات الغباء والغفلة بادية عليه ، فتسلمه من أبيه ليعالج بدانته ، ويدربه على الرياضة ، ولكنه بدلا من ذلك أقام له الحفلات والليالي الحمراء بالقنصلية الفرنسية ، وفي هذه البيئة أشبع غرائز سعيد ، وتسلط عليه منذ نشأته كما يتسلط المنوم المغناطيسي على وسيطه "(٩)

بعد طرده من العمل الدبلوماسي ، تفرغ ديلسبس لدراسة مشروع شق قناة لربط البحرين الأحمر والأبيض ، وقد وجد مادة كافية لما أراد في ما دونه علماء الحملة الفرنسية على مصر في كتاب " وصف مصر" ، وفي أبحاث لوبير والسان سيمونيين .

وبعد اغتيال عباس الأول في تموز عام ١٨٥٤ وتولي حكم مصر الأمير محمد سعيد ، سارع ديلسبس إلى الاتصال بجمعية الدراسات الخاصة بالقناة وحصل منها على توكيل للعمل باسمها في مشروعه الحلم ، ولكنه لما حصل على الموافقة ، جعل الامتياز لنفسه !

وفي أواخر عام ١٨٥٤ كان ديلسبس - بكل ما يملكه من مواهب وخبث وحيل - قد سيطر على شخصية والي مصر محمد سعيد باشا ، فانتزع منه الموافقة على شق قناة السويس ، فاصدر محمد سعيد فرمانا بذلك .(١٠)

فرمان الامتياز الأول

٣٠ نوفمبر ١٨٥٤

نص هذا الفرمان التاريخي على منح ديلسبس امتياز استغلال القناة مدة ٩٩عاما .(وبما أن افتتاح القناة كان في ١٧نوفمبرعام ١٨٦٩ فإن هذا الامتياز ينتهي في١٧ نوفمبر عام ١٩٦٨) وينص على (١١)

١- يمنحه جميع الأراضي اللازمة لشق القناة البحرية وقناة المياه العذبة .

٢- يعطيه الحق في زراعة تلك الراضي واستغلالها .

٣- يملكه مياه النيل وله الحق في بيعها للفلاحين .

٤- يعطيه الحق في استخراج جميع المواد اللازمة لأعمال القناة والمنشآت التابعة لها ، كالمحاجر والمناجم الداخلة في الأملاك العامة .

٥- إعفاء كافة المهمات المستوردة من الخارج لصالح المشروع من الرسوم والجمارك .

٦- إمداده بما يلزم من المهندسين والموظفين والعمال .

٧- له الحق في وضع لوائح تقوم مقام القوانين في منطقة نفوذ الشركة .

فرمان الامتياز الثاني

٥ يناير ١٨٥٦

ومن أهم بنوده التي عددها خمسة وسبعون بندا :

١- تقوم الشركة بمصاريف من طرفها خاصة ، وتحت مسئوليتها بجميع الأشغال والمباني اللازمة لإنشاء القناة بين البحر الأحمر والبحر الأبيض المتوسط .

٢- أعطى الامتياز للشركة سلطة واسعة ، فأجاز لها أن تتعاقد مع الغير بلا رقيب ولا معقب عليها ، فيجوز لها أن تقوم بالأعمال المكلفة بها إما بمعرفتها هي وبطريق الاحتكار ، وإما بواسطة مقاولين من طريق المناقصات والصفقات ، أو بالممارسة ، وفي جميع الحالات يجب أن يكون أربعة أخماس العمال الذين يقومون بهذا العمل على الأقل من المصريين .

وقد جعل هذا البند من الشركة دولة داخل الدولة ، فبدلا من أن تكون الأيدي العاملة من المصريين ، أشهرت الشركة هذا البند بشكل مخالف تماما ليكون استخدام العمال بالسخرة ، ولما حاول الخديوي إسماعيل أن يقضي على نظام السخرة كلف ذلك الدولة تعويضا جسيما .

٣- يصير حفر القناة المخصصة للملاحة البحرية الكبرى بالعمق والعرض اللذين حددتهما اللجنة العلمية الدولية (وهي التي استحضرها ديلسبس) .

٤- تترك الحكومة المصرية للشركة حق استغلال جميع الأراضي اللازمة لذلك ، والتي لا تكون مملوكة للأفراد ، وذلك بدون أن تدفع الشركة عنها أية ضرائب أو أتاوات .

٥- تسلم الحكومة المصرية عند الاقتضاء للشركة الأراضي المملوكة للأفراد والتي تكون هناك ضرورة لحيازتها على أن تدفع الشركة تعويضات لأصحابها .

٦- تعطي الحكومة المصرية للشركة صاحبة الامتياز ولطول مدة هذا الامتياز الحق في استخراج جميع المواد اللازمة لأعمال البناء ، والمحافظة على المباني والمنشآت التابعة للمشروع من المناجم والمحاجر المملوكة للدولة وذلك بدون أن تدفع أية ضريبة أو رسم أو تعويض .

٧- لأجل تعويض الشركة عن نفقات البناء والصيانة والاستغلال التي نص الفرمان الحالي على أن تكون على عاتقها وحدها ، يسمح لها وطوال مدة استغلالها أن تفرض رسوما وتحصلها على الملاحة وإرشاد السفن ، وسحبها وجرها ، ووقوفها عند مرورها في القنوات والموانىء التابعة لها.

٨- تحصل الحكومة المصرية على ١٥% من صافي الأرباح سنويا .

٩- المنازعات التي تنشأ بين الشركاء يفصل فيها محكمون يعينهم أطراف الخصومة ، ويرفع الاستئناف عن أحكام هؤلاء المحكمين أمام محكمة استئناف باريس . (وبذلك أخرج الشركة من ولاية القضاء المصري) .

١٠- اللغات المستعملة في أوراق أسهم الشركة وسنداتها هي : التركية والألمانية والإنجليزية والفرنسية .(١٢)

الأسهم

وطرح ديلسبس اسهم الشركة للاكتتاب في ٥ تشرين ثان ١٨٥٨ ، وضمت قائمتهم :

فرنسا ٢٠٧١١١ سهما

بلجيكا ٣٢٤ سهما

الدنمارك ٧ أسهم

نابولي ٩٧ سهما

الإمبراطورية العثمانية ٩٦٥١٧ سهما

إسبانيا ٤٠٤٦ سهما

روما ٥٤ سهما

الأراضي المنخفضة ٢٦١٥ سهما

البرتغال ٥ أسهم

بروسيا ١٥ سهما

تونس ١٧١٤ سهما

بيمونت ١٣٥٣ سهما

سويسرة ٤٦٠ سهما

توسكانيا ١٧٦ سهما

ولما بارت الأسهم التي خصصها ديلسبس لرعايا انجلترا والنمسا وروسيا والولايات المتـحدة ليضمن تأيـيدها ، ولـم يخطر في باله أن يعطي مصر شيئا ، سارع إلى بيعها لصديقه الخديوي سعيد ، وكان عددها ٨٥٥٠٦ سهما ! وقد

استدانت مصر من أجل شراء أسهمها مبلغ ١٠٨٠٠٠٠جنيه وبفائدة باهظة ، وبذلك امتلكت مصر ٤٤% من اسهم شركة القناة البالغ عددها أربعمائة ألف سهم .(١٣) .

الشروع في حفر القناة
الإثنين ٢٥ إبريل ١٨٥٩
أبشع صور الاستغلال والاستعباد

وفي اليوم الأسود المذكور بدأت الشركة أعمال الحفر من مدينة فرما الأثرية التي تقوم مكانها اليوم مدينة بور سعيد .

وتصف لنا المصادر صورة في منتهى القسوة والفظاعة للطريقة التي استخدم بها ديليسبس وزبانيته العمال المصريين ضحايا المشروع الاستعماري البشع .

" وكانت بداية لأبشع أنواع السخرة التي استمرت عشر سنوات ، وهوت السياط على ظهور الأبرياء من المصريين الذين سيقوا إلى منطقة الحفر آلافا مؤلفة وهم مكبلون بالأغلال ، وكانت مناطق الحفر أشبه بأودية الموت ، وقد انتشرت بدرجة مروعة أوبئة بدأت بضربة الشمس .. والتيفوئيد والتيفوس والكوليرا ، وكان قمتها في الأوبئة هو الطاعون ، وتساقط أبناء مصر موتى بالآلاف بل عشرات الآلاف .

وكان لكل فرقة من العمال تتراوح بين عشرين وخمسين مقدم يختاره المقاول من الجبابرة الظالمين ، وكان المقدم يقف عليهم والكرباج في يده يلهب ظهورهم ، وكأنهم أسرى على سفينة رومانية ، وكان يوقظهم في الصباح بحجة الصلاة ، ويمهلهم بضع دقائق يفرغون فيها من الصلاة ، ثم يسوقهم إلى مكان العمل ، ويظل قائما عليهم حتى المساء ، اما كسرة الخبز فيلتهمونها خلسة إثناء العمل ، ومن الطبيعي في ظل هذا النظام أن لا تكون هناك عناية بصحتهم ،

٨٢

فكانوا يمرضون ويساقون إلى العمل رغم المرض ، ويظل الواحد منهم يضرب بالفأس ، أو يرفع مقطف التراب حتى يسقط في مكانه ، فإذا مات ووري التراب في أقرب موضع بدون احتفال ، ويبعث المقاول إلى شيخ القرية يطلب غيره ، ولم تكن هناك دفاتر تقيد فيها أسماؤهم ، أو أوراق تثبت عملهم ، وإنما كانوا يحسبون بالأعداد ، عشرة أو عشرين أو خمسين ، وكان المقاول يحمل مسدسا يرعب به العمال ، ويردي من يفكر في الاعتراض عليه منهم قتيلا ، وقد قتل المقاولون والمقدمون مئات كثيرة بالرصاص، ومات منهم تحت السياط ألوف ، وأكلت الأمراض وسوء التغذية وسوء الأحوال المعيشية ألوفا ، وأوراق الشركة نفسها فيها شكاوى كثيرة من موت العمال ، ولم يفكر رجالها في عمل شيء يحميهم من الهلاك ، وكل ما فعلوه هو التشديد على المقدمين وشيوخ القرى في ضرورة تقديم عمال اكثر، وكانت الشركة تزعم للرأي العام الأوروبي أن نظام السخرة هو النظام الوحيد الذي عرفه الشرق لتنفيذ الأعمال طول تاريخه !

إن أبناء الشعب المصري الذين شاركوا في حفر القناة تعرضوا لأبشع ما يمكن أن يتعرض له بشر... وفتكت بهم الأمراض المعدية ... ومنها أخطر ستة أمراض ، فقد كانوا يموتون من الجوع والعطش .. فلم يكن هناك أي نظام للتغذية أو توفير الطعام للعمال .

وكان العامل يعيش على قطعة الجبنة القديمة والمش والعسل والبصل لمدة تتراوح بين ٨ أسابيع و ١٢ أسبوعا ، وكان العمل يتم في الصيف بدون مياه .. فالمياه التي كانت تستوردها الشركة من دمياط أو الإسكندرية كانت مشكلة المشاكل إثناء عملية الحفر في المناطق من بور سعيد الحالية إلى بحيرة التمساح .. فقد أخطأت الشركة التقدير.. كان عليها أولا أن تحفر آبار المياه العذبة ، ثم

تبدأ العمل .. ولكن حدث العكس .. ولهذا كان العمال ينتظرون بالأيام حتى تأتي قافلة خاصة بالمياه من الآبار القريبة ، أو من النيل ، وكان أغلبهم يتساقطون كالماشية قبل أن يحصلوا على شربة ماء ، ولم تكن مياه القوافل أو التي يأتي بها السقاؤون من الآبار الفاسدة نقية ،ولهذا كان أغلب العمال يموتون بالدوسنتاريا الحادة ، وقد ظل العمال من عام ١٨٥٩ إلى ١٨٦٣ يعملون في صحراء بلا ماء ، ويدفعون أجرهم اليومي في شربة واحدة أو شربتين ، واستمرت مصر تنزف .

وكانت أكبر مأساة تعرض لها العمال خلال عملية الحفر ظهور مادة طينية سائلة كانت تحتوي على فسفور حارق للأبدان مما أصاب الآلاف بالأمراض الغامضة التي كانت تودي بحياتهم خلال أيام ، ولجأ ديليسبس عندما وجد أن الهرب أصبح جماعيا من جانب العمال إلى حشد جميع الصيادين الذين يعملون في شمال الدلتا وبحيرة المنزلة لإنتزاع هذه الطبقة الطينية ، وخلال هذه العملية لم ينج أحد من الصيادين ! " (١٤)

******

لا أظن أن السيد جون هوبسون إذا عرف ما ورد في الصفحات السابقة سوف يظل مصرا على رأيه الذي ناقشناه في مكان وروده ، وهو أن الهدف ـ السامي النبيل- للاستعمار هو البحث عن أسواق يسوق فيها المستعمرون بضائعهم الزائدة عن حاجتهم ... وعند مـن .... عند الفقراء في آسيا وإفريقيا الذين أرهقهم تخزين الأموال الصعبة من كل صنف ، ولم يبق عليهم إلا استيراد البضائع من أوروبا ، أو من استعماريي أوروبا !

والسؤال الذي يطرح نفسه هنا : لو كان حفر هذه القناة في أوروبا أو أميركا ، وكان العمال من تلك الدول الديمقراطية المتحضرة ،هل كان الشريف الطاهر فرديناند ديلسبس يترك عماله يموتون جوعا وعطشا ؟ هل كان يلهب ظهورهم بالسياط أو يقتل من يرفض منهم العمل بسبب مرضه وإعيائه ؟ ، ليس الجواب ..لا فحسب ، بل لكان وفر لهم كل أسباب العيش الكريم ، والأجور العالية ، وظروف العمل المناسبة ، والتأمينات ضد المرض والشيخوخة ، ولجعلهم ينتسبون للجمعيات والنقابات التي تدافع عنهم وتنال لهم حقوقهم إذا فكر أحد بالاعتداء عليها أو النيل منها !

******

١٨ نوفمبر ١٨٦٢

وصل البحر الأبيض المتوسط

ببحيرة التمساح

وبعد ١٢٩٥يوم عمل ، الـلـه يعلم كم لاقى فيها العمال من التعذيب والجوع والموت والقتل ، تدفقت المياه في بحيرة التمساح الواقعة في منتصف المسافة بين بور سعيد والسويس ،وأقيم بهذه المناسبة حفل كبير حضره أعيان القوم وكبراؤهم ،" وأعلن ديلسبس قائلا : باسم صاحب السمو الخديو محمد سعيد باشا آمر بأن تتدفق بمشيئة الـلـه تعالى ، مياه البحر البيض المتوسط في بحيرة التمساح " (١٥)

******

٦ يوليو ١٨٦٤

بداية عهد إسماعيل ، وتعديل فرماني الامتياز

ولما توفي محمد سعيد في ١٨ كانون ثان ١٨٦٣ولم يتجاوز الأربعين عاما تولى الحكم بعده ابن أخيه إبراهيم ،الخديو إسماعيل (١٨٣٠- ١٨٩٥) والذي حكم البلاد ١٦ عاما ، وهو صاحب العبارة المشهورة التي خاطب بها ديلسبس منذ أيامه الأولى في الحكم : " ليس ثمة من يؤمن بالقناة أكثر مني ، ولكني أريد القناة لمصر ولا أريد أن تكون مصر للقناة " ،إلا أن الحمل الموروث كان ثقيلا ناءت به همته وعزيمته ، وأمام من ..أمام الدولتين الطامعتين في الاستيلاء على مصر وقناتها ..بريطانيا وفرنسا المسنودتين بدول أوروبا بأسرها ، لذا نراه يكتب إلى الباب العالي في الآستانة يقول :

" قابلني أخيرا القنصل العام لحكومة فرنسا هنا ، فحدثني عن إدارة أشغال قناة السويس ، وسألني عن رأيي فيها ، فرددت عليه بأني وإن كنت توليت الحكم وباشرت إدارة شئون البلاد في ظل جلالة السلطان ، بيد انه ليست لدي معلومات حقيقية عن مسألة القناة هذه ، كما أنه ليس هناك أي قرار صحيح اتخذ بشأنها ، ولذلك لا أستطيع أن أقوم بأي إجراء في هذا المشروع قيل أن أتلقى تعليمات من قبل الباب العالي "(١٦)

ومع ذلك نرى إسماعيل في ١٨ آذار ١٨٦٣ أي بعد توليه بشهرين فقط يبرم اتفاقا مع الشركة عدل به بعض بنود فرمان ٥ يناير (كانون ثان) ١٨٦٣ ، ومن أهم بنود هذا الاتفاق :

أولا : إلغاء السخرة في أعمال حفر القناة .

ثانيا : تخفيض مساحة الأراضي الممنوحة للشركة ، فاستردت الحكومة بذلك ٦٠٠ كيلو متر .

ثالثا : استرداد قناة المياه العذبة الممنوحة لها .

رابعا : تدفع مصر مقابل ما سبق تعويضا قدره ٢٤،٣ مليون جنيه .(١٧)

وبطبيعة الحال فإن الشركة لم تكن لتقبل بهذا التعديل ، مع أن الباب العالي أيد إسماعيل فيه ، لذا لجأ الفريقان إلى نابليون الثالث - وكان إسماعيل مفتونا به - فتوصلا إلى هذه الحلول بعد تنازلات من الطرفين .

إنجلترا تقاوم المشروع

كان الإنجليز يخشون أن تقع طريق تجارتهم إلى الهند تحت سيطرة الفرنسيين ، لذا كان عليهم عرقلة مشروع القناة بكل الطرق والأساليب من خلال سفاراتهم التي هي مراكز للتجسس أكثر منها للوظائف والغايات المعروفة للسفارات ، وقد وجد الإنجليز - على ما يبدو - وهنا وضعفا في حكام الترك وسياسييهم لتحقيق مآربهم في الزحف البطيء الخفي إلى البلاد التي لم يحسن حماته الدفاع عنها !

وكان الإنجليز- في البداية- يظنون أن مشروع حفر قناة السويس لن ينجح ، ولكنهم لما رأوا المشروع يسير قدما نحو التحقق ،أبدوا رغبتهم وطمعهم من خلال سفيرهم في الآستانة " هنري بلور" الذي راح يبذل جهوده لدى الباب العالي بخصوص التغييرات التي أحدثها الخديو إسماعيل مطالبا بالتقليل من سلطاته ونفوذه ، وفي الوقت ذاته نرى وزير الخارجية المصري نوبار- وهو أرمني مسيحي يحمل الجنسية العثمانية أوفده الخديو إلى الباب العالي ليؤازره ضد شركة القناة - لا يحمل الكثير من الولاء لمصر وحاكمها ، وقد حمله " مذكرة " تتضمن الطلبات التالية :

أولا : إعادة الأطيان التي منحها سعيد للشركة إلى الحكومة المصرية .

ثانيا : تحريم إقامة حصون واستحكامات حربية على شاطىء القناة مطلقا ، حتى لا تخرج الشركة عن صفتها التجارية .

ثالثا : إلغاء الشرط الذي يلزم الحكومة بتقديم أربعة أخماس العمال ، فإن لم يمكن ذلك ، يخفض العدد الذي تلتزم الحكومة بتقديمه إلى ما لا يزيد على ستة آلاف عامل ، وبشرط أن تدفع الشركة أجورهم ، وأن يظلوا في كل الأحوال تابعين للحكومة المصرية ، فلا يخضعون لسيطرة الشركة "(١٨)

وتشير المصادر أن نوبار هذا كان عميلا للإنجليز ، وكان يحاول" تجيير" المشروع لأصدقائه وأسياده ، فقد ورد في رسالة أرسلها السفير الإنجليزي في تركيا إلى وزير خارجية بلاده في ١١ حزيران ١٨٦٣ قوله عن نوبار " إنه رجل له عند والي مصر كلمة مسموعة ، ثم إنه رجل على جانب كبير من الحذق والدهاء ، فهو أصلح من عهدتم إليه بالمهمة " (١٩)

ولما لم تجد إنجلترا الاستجابة السريعة من الباب العالي ، قامت بإغلاق مدخل البحر الأحمر باحتلالها جزيرة بريم ، وقامت بتحصين مدينة عدن الواقعة ضمن أملاكها ، واحتجت بان المشروع لم يصدق عليه من قبل الباب العالي ، فهو السلطة القادرة على تنفيذ المشروع أو رفضه لولايتها على مصر في ذلك الزمن الصعب من التاريخ المصري .(٢٠)

إلا أن ديلسبس لم يكن ينقصه الذكاء والدهاء لإدراك غايات الإنجليز ومكائدهم وأطماعهم ، فقد ورد عنه قوله:

" إنما تحاول إنجلترا أن تبسط سلطانها على مصر ، ولكي تصل إلى هذه الغاية لن تدع مصر هادئة مطمئنة أو قوية ، ولن تسمح لها بأن تكون في حالة

تمكنها من الدفاع عن نفسها ، بل تريد إنجلترا أن تجعل من مصر بلدا ضعيفا تعمه الفوضى والفقر ، مع تجريده من السلاح " (٢١)

ولا نكتفي هنا بالتعليق أن هذا الكلام بحذافيره قد حققته الأيام ، بل نقول أن ديلسبس قد لخص السياسة الاستعمارية لإنجلترا – ولغيرها- لاستعمار بلاد الشرق ، بأن لا تترك تلك البلاد في حالة من الهدوء والاستقرار، ولا تدع لها أي فرصة لتحسين أحوالها الدفاعية أو الاقتصادية أو العلمية ، وان يظل على هذه الأحوال البائسة من الضعف والخنوع ليكون في القريب العاجل صيدا سهلا في القريب العاجل .

وفي الوقت الذي نجد فيه إسماعيل يعد الناس بأنه سوف يكتفي براتب شهري ، وأنه سوف يبذل قصارى جهده لتحسين أحوال البلاد الاقتصادية ، وقد بذل في ذلك بعض المحاولات الطيبة ، إلا أن سلوكه سرعان ما تغير ، فاعتمد سياسة الاقتراض من الغرب للصرف على رفاهيته وبذخه وترفه ، فجر البلاد إلى الاعتماد على الغرب ، وأغرقها في الديون وبفوائد وشروط مجحفة ، ليخلق بذلك عذرا للمستعمرين للاستيلاء على بلاده .

فكان القرض الأول في الرابع والعشرين من أيلول ١٨٦٤، وقيمته ٧٬٥ مليون جنيه إنجليزي ، وبفائدة ١٢%   ولمدة ١٥ عاما ، وقد رهن مقابل هذا القرض ضرائب الأطيان بمديريات الدقهلية والشرقية والبحيرة لسداد أقساطه ، والكارثة أن هذا القرض لم ينفق على تحسين أحوال البلاد ، بل شرع الرجل في بناء القصور ، وذهب بعيدا في بذخه فاشترى قصرا يقع على البسفور في تركيا !

أما القرض الثاني فكان في عام ١٨٦٥، وقيمته ثلاثة ملايين جنيه اقترضها من بنك الإنجليز ، وقد انفق في سداد ديون الفلاحين بسبب تراجع أسعار القطن

التي شهدت ارتفاعا كبيرا في الفترة السابقة ، وكانت فائدة هذا القرض ٣٨٧ ألفا ، ورهن مقابله ٣٦٥ ألف فدان من أملاكه .

وفي هذه السنة قامت ثورة في جزيرة كريت ضد العثمانيين الذين عجزوا عن إخمادها ، فاستنجد السلطان عبد العزيز بإسماعيل الذي أمدهم بحملة من خمسة آلاف جندي بقيادة الفريق شاهين باشا ، وقد انتهت الثورة بمنح الجزيرة بعض الامتيازات ، وكان شاعر العربية الكبير محمود سامي البارودي (١٨٣٩-١٩٠٤) من ضباط هذه الحملة ، وكان في السادسة والعشرين ، وعن تلك الحرب نظم نونيته الرائعة :

أخذ الكرى بمعاقد الأجفان   وهفا السرى بأعنة الفرسان (٢٢)

وبلغت قيمة القرض الثالث ثلاثة ملايين جنيه اقترضها من بنك ابنهايم مقابل رهن إيرادات السكة الحديد ، ولكن الشيء المستغرب هو الوجه الذي انفق فيه هذا القرض الذي حصل عليه في ٥ كانون ثان ١٨٦٦ ، فقد دفع جزء كبير منه رشوة للباب العالي لتعديل نظام الوراثة ، بحيث يجعل الولاية من بعده لابنه الأكبر، وليس للأكبر من أسرة محمد علي بصفة عامة .

ويزيد الرجل من كرمه على أهوائه في العام نفسه ، فاستدان دينين قصيري الأجل ، ولسبب اغرب من سبب القرض السابق ، وهو هذه المرة " ليدفع منها ثمن أراضي أميرين كانا ينافسانه على العرش ، وكان شديد الرغبة في التخلص من وجودهما بمصر، أخوه مصطفى فاضل وعمه محمد عبد الحليم ، فألزم الأول بان يدفع له ٠٨،٣ مليون جنيه ، وللثاني ٢،١مليون جنيه في مقابل أراضيهما " (٢٣) .

وهناك قرض رابع استدانه في العام التالي وقيمته ٨،٢ جنيه ، وقد بنى به دارا للتمثيل ومضمارا لسباق الخيل، وبنى قصور عابدين والقبة والزعفران

والجيزة والقصر العالي وسراي مصطفى باشا في الإسكندرية ، وانفق جزء منه لشراء الأسلحة ولبعض التحصينات العسكرية .

أما القرض الخامس فقد كان الأكبر، وقيمته ٨٩،١١ مليون جنيه بفائدة عالية ، وخصص لسداده إيرادات الجمارك ، وعوائد الكباري وإيراد الملح ومصائد الأسماك ، وكانت تدر دخلا قدره مليون جنيه ! وقد تم إنفاقه على إتمام بناء القصور المذكورة آنفا وتأثيثها بفاخر الأثاث والريش ، وعلى حفله الباذخ الذي أقامه بمناسبة افتتاح قناة السويس ! .

وبعد هذا القرض توقف إسماعيل عن الاستدانة لفترة ، والسبب وصول فرمان من الباب العالي في ٢٩ تشرين ثان ١٨٦٩ " نص فيه السلطان على أنه لا يجوز له أن يقترض قروضا جديدة دون أن يبين وجه الحاجة إليها ، ويحصل على إذن من السلطان بعقدها .. وقد استاء الخديو من هذا الفرمان ، ولم يعقد احتفالا حافلا لتلاوته بالأبهة المعتادة ، بل قرىء في قصر النيل بدون جلبة ولا إعلان " (٢٤)

وفي ٢٢ شباط ١٨٦٩ ، توصل الخديو إسماعيل وشركة قناة السويس إلى اتفاق يقضي بأن تتنازل الشركة عن حقها في إعفائها من الرسوم الجمركية وبعض الامتيازات الأخرى الممنوحة لها في الامتيازين الأول والثاني مقابل منحها ١٥٧،١ مليون جنيه مصري ، واضطر الخديو للتنازل عن الأرباح السنوية لأسهم مصر في الشركة لمدة ٢٥ عاما ! (٢٥)

وفي ١٨ آذار ١٨٦٩ تم وصل البحر الأبيض المتوسط بالبحيرات المرة ، وأقيم مهرجان كبير حضره الخديوي وولي عهد إنجلترا ، وفي الخامس عشر من آب من العام نفسه تم وصل البحر الأحمر بالبحيرة المرة الصغرى ، وفي ١٨ آب ١٨٦٩

انتهت أعمال حفر القناة حين تلاقت مياه البحرين مكونة ذلك الشريان العالمي المهم بعد عشـر سـنوات من العمل (٢٦).

وكانت مصر تقدم يوميا للعمل في الحفر ٦٠ ألف عامل شهريا ، وقد هلك منهم ١٢٠ألفا في الوقت الذي كان فيه عدد سكان مصر أربعة ملايين نسمة ، وبلغ مجموع العمال الذين شاركوا في العمل حوالي مليون ونصف وقد استخرجوا من الرمال ٧٤ مليون متر مكعب (٢٧).

وفي عام ١٨٧٠ يستدين دينه السادس ، وكانت قيمته ١٤٣،٧جنيها دخل منه خزينة الدولة ٥ ملايين فقط والباقي عمولة وسمسرة ، ورهن مقابله أطيانه الخاصة ، ولا نعرف إن كان هذا خروجا على أوامر الباب العالي ، أم أنه لجأ للرشوة للحصول على موافقتهم ، وقد انشأ بهذا القرض سكة حديد تخدم أطيانه ، ومصانع للسكر لم تكن أرباحها تساوي فوائد القرض !!

أما عن الخسائر المالية ، فهناك بعض التباين بين ما تورده المصادر ، فجورج كيرنس يقول أنها ٣٦٩ مليون فرنك فرنسي (٢٨) أي ٢٣٤،١٤جنيه مصري ، وذكر الدكتور احمد الحفناوي أنها ٢٨٧ مليون فرنك وفق ما أذاعته شركة قناة السويس في نشرتها الدعائية التي آصدرتها عام ١٩٥٠   (٢٩) ، في حين يرى مؤرخ مصر الحديثة عبد الرحمن الرافعي أنها ٦٦٠،٦٥٦،٤٥٢فرنكا ،أي ما يساوي ١٨ مليون جنيه مصري (٣٠) ، وقد تحملت مصر معظم هذه النفقات .

مما سبق نستطيع أن ندرك مدى ما قدمه الشعب المصري من مال وأرواح وجهود لأجل هذا المشروع الحيوي العالمي ،ومع الأسف كان هذا كله من أجل ازدهار وتطور الدول الأوروبية ، كما نعرف مدى اهتمام دول الغرب - وفي طليعتها فرنسا وبريطانيا - بالقناة ومصر ، ونوايا وخطط كل منهما للاستيلاء

عليها بكل السبل ، وذلك تمهيدا لمشاريع إمبريالية توسعية سوف تتكشف لنا في الأبواب القادمة من هذا الكتاب .

ففرنسا تريد القناة ومصر معا لكي تمتلك الطريق البريطاني الاقتصادي الاستعماري ، وعلاقة العداء والتنافس بين الدولتين قديمة لقرون طويلة مضت .

وبريطانيا – التي تمتلك رأس الرجاء الصالح – تريد المضي قدما في الحفاظ على مكانتها الشامخة بين دول الاستعمار وذلك بالسيطرة على منافذها التي تراها شرعية لها – وأخطرها على الإطلاق قناة السويس – مهما كان موقف الآخرين منها ،تلك المنافذ التي توصلها إلى الهند والشرق الغني الواسع الممتد ، والذي تراه عمقا استراتيجيا لها لا تفكر يوما في التخلي عنه ، أو حتى مشاركة أحد لها فيه ، أو لم تحارب نابليون بكل عنف عندما طرق أبواب مصر في أواخر القرن الثامن عشر ، وهزمته وردته إلى بلاده لتبقى هي سيدة المنطقة والعالم ؟ .

والشخص الوحيد الذي تنبه لهذا كله – أو بعضه – هو محمد علي ، لذا رفض أن يعهد بالمشروع لشركة أجنبية ، حتى لا تصبح مصر والمنطقة ساحة حمراء للتنافس الدولي الاستعماري العالمي ، ولكن خلفاءه كانوا على درجة عالية من الجهل والسذاجة والغفلة ، فوضعوا مصائرهم ومصير وطنهم – إذا آمنا أنه كان وطنهم ويشعرون بالانتماء إليه – في أيدي سماسرة مهرة ، وأفاقين من طراز فريد ، لتكون العواقب ما رأيناه ، وما سنراه في الفصول القادمة .

١٧ تشرين ثان ١٨٦٩
حفل افتتاح القناة الأسطوري

ويتمم إسماعيل فضوله على البلاد بذلك الحفل الكبير الذي أقامه احتفالا بافتتاح القناة ، فارتحل إلى أوروبا مصطحبا وزيره نوبار ليوجه الدعوة إلى عدد

كبير من الشخصيات الكبيرة ، فلبى دعوته ٦٠٠٠ - فقط - من الملوك والرؤساء والأمراء وكبار العلماء والأدباء ورجال الأعمال ، واستخدم ٥٠٠ طاه وخادم أجنبي إلى جانب المصريين ، وشيد لهذا الجمع الهائل قصرا منيفا على شاطىء بحر التمساح ، ونصب ١٢٠٠ خيمة ، وبنى دارا للأوبرا ، واستخدم عشرة آلاف عامل لإنشاء طريق من القاهرة إلى الأهرام لكي تستخدمها العربات الفخمة التي سوف تحمل ضيوفه الكرام .

وافتتحت القناة رسميا بعبور السفينة" النسر" حاملة كوكبة الملوك والأمراء ، ووراءها ٧٧ سفينة ، وأقيمت احتفالات كبيرة لم يشهدها أحد من قبل ، بدليل أن الضيوف من الملوك قد أدهشهم ما شاهدوه من بذخ وإنفاق ، حتى قالت الإمبراطورة أوجيني : "يا إلهي ، لم أر في حياتي أجمل من هذا " وقالت عن إسماعيل : ما أغناه من أمير ! " (٣١)... طبعا هو غني جدا فالأموال التي ينفقها ليست من ماله أو من مال أبيه ،وهو ينفق وينفق على الأجانب ولا أحد يسأله من وزرائه أو من شعبه المغلوب على أمره ! لذا لا غرابة أن يقول أحد الوزراء المصريين لأحد الأمراء الضيوف قولا ولا أجمل ولا أبلغ :إننا نأكل يا سيدي أحجار الأهرام حجرا حجرا " ، فرد هذا الأمير عليه : لا تهتم ..سنقرضكم المال اللازم لتشتروا منا الإسمنت لإعادة بنائها " (٣٢)، وكم كان الاثنان صادقين ، فالوزير المصري يرى أن خيرات مصر وممتلكاتها وأموالها تستهلك بالجملة على ما لا ينفع الأمة ، بل لتشبع الغربان والجراد من أعدائها وأكلة لحمها ، والأمير الأوروبي يرد بكل صفاقة وهو يعني ما يقول أن بلاده جاهزة مستعدة للموقف ... بم ؟ بتقديم الديون بكل أنواعها ..قصيرة وطويلة الأجل ، ولكن هناك فوائد ، ويزيد ذلك الأمير من صراحته فيقول أن مصر ستشتري بالديون الإسمنت من الذين قدموا الدين وليس

من سواهم ، فالمسائل والحسابات محسوبة ومحسومة سلفا ، وان لم تسدد الديون فهناك أوطان ستقدم ، وقناة تباع رخيصة وهي أعز وأغلى ما تملكه مصر !

وقد صحت تنبؤات ذلك الوزير ، فقد بلغ ما استدانه إسماعيل خلال فترة حكمه الميمون - وهي ١٧ عاما - ١٢٠ مليون جنيه من جنيهات تلك الأيام .

ويشجع الباب العالي إسماعيل على المضي في تيهه وضلاله ، فيصدر فرمانا في تموز عام ١٨٧٣ ، والقارىء الحصيف يستطيع أن يدرك ما قصده الساسة الأتراك بهذا " الفرمان الذي تضمن المبادىء التالية : :

١- توارث عرش مصر في اكبر أنجال الخديوي .

٢- تشمل أملاك الخديوي المصرية وملحقاتها الجاري إدارتها بمعرفتها السودان ، على ما صار إلحاقه بها من قائمقامتي سواكن ومصوع .

٣- حق الحكومة المصرية في سن القوانين والنظم الداخلية على اختلاف أنواعها .

٤- حق عقد الاتفاقات الجمركية والمعاهدات التجارية .

٥ - حق الاقتراض من الخارج من غير استئذان الحكومة التركية .

٦- زيادة الجيش المصري إلى أي عدد يريده الخديوي .

حق بناء السفن الحربية ما عدا المدرعات " (٣٣)

واضح أن وراء هذا الفرمان غايات ليست بالحميدة ولا بالبريئة ، فقد جعل الباب العالي الحكم في مصر وراثيا ، لذا سوف يتولاه لاحقا من هو ليس أهلا له ، لتغيب الجدارة والأهلية عن سدة الحكم فترة تصل إلى ثلاثة أرباع القرن ، ناهيك عن الصراع المحتمل الذي قد ينشأ بين المرشحين لهذا المنصب لتوفر الكفاءة وعامل السن

.

أما بنده الثالث فقد ترك للخديوي - أو حكومته - حق سن القوانين والنظم بدون الرجوع للباب العالي مما يطلق يد إسماعيل فيما كانت تمنعه عنه تلك الجهة ، وسيرة الرجل لا تنبىء بالكثير من المزايا والخصال الحميدة !

أما البند الخامس فهو الشرك الذي نصب لإسماعيل ، ليس لأنه يناقض ما ورد في فرمان ٢٩ تشرين ثان ١٨٦٩ الذي منعه من المزيد من الاقتراض فحسب ، بل لأنه يعطي الفرصة له للعودة إليه وإغراق البلاد في الديون ، ليحقق الباب العالي أمرين :

أولا : لتظل تابعة للباب العالي لا تملك حولا ولا قوة بفقرها وضعفها ، وثانيا : ليكون في هذه الديون سبب لخلعه كما سنرى في الصفحات التالية.

لذا ، لا غرابة أن يقوم إسماعيل – بعد هذا الفرمان مباشرة- باستدانة القرض الأكبر في قائمة ديونه التي لا تنتهي ،وكانت قيمته ٣٢ مليون جنيه من بنك اوبنهايم الإنجليزي، والعجيب أنه يبرر هذا القرض انه لتسديد القروض السابقة ، ولم يدخل خزينة الدولة من هذا المبلغ سوى ٧٤،٢٠ جنيه والباقي فوائد وسندات ، ورهن لسداد هذا الدين إيرادات السكة الحديد وعوائد الملح وبعض الضرائب . (٣٤)   ولكي يستكمل إسماعيل أكل حجارة الهرم ، باع اسهم مصر في القناة، وذلك في ٢٥ تشرين ثان ١٨٧٥ ، ولمن ؟ للإنجليز ..المشتاقين جدا لهذه الصفقة ليكون لها موطىء قدم في القناة للاستيلاء عليها وعلى مصر فيما بعد ، وقد بيعت الأسهم ب ٨٥٨،٣ مليون جنيه ، وهكذا أصبحت مصر وأهل مصر غرباء على القناة وكأنها تقع في بلد آخر غير بلدهم ووطنهم !

و يقبل الخديوي إسماعيل الخضوع للجنة تحقيق أوروبية في أحوال مصر المالية ، وأوصت هذه اللجنة بتنازله عن ما يملك من أطيان وعن أطيان عائلته ،

وان يحدث تغييرا في نظام الحكم لكي تتحمل جهة أخرى مسؤولية ما يجري في البلاد !

ويستجيب إسماعيل لما طلبته اللجنة ، ويعلق أمام عضو اللجنة البريطاني قائلا :

" فيما يتعلق بالنتائج والمقترحات التي انتهيتم إليها ، فإني أقبلها ، وطبيعي أن أفعل ذلك ، فإني أنا الذي رغبت في هذا العمل لصالح بلادي ، وعلي الآن أن أنفذ هذه المقترحات ، وكن على يقين باني عازم على ذلك عزما جديا ، إن بلادي لم تعد في إفريقيا ، بل نحن الآن قطعة من أوروبا "(٣٥)

هكذا إذن .. فالخديو إسماعيل كان يرغب في الوصول والارتقاء بنفسه أولا ثم ببلاده إلى المستوى الأوروبي ، وإقامة ذلك الحفل الذي ساهم في أمور كثيرة لم تكن في مصلحته ولا مصلحة بلاده كان الهدف منه تكريس تلك الغاية العظمى ، وكأن البذخ والترف ، والإسراف والتبذير تكسر كل الحواجز ، وتلغي كل الفوارق الحضارية التي بناها أهلها عبر مئات السنين ، لتصبح مصر فجأة من الدول الأوروبية بعصا سحرية يحملها إسماعيل لتغير المستويات وتلغي الفوارق ، بدون أخذ الأسباب لذلك كله !

ويبالغ إسماعيل ..ويذهب بعيدا في برنامجه " الكوارثي" فيستدين من جديد مبلغ ٥،٨ مليون جنيه من بنك روتشيلد الإنجليزي اليهودي ، ذهب منه ٢٩٥،٢ مليون سمسرة وعمولة ، وتم به تسديد بعض فوائد الديون ، في الوقت الذي كان فيه الموظفون يعانون الفقر لأن رواتبهم تتراكم في ذمة الحكومة الرشيدة ولم يدفع لها من القرض فلس واحد !

ويدلنا على سوء الأحوال في ذلك العهد ، أن " اشتدت وزارة نوبار الأوروبية في تحصيل الضرائب واستخدام الكرباج في جمعها ، وقطع المرتبات عن موظفي الحكومة وذلك كله لصالح الدائنين الأجانب ، فعظم سخط الشعب ، واشتد التذمر عندما طردت الوزارة عددا كبيرا من الموظفين لتستخدم بدلا منهم أجانب صارت تدفع لهم المرتبات الضخمة)(٣٦)

وهكذا بلغت الأحوال من السوء بحيث دفعت مفكرا مرموقا مثل جمال الدين الأفغاني إلى التحريض على الثورة ، فجاء في بعض خطبه موجها حديثه إلى الفلاحين :

"أنت أيها الفلاح ، تشق قلب الأرض لتستنبت ما تسد به الرمق ، وتقوم بأود العيال ، فلماذا لا تشق قلب ظالميك ؟

لماذا لا تشق قلب الذين يأكلون ثمرة أتعابك ؟ (٣٧)

بل واقترح على تلميذه محمد عبده أن يقتل إسماعيل وهو يمر بعربته على جسر قصر النيل (٣٨) .

ولأن إسماعيل عزل وزارته الأوروبية(كان فيها وزيران أوروبيان للمالية وللأشغال ، وكانت برئاسة نوبار) وذلك في ١٩ شباط ١٨٧٩ ، وكون وزارة وطنية من أبناء بلده ، يحتج بسمارك الرئيس الألماني الصاعد حديثا إلى مصاف الحكام " مسموعي الكلمة " ويطالب- ويهدد بالتدخل- إذا لم تعد الوزارة الأولى ، وتجدها إنجلترا وفرنسا فرصة للتدخل لدى الباب العالي

الذي أصدر مرسوما يوم٢٦ حزيران ١٨٧٩ بخلع إسماعيل الذي غادر البلاد - محملا بالأموال والجواهر - على متن الباخرة المحروسة ، وهي الباخرة نفسها - بعد

٧٣عاما- التي حملت الملك فاروق آخر ملوك أسرة محمد علي منفيا بعد قيام ثورة يوليو المجيدة (٣٩)

آذار ١٨٨٠
مصر تتنازل عن حصتها
في الأرباح السنوية للشركة

ويخلف إسماعيل ولده الخديو توفيق (١٨٥٢- ١٨٩٢) ، وقد تولى الحكم وهو في السابعة والعشرين ، وكان قد تولى عدة مناصب قبل الحكم كوزارة الداخلية ورئاسة مجلس النظار (أي الوزراء) (٤٠).

وكان الميراث الذي ورثه توفيق عن أبيه ثقيلا ، وذلك بفعل الديون المتلاحقة ، وفوائدها المتراكمة .

فما كان من توفيق إلا أن تنازل عن حصة مصر في الأرباح السنوية لشركة قناة السويس مقابل ٨٤٩ ألف جنيه لسداد شيء من الديون التي بلغت ٥٤٠،٩٨ مليون جنيه !. في وقت كانت فيه إيرادات الدولة ٥٩٢،٨ مليون جنيه . (٤١)

الفصل الثاني

الاحتلال

١١ يوليو ١٨٨٢

وضرب الإسكندرية من البحر

وينفذ الإنجليز ما أضمروه عبر السنين الطوال من نوايا وخطط ومكائد لغزو مصر.

فمن ٢٠ أيار ١٨٨٢ تبدأ البوارج الإنجليزية والفرنسية بالتجمع قبالة الشواطىء المصرية في الإسكندرية .

وفي ٢٥ منه يقدم القنصلان الفرنسي والإنجليزي مذكرة رسمية يطلبان فيها استقالة الوزارة المصرية وإبعاد أحمد عرابي خارج البلاد مؤقتا كما زعما .

وفي اليوم التالي يقبل الخديو مطالب المذكرة ، مما أدى إلى استقالة الوزارة .

وفي٢٧ منه ، وفي اجتماع للخديو بكبار الضباط ، يعلن الخديو انه سيشكل الوزارة محتفظا لنفسه بوزارة الحربية ، ولكن خلال هذا الاجتماع يصل تلغراف من كبار ضباط الجيش والبوليس يؤكدون فيه تمسكهم بعرابي وزيرا للحربية .

وفي اليوم التالي تتدخل طائفة من السياسيين والعلماء في الخلاف ،ويوافق الخديو على بقاء عرابي وزيرا للحربية .

في الخامس من حزيران ترسل تركيا تلغرافا إلى حكومة مصر يفيد أن الخارجية الإنجليزية قد أبلغت سفارة تركيا في لندن أن المصريين يقومون بأعمال ترميم لحصون الإسكندرية ، مما يهدد أسطولي الدولتين ، وتطلب تركيا إيقاف

ذلك ، ولكن عرابي - وزير الحربية يطلب الاستمرار في أعمال التحصين لإزالة القلق من نفوس الأهالي لاقتراب الأساطيل من المدينة .

بأمر من رئيس وزراء فرنسا وفي يوم ٦ تموز انسحب الأسطول الفرنسي توقعا منه أن الأسطول الإنجليزي لن يقدم على الفعل العسكري منفردا .

في يوم ١٠ تموز، بعد سلسلة طويلة من المفاوضات والمحادثات والتدخلات ، يوجه الأميرال سيمور إنذارا طالبا تسليمه مدافع المصريين المدافعين عن المدينة ، كما طالب بتسليمه حصون المدينة ليعسكر فيها جنوده ، وإلا ضربها في الصباح ، وفي مساء ذلك اليوم أخطر عرابي الأميرلاي إسماعيل صبري بان القصف سيبدأ في الصباح ، وأمر بتوزيع القوات على نواحي المدينة . (٤٢)

وبعد اجتماع مع أولي الأمر قرر الخديو رفض الإنذار ، وأرسل الرد التالي لسيمور :

" لم تعمل مصر شيئا يقضي بإرسال هذه الأساطيل مجتمعة ، ولم تعمل السلطة المدنية ولا العسكرية أي عمل يسوغ مطالب الأميرال ،إلا بعض إصلاحات اضطرارية في أبنية قديمة ،والطوابي الآن على الحالة التي كانت عليها عند وصول الأساطيل ونحن هنا في وطننا وبيئتنا ، فمن حقنا بل من الواجب علينا أن نتخذ عدتنا ضد كل عدو مباغت يقدم على قطع أسباب الصلات السلمية التي تقول الحكومة الإنجليزية أنها باقية بيننا ، ومصر الحريصة على حقوقها ،الساهرة على تلك الحقوق وعلى شرفها لا تستطيع أن تسلم أي مدفع أو أي طابية دون أن تكره على ذلك بحكم السلاح ، فهي لذلك تحتج على بلاغكم الذي وجهتموه اليوم وتوقع جميع النتائج المباشرة وغير المباشرة التي تتم إما عن هجوم الأساطيل ، أو عن إطلاق المدافع ،على الأمة التي تقذف في وسط السلام القنبلة

الأولى على الإسكندرية ، المدينة الهادئة، مخالفة بذلك لأحكام حقوق الإنسان ولقوانين الحرب "(٤٣)

وسواء كان الخديو توفيق كاذبا أم صادقا فيما قاله في رده ، فإن قارىء هذا الرد يسر لوضوحه وجلائه ، ولأن توفيق يذكر لنا انه لم تكن هناك أية أسباب أو دواع للتهديد بقصف المدينة ،فلو كان هناك عذر ما لذكره ولاضطر للدفاع والتفنيد ، ودحض حجج الخصم ، كذلك يتمسك بآخر أمل وهو أن العلاقات بين البلدين سلمية ، ولا داعي لقطعها أو الإساءة إليها وبهذا الأسلوب التهديدي الذي تفوح منه رائحة السادية ، والشهوة للاحتلال والقتل والتدمير ، وعلينا أن لا ننسى أن معظم ما ذكرناه في الباب الأول من هذا الكتاب تندرج تحته أسباب غزو بريطانيا مصر ، سواء أكان هناك من يقوم بتحصين قلاعه في الاسكندرية ، أو من يحاول زراعة البطيخ في ثلوج سيبيريا ، فالأسباب لن تتغير ولن تتبدل !

وفي الساعة السابعة من صباح اليوم التالي الثلاثاء ١١ تموز ١٨٨٢ بدأ القصف المركز على المدينة .

وكان عدد القوات المصرية المدافعة عن المدينة ١٢ ألف جندي من المشاة ، و ٧٠٠ من رجال المدفعية ، لديهم ١٧٠ مدفعا من نوع أرمسترونج الحديثة ، و ٤٩ مدفعا ضعيفا قريب المدى ، و٤٠ مدفع هاون .

أما الإنجليز فكان لديهم ثماني مدرعات كبيرة ،وخمس سفن صغيرة .

ورد المصريون على القصف بعد القذيفة الإنجليزية العاشرة ، ليبدأ القصف المتبادل غير المتكافىء ، كون معظم المدافع المصرية لم يكن يسمح مداها بوصول القذائف إلى السفن المعادية ، ووقف الأهالي وقفة بطولية مع الجيش

المصري في تنفيذ مهام مساعدة كثيرة ، وكانت الخسائر في اليوم الأول مقتل ٦ جنود من الإنجليز وجرح ٢٧، أما المصريون فقد استشهد منهم ٧٠٠ جندي .

وفي اليوم التالي ١٢ تموز استمر القصف مما أدى إلى احتراق المدينة واستسلامها ، وهجرة ١٥٠ ألفا من سكانها ، وتولى عرابي توزيعهم على المدن المصرية كالقاهرة وطنطا والمنوفية وسكنت أعداد منهم في المدارس ، واستضافت بعض العائلات بعض الأسر بأمر من عرابي .

وفي يوم ١٣ تموز يضطر القائد العام أحمد عرابي للانسحاب استعدادا لمقابلة الغزو الاستعماري البريطاني بعيدا عن المدينة.(٤٤) .

الخديو يسلم مصر للإنجليز

وكان الخديو ينتظر بفارغ الصبر انسحاب عرابي ، فاتصل من فوره بالقائد الإنجليزي سيمور وأخبره أنه سينتقل إلى قصر التين ليكون تحت حمايته ، وفيه – وبصحبة وزارته - استقبل مستعمري بلاده ، لتنقسم البلاد إلى معسكرين ، أحدهما يناصر الخديو ، والآخر يؤيد عرابي ، ومعه السواد الأعظم من الشعب .

ومن قصر التين أرسل تلغرافا إلى عرابي يطلب منه الكف عن الاستعدادات الحربية ، والقدوم إلى قصره لتلقي تعليماته ، ولكن عرابي رفض الانصياع للخديو الخائن ! ، فاصدر الخديو قراره بعزله ، ثم أذاع بيانا على الأمة لتبرير موقفه ، يحمل فيه عرابي مسؤولية سقوط المدينة بدون خسائر تذكر في الجانب الإنجليزي ، وصور انسحاب الجيش من المدينة أنه " عار عظيم وفضيحة كبرى على الجيش المصري ، ولكن لا عيب فيه للجيش ، وإنما على القائد العار الذي لا ينمحي مدى الأزمان " (٤٥)

وفي اليوم التالي أرسل عرابي إلى وكيل وزارة الحربية يعقوب سامي " يطلب منه عقد جمعية وطنية من علماء البلاد وأمرائها وأعيانها للنظر في شأن الخديو ، وعما إذا كان يجوز ما وقع منه بانحيازه إلى أعداء الأمة شرعا ، وتقرير ما هو في صالح البلاد " (٤٦)

ولما اجتمعت الجمعية قررت ما يلي :

١- لزوم الاستمرار في الاستعدادات الحربية ما دامت عساكر الإنجليز في الإسكندرية ومراكبهم في مياهها .

٢- استدعاء الوزارة إلى العاصمة للاستعلام عما حصل لاتخاذ القرار المناسب .

٣- تعيين لجنة مركزية وإيفادها إلى الإسكندرية لإبلاغ الوزارة بقرارات المجلس ودعوتهم للحضور إلى العاصمة .

وقد بلغت قوات عرابي قبل بداية المعارك ٣٠ ألف جندي في أرجح الروايات ،بينما كان عدد قوات الإنجليز ٥٦٦،٢٥ ألف جندي ، وقد خاض العرابيون معارك بطولية ضد الغزاة رغم تفوق الإنجليز في السلاح والعتاد والتموين ،وحققوا-العرابيون- بعض الانتصارات ،

وفي يوم ٢٠ تموز أمر الخديو بعزل عرابي ، ولكن الجمعية العمومية قضت بتثبيته في وظيفته .

وفي يوم ٢٦ تموز١٨٨٢ لقي الإنجليز هزيمتهم الأولى في معركة أبي قير .

وفي اليوم التالي هزم الإنجليز في معركة عزبة خورشيد عندما هاجم العرابيون قطارا للعدو ، وقد كانت مواجهة قوية اختلط فيها الجيشان ، واستعملا السلاح الأبيض ، وعند المساء فر العدو من ساحة القتال تاركا ١٧ قتيلا ، واستشهد من المصريين ٩٤ ضابطا وجنديا ، وتمكن العدو من حمل عدد كبير من قتلاه . (٤٧)

وما يهمنا من هذا البحث هو قناة السويس ودورها في مجريات الحرب ، لكن كان لا بد من تلك المقدمة التاريخية عرفانا لدور احمد عرابي في تاريخ النضال المصري ضد الاستعمار وعملائه !

وفي يوم الثاني من آب ١٨٨٢ احتل الإنجليز مدينة السويس بدون مقاومة وبجيش قوامه ٣٥٠ من القوات البحرية ، واكتفى عرابي بترحيل الأهالي عنها بالقطارات مجانا ، وكان يظن أن للقناة حرمتها الدولية ، وأكد له ديلسبس ذلك قائلا :

"أقسم لكم بشرفي أن القناة منطقة حياد ، وبقعة تحرم فيها العمليات الحربية ، ولن يجرؤ بريطاني واحد على النزول إلى البر، وأنا مسؤول عن ذلك ... إن القناة في عهدتي ، ولن تمر فيها أية سفينة حربية حسب نصوص المعاهدات الدولية (٤٨) "

ويحمل المؤرخ الكبير عبد الرحمن الرافعي عرابي مسؤولية إهمال تحصين الجبهة الشرقية وعدم ردم القناة ، وذلك لانخداعه بأقوال ديلسبس ، في حين يرى محمد عبده أن عرابي لم يفعل ذلك لكي لا يهيج عليه الدول المستفيدة من القناة وهو في هذه الظروف الصعبة . (٤٩)

ويعلق احمد عرابي على هذه المسألة في مذكراته قائلا :" التلغرافات التي تداولت بيني وبين المسيو ديلسبس تعلن وتؤكد احترام قنال السويس ما دام على الحياد ، ولم تتخذ فيه أعمال حربية ، فلغاية دخول المراكب الحربية الإنجليزية في قنال السويس وحصول الضرب منها في نفس الإسماعيلية على العساكر التي كانت بجهة نفيشة كان احترام القنال واقعا " (٥٠)

أو أن عرابي قد أحسن الظن في الفرنسيين بأنهم لن يسمحوا باحتلال القناة وذلك دفاعا عن مصالحهم فيها ، وهي التي تعتبر مشروعا فرنسيا لا علاقة لأي جهة أوروبية فيها .

وقد أدى ذلك إلى دخول الإنجليز البلاد من ناحية القناة ، تلك الناحية التي صارت ميدان الحرب ، بل الثغرة التي عبر منها الاستعمار البريطاني ليقيم في مصر ٧٠ عاما .

وفي التاسع من آب وصلت للإنجليز إمدادات جديدة كان لها الأثر في سير المعارك لاحقا ، وكانت هذه الإمدادات ١٤ ألف جندي مشاة ، ٣ فصائل فرسان ، ٩٤٠ جندي مدفعية ، ٥٤٠ من المهندسين ، ليبلغ الجيش الإنجليزي قبيل معركة التل الكبير ٦،٥٠ ألف جنديا ، مقابل ١٩ ألفا من الجيش المصري ، ليرد عرابي يوم ١٢ آب بتجنيد ٢٥ ألف خفير والشروع في تدريبهم(٥١) ، ولكن هل كفاءة الخفراء تعادل كفاءة الإنجليز القتالية .؟

ومع التفوق الواضح للإنجليز ، فإن المصريين أظهروا شجاعة وصمودا في المعارك والمناوشات التي جرت في الأيام اللاحقة ، مثل المعارك التي جرت قرب الإسكندرية ، ومعارك كفر الدوار .

ولما هاجم الإنجليز كفر الدوار في ١٩ آب ، ردهم العرابيون وكبدوهم خسائر فادحة بعد معركة استمرت ثلاث ساعات .

وفي اليوم التالي احتلوا الإسماعيلية .

وفي يوم ٢٠ آب احتل الإنجليز بور سعيد بدون مقاومة ، إذ لم يدافع عنها أحد ، كما احتل أسطولهم القناة ، ومنعت بوارجهم السفن التجارية من العبور، واتخذوا من القناة قاعدة لجيوشهم للزحف على القاهرة، وفي ٢٢ آب يصدر

الخديو توفيق أوامره إلى ضباط الجيش المصري بإطاعة القائد الإنجليزي ولسلي !

ويعود العرابيون لتحقيق انتصارات جديدة في معركة القصاصين الأولى يوم ٢٦ آب ، وفي ٩ أيلول حققوا انتصارا آخر في معركة القصاصين الثانية .(٥٢)

وكم هو مزر أن نرى الباب العالي – في السادس من أيلول - يتفق مع إنجلترا على إعلان عصيان عرابي ، وعلى إرسال ثلاث آلاف جندي تركي لنجدة الإنجليز في حربهم ضده ، وطلب البيان من السكان أن يطيعوا أوامر الخديو- وكيل السلطان في مصر - وأن لا يوالوا عرابي ، وكم كان لهذه الخيانة من أثر على معنويات الجنود العرابيين نظرا للمكانة الدينية للسلطان العثماني عند الدهماء .

ولكن لما تمت هزيمة العرابيين ، طلبت إنجلترا من الباب العالي عدم إرسال الجند ، بداعي أن الجيش الإنجليزي قد اخمد الثورة (٥٣)، إذن فالمطلوب كان الموقف التركي وليس جند السلطان الذين قد – يفعلوها – وينضموا إلى عرابي !

معركة التل الكبير
١٢ أيلول ١٨٨٢

حشد عرابي ٢٥ ألف مقاتل و٦٠ مدفعا لصد أي هجوم جديد للقوات البريطانية ، أما الإنجليز فقد كان عددهم ١١ ألفا من المشاة ، وألفين من الفرسان ، و٦٠ مدفعا ، وكان في مقدمة جيشهم بعض الضباط المصريين ، وجماعة من عربان الهنادي لإرشاد أعداء وطنهم إلى المواقع العرابية !

وقد باغت الإنجليز المصريين فجرا وهم نائمون ، وأحمد عرابي يصلي الفجر ، وقد لاذ بالفرار الكثير من جنود عرابي ، وقد قاتلت بعض الكتائب ببسالة فلقي الكثير من جنودها حتفهم ، وقد حاول عرابي جمع شتات الجيش

لمنع العدو من الوصول للقاهرة ، ولكن أحوال الجند وقلة عددهم ،وهبوط روحهم المعنوية دفعت القائد البطل إلى عدم مواصلة القتال ، وإلى كتابة عريضة للخديوي للتوسط لدى الإنجليز بعدم دخول القاهرة وذلك في ١٣ أيلول ، وقد ورد في العريضة :

" مولاي :

لم تكن مقاومتي للإنجليز مع إخواني إلا للمدافعة عن الوطن والدين ، ولم يأت بفكر أحد منا مطلقا أن يعتدي أو يقاوم حقوق جلالتكم المقدسة ، ومع ما فيه من الخطأ ومتوقع من أعتابكم من طلب العفو لي ولإخواني ، فإن عفوتم فالفضل لكم ، وهذه شيمكم وكرمكم فوق ذلك ، وإن عاملتمونا بعملنا فالعذر لجلالتكم والذنب علينا ، ونحن قابلون به حقنا للدماء وحفظا للأعراض والبلاد ، وها نحن مع إخواننا جميعا في انتظار أوامـر جلالتكم ، محافظين على نظام البلاد ، والأمر لسموكم على كل حال ..افندم " (٥٤)

ولا أجدني مع عرابي في هذه اللهجة الاستسلامية الواضحة ، وهو الذي قاتل من هم أقوى من الخديو ، وحقق الانتصارات عليهم ، وتاريخه الوطني رائع مشرف ، وحتى لو كلفه غير هذا الموقف حياته فلن يوصف بالأهوج ولا بالمستهتر ولا بالأخرق ، فأمثاله ليس من السهل عليهم إنهاء حياتهم الشريفة بهذه السرعة .

فما الذي ارتكبه حتى يقول أنه " مقر بالخطأ " ، ولماذا يطلب العفو عن جرم لم يرتكبه ، بل إن الخديو هو الذي عليه طلب هذا العفو.

وهنا علينا أن نشير أن وزارة محمود سامي البارودي ، والتي كان عرابي وزيرا للحربية فيها ، كانت ترى في العاشر من أيار من عام ١٨٨٢ " أن عزل

الخديو صار أمرا محتوما ، وان عرابي قد صرح أن الواجب يقتضي التخلص من أسرة محمد علي بقضها وقضيضها "(٥٥)

" وفي يوم ٣ تشرين أول أقام الخديو مأدبة كبرى وحفلة ساهرة في قصر الجزيرة تكريما للقادة والضباط الإنجليز .

وفي ٢٤ منه يصدر الخديو مرسوما بتجريد جميع الضباط الذين اشتركوا في الثورة من رتبهم ، وحرمانهم أي حق في المعاش أو الاستيداع "(٥٦)

الخديو توفيق كان ماسونيا

ولا يعد مستغربا أن نعرف أن توفيق كان ماسونيا علنا لا سرا ، ففي صحيفة اللطائف المصرية بتاريخ ١٥ كانون أول ١٨٩٢ ، وبعد أسبوع من وفاته ، نقرأ ما يلي :

" فقبد الماسونية الأعظم"

أفاضت الجرائد في ذكر ترجمة المغفور له محمد توفيق باشا خديوي مصر السابق رحمه الله ، ولم تتعرض جريدة منها لذكر شيء من أحواله الماسونية ، فرأينا ان نستدرك ذلك في "اللطائف" لأنه من موضوعها ، فنقول :

دخل رحمه الله الماسونية عام ١٨٨١ في المحفل الكبير الوطني المصري ، وأعطي الدرجات العليا واطلع على كنه الماسونية ، فرآها جمعية خيرية لا تتصدى للأمور الدينية ولا السياسية ، فأحبها ، ومال إليها ، لأنها وافقت ضميره الصالح ، فاحترمها وأكرمها .

وفي سنة ١٨٨٧ ذهب جمهور من الإخوان الماسون ، فتشرفوا بمقابلته ، وعرضوا على مسامعه أنه إذا لم يشد أزرهم آل أمر الماسونية الوطنية إلى الاضمحلال ، فتكرم بملاطفتهم ، وقبل ان يكون رئيسا للمحافل الوطنية

المصرية ، واعدا إياهم بالمساعدة والمعاضدة ، معتذرا عن الحضور في الاجتماعات لدواع مختلفة ، وقبل أن تكون الماسونية المصرية تحت حمايته ، وشجع أعضاءها وحضهم على الثبات والمواظبة ، والخدمة الوطنية بمحبة وأمانة وغيرة ، وبلا تعصب ولا انشقاق "(٥٧)

وكانت نتيجة كل ذلك محاكمة عرابي ورفاقه (طلبة عصمت ، محمود سامي البارودي ،عبد العال حلمي ، علي فهمي ، محمود فهمي ، يعقوب سامي) والحكم عليهم بالإعدام ، ثم خفف الحكم إلى النفي المؤبد إلى جزيرة سيلان ، وأتم الخديو توفيق معروفه بأن حكم بمصادرة ممتلكاتهم المنقولة وغير المنقولة ،وقد تم تنفيذ هذا الحكم بحذافيره .

وحكم على الشيخ محمد عبده بالنفي إلى الشام مدة ثلاث سنوات .

ومات منهم في المنفى يعقوب سامي ومحمود فهمي وعبد العال حلمي ، وسمح لطلبة عصمت بالعودة إلى مصرفي شباط عام ١٩٠٠ لأسباب صحية ، فتوفي بعد وصوله مصر بخمسة أشهر ، ثم سمح للبارودي بالعودة في كانون أول ١٩٠٠ لإصابته بمرض خطير في عينيه أدى إلى فقدانه النظر ، وقد ردت إليه أملاكه المصادرة .

ولما صدر العفو عن عرابي وعلي فهمي في ٢٤ أيار عام ١٩٠١ ، لم تسمح الدولة(في عهد الخديو عباس حلمي الثاني حاكم البلاد ١٨٩٢- ١٩١٤) بإعادة شيء من أملاك عرابي المصادرة إليه رغم الجهود الكبيرة التي بذلها مطالبا بها فمات الزعيم الوطني الكبير وهو يعاني الفقر المدقع .(٥٨)

******

الخلاصة

نستطيع أن نستخلص مما سبق ما يلي :

أولا : ظهر الخديو توفيق في أوضح صورة للخيانة والغدر والعمالة لأعداء وطنه بوقوفه إلى جانبهم ضد أمته وشعبه ، وضد المجاهدين والوطنيين ،وفي مقدمتهم الزعيم الوطني الكبير أحمد عرابي ، الذي ضحى بكل شيء في سبيل الدفاع عن مصر وشعبها واستقلالها ، لذا لا غرابة أن نجد عرابي يرى في تلك الفترة المبكرة أن التخلص من أسرة محمد علي هو الحل لمشاكل مصر ومصائبها ، وقد تجلى ذلك في حملة الإنجليز على البلاد ، فكان الخديو العامل الأول في سقوطها .

ثانيا : وطنية عرابي وصحبه ومدى إصرارهم على القتال والجهاد ضد المستعمر رغم ضعف الإمكانيات ، ورغم وقوف الخديو في صف العدو ، فلم يوهن ذلك من عزمهم وإصرارهم .

ثالثا : مدى نفاق ديلسبس وأنانيته ، وعدم اكتراثه لمصلحة مصر، فقد كان همه الأول مصلحته الشخصية ، ومصلحة المستعمرين أمثاله .

رابعا : كان احتلال مصر من جهة القناة الدليل التاريخي الأول على مدى خطورة موقعها وأهميته والاختبار الأول له ، هذه الأهمية التي ظن عرابي أن ديلسبس سوف يصونها سواء لصالح مصر أو لصالح فرنسا ، والطرف الذي استغل القناة حقق النصر على الطرف الذي أهملها ، ولم يحسن تقدير موقعها وخطورته .

وتفيد المصادر أن صديقا أجنبيا لعرابي يدعى جون بينيه قد نصحه – كما نصحه زملاؤه من كبار الضباط بإغلاق القناة ، فأبى .

قال هذا الخبير لعرابي " إن قناة السويس هي خط الدفاع الوحيد الذي لكم في هذه الناحية ، وإذا لم تحتلوه فسوف يحتله العدو غدا ، ولن يجد صعوبة في احتلاله ، لأن الإنجليز لا يهمهم الشرائع ولا المعاهدات ، ولا يرعون إلا مصلحتهم ، فإذا وصلوا على الإسماعيلية فإن ذلك يعد نهاية الحملة " (٥٩)

وقد صحت توقعات الرجل بالكامل !

مراجع الباب الثاني

(١) مصطفى الحفناوي ، قناة السويس ومشكلاتها المعاصرة ، ج١، ص١٨.

(٢) عبد الحميد أبو بكر ، قناة السويس والأيام التي هزت الدنيا ، ص٨١-٨٢

(٣) مصطفى الحفناوي، م س ، ص ١٨.

(٤) م ن ، ص ٣٤

(٥) م ن ، ص ٤٠- ٤١

(٦) م ن ، ص ٤٣

(٧) م ن ، ٥٩- ٦٠

(٨) عبد الحميد أبو بكر ، م س ، ص ٨٣

(٩) م ن ، ص ٨٥

(١٠) م ن ، ص ٨٥ – ٨٦

(١١) جورج كيرلس ، قناة السويس وأهميتها العالمية ،ص ٩٠ –٩١.

(١٢) مصطفى الحفناوي ، م س ، ص ١٨٧- ٢٠٩

(١٣) م ن ، ص ٢١٩

(١٤) عبد الحميد أبو بكر ، م س ، ص ٨٧-٨٨

(١٥) جورج كيرلس ، م س ، ص ٩٤

(١٦) مصطفى الحفناوي ، م س ، ص ٢٦٧

(١٧) جورج كيرلس ، م س ، ص ٩٥

(١٨) مصطفى الحفناوي ، م س ، ص ٢٨٨

(١٩) م ن ، ص ٢٨٨

(٢٠) جورج كيرلس ، م س ، ص ٩٥

(٢١) مصطفى الحفناوي ، م س ، ص ٢٨٩

(٢٢) محمود سامي البارودي ، ديوانه ، ج٤ ، ص ٤٤

(٢٣) أحمد حسين ،موسوعة تاريخ مصر ، ج ٣ ، ص١١١٤

(٢٤) عبد الرحمن الرافعي ، عصر إسماعيل ، ج١ ،ص ٨٤

(٢٥) جورج كيرلس، م س ، ص ٩٦-٩٧

(٢٦) م ن ، ص ٩٦-٩٧

(٢٧) عبد الحميد أبوبكر ،م س ، ص ٨٩

(٢٨) جورج كيرلس ، م س ، ٩٧

(٢٩) مصطفى الحفناوي ،م س ، ص ٣٨٠

(٣٠) عبد الرحمن الرافعي ، م س ، ص ١٠٥

(٣١) جورج كيرلس ، م س ، ص ١٠٢

(٣٢) م ن ،ص ١٠٢

(٣٣) أحمد حسين ، م س ، ص ١٠٢٨

(٣٤) م ن ، ص ١٠٢٨

(٣٥) م ن ، ص ١٠٤١

(٣٦) د . سمير محمد طه ، أحمد عرابي ودوره في الحياة السياسية المصرية
ص٤٣ .

(٣٧) م ن ، ص ٤٣ .

(٣٨) م ن ، ص ٤٣ .

(٣٩) أحمد حسين ، م س ، ص ١٠٥٠

(٤٠) أحمد عطية ، القاموس السياسي ، ص ٣٤١

(٤١) أحمد حسين ، م س ، ص ١٠٥٠ .

(٤٢) لويس جرجس ، يوميات من التاريخ المصري ، ص ١٩٠-١٩٩

(٤٣)احمد حسين ، م س ، ص ١٠٩٧

(٤٤) د . سمير محمد طه ، م س ، ص ١٥٨- ١٦٣

(٤٥)أحمد حسين ،م س ،ص ١١٠١

(٤٦) م ن ،ص ١١٠٢

(٤٧) د . سمير محمد طه ،م س ، ص ٢٣٠ .

(٤٨) جورج كيرلس، م س ، ص ١٠٤-١٠٥

(٤٩) م ن ، ص ١٠٥

(٥٠) أحمد عرابي ، مذكرات احمد عرابي ، ص ٢٩٦

(٥١) أحمد حسين ، م س ، ص١٢٠٦

(٥٢) د . سمير محمد طه ، م س ، ص ٢٤٩- ٢٥١

(٥٣) د . سليمان الطماوي ، ثورة يوليو بين ثورات العالم ، ص ٢٣٩

(٥٤)د .سمير محمد طه ، م س ، ص ٢٦٠

(٥٥) د. محمد فؤاد شكري ، مصر والسودان ، ص ٢١١

(٥٦) لويس جرجس ، م س ، ٢١٦- ٢١٧

(٥٧) عزيز زند ، تاريخ الخديوي توفيق ، ص ٥٧

(٥٨) أحمد عرابي ، م س ، ص ٣٨٠-٣٩١

(٥٩)أحمد حسين ، م س ، ص ١١٠٤

الباب الثالث

مصر والقناة تحت حكم الإنجليز

الفصل الأول

اتفاقية القسطنطينية

٢٩ تشرين أول ١٨٨٨

من أجل تحييد القناة ، ولضمان حرية الملاحة فيها بصفة دائمة ، ولكي تستعملها كافة الدول بدون استثناء أو تمييز، وقعت على هذه الاتفاقية كل من : إنجلترا وفرنسا وألمانيا وايطاليا وروسيا وإسبانيا وهولندة والمجر ، في حين وقعت عليها تركيا نيابة عن مصر كونها كانت تابعة لتركيا ، وبعد استقلال مصر عنها عام ١٩١٤ حلت محلها في الحقوق والالتزامات المقررة لها في الاتفاقية التي تنص على ما يلي :

مادة ١ : تظل قناة السويس البحرية بصفة دائمة حرة مفتوحة في زمن السلم كما في زمن الحرب لجميع السفن التجارية أو الحربية بدوم تمييز بين جنسياتها ، ولن تكون خاضعة مطلقا لممارسة حق الحصار البحري .

مادة ٢ : تتعهد الدول العظمى المتعاقدة بعدم المساس ، بأي حال ، بسلامة قناة المياه العذبة وفروعها ، لضرورتها للقناة البحرية ، وعدم القيام بأية محاولة لإعاقتها .

مادة ٣ : تتعهد الدول العظمى المتعاقدة بالمحافظة على المنشآت والمباني والمهمات والأعمال الخاصة بالقناة البحرية ، وقناة المياه العذبة .

مادة ٤ : اتفقت الدول العظمى المتعاقدة بالمحافظة على عدم جواز استعمال أي من حق من حقوق الحرب أو القيام بأي فعل عدائي أو أي عمل من شأنه تعطيل حرية الملاحة في القناة أو في الموانىء المؤدية إليها ، أوفي دائرة نصف قطرها ثلاثة

أميال بحرية من هذه الموانئ حتى وإن كانت الإمبراطورية العثمانية إحدى الدول المتحاربة .

ويمتنع على البوارج الحربية للدول المتحاربة أن تباشر داخل القناة أو في الموانئ المؤدية إليها عمليات التموين أو التخزين إلا بالقدر الضروري جدا ، ويتم مرور السفن المذكورة في القناة في أقصر وقت ممكن وفقا للأنظمة النافذة ، ولا يجوز لها الوقوف إلا لضرورة مصلحة العمل ، ولا يجوز ان تزيد مدة بقائها في بور سعيد او في خليج السويس على ٢٤ ساعة ، إلا في حالة التوقف بسبب الأحوال الجوية ، وفي هذه الحالة يجب عليها الرحيل في أقرب فرصة ممكنة ، ويجب ان تمضي ٢٤ ساعة بين خروج سفينة متحاربة من إحدى موانئ الدخول وبين قيام سفينة أخرى تابعة لدولة معادية .

مادة ٥ : لا يجوز للدول المتحاربة في وقت الحرب أن تأخذ أو تنزل في القناة أو الموانئ المؤدية إليها جيوشا أو معدات حربية ، غير أنه في حالة حدوث مانع طارئ في القناة يجوز الإذن بركوب أو نزول الجيوش في موانئ الدخول على دفعات بحيث لا تتعدى الدفعة الواحدة ألف رجل مع المهمات الحربية الخاصة بهم .

مادة ٦ : تخضع الغنائم في جميع الأحوال للنظم واللوائح الموضوعة للسفن الحربية التابعة للدول المتحاربة .

مادة ٧ : لا يجوز للدول أن تبقي سفنا حربية في مياه القناة بما في ذلك بحيرة التمساح والبحيرات المرة ، ولكن يجوز للسفن الحربية أن تقف في الموانئ المؤدية إلى بور سعيد والسويس ، بشرط ألا يتجاوز عددها اثنتين لكل دولة ، ويمتنع على الدول المتحاربة استعمال هذا الحق .

مادة ٨ : تعهد الدول الموقعة على هذه المعاهدة إلى مندوبيها في مصر بالسهر على تنفيذها ، وفي حالة حدوث أمر من شأنه تهديد سلامة القناة أو حرية المرور فيها ، يجتمع المندوبون بناء على طلب ثلاثة منهم برئاسة عميدهم لإجراء المعاينة اللازمة ، وعليهم إبلاغ حكومة الحضرة الخديوية الخطر الذي يرونه لتتخذ الإجراءات الكفيلة بضمان حماية القناة وحرية استخدامها ، وعلى كل حال ، يجتمع المندوبون مرة في السنة للتثبت من تنفيذ المعاهدة تنفيذا حسنا برئاسة مندوب خاص تعينه الحكومة العثمانية لهذا الغرض ، ويجوز أيضا لمندوب الحضرة الخديوية حضور الاجتماع وتكون له الرئاسة في حالة غياب المندوب العثماني ، ويحق للمندوبين المذكورين المطالبة بنوع خاص بإزالة كل عمل او فض كل حشد على ضفتي القناة من شانه أن يمس حرية الملاحة ، وضمان سلامتها العامة .

مادة ٩ : تتخذ الحكومة المصرية ، في حدود سلطتها المستمدة من الفرمانات والشروط المقررة في المعاهدة الحالية التدابير الضرورية لضمان تنفيذ هذه المعاهدة ، وإذا لم تتوفر الوسائل الكافية لدى الحكومة المصرية ، فيجب عليها أن تستعين بحكومة الدولة العثمانية التي يكون عليها اتخاذ التدابير اللازمة لهذا النداء .

مادة ١٠ : لا تتعارض أحكام المواد ٤ ، ٥ ، ٧ ، ٨ مع التدابير التي يرى عظمة السلطان وسمو الخديو اتخاذها ليؤمنا - بوساطة قواتهما وفي حدود الفرمانات الممنوحة - الدفاع عن مصر وصيانة الأمن العام ، وإذا رأى عظمة السلطان أو سمو الخديو ضرورة الإفادة من الإستثناءات المبينة بهذه المادة وجب على الحكومة العثمانية أن تخطر بذلك الدول الموقعة على تصريح لندن .

مادة ١١ :لا يجوز أن تتعارض التدابير التي تتخذ في الحالات المنصوص عليها في المادتين ٩ و١٠ من هذه المعاهدة مع حرية استخدام القناة ، وفي الحالات المذكورة يكون محظورا إنشاء الاستحكامات الدائمة خلافا لنص المادة الثامنة .

مادة ١٢ : إن الدول العظمى المتعاقدة - تطبيقا لمبدأ المساواة الخاص بحرية استعمال القناة ، ذلك المبدأ الذي يعتبر إحدى دعائم المعاهدة الحالية - قد اتفقت على أنه لا يجوز لإحداها الحصول على مزايا إقليمية أو تجارية أو امتيازات في الاتفاقيات الدولية التي تبرم في المستقبل فيما يتصل بالقناة ، ويحتفظ فوق كل ذلك بحقوق تركيا كدولة ذات سيادة إقليمية .

مادة ١٣ : فيما عدا الالتزامات المنصوص عليها في هذه المعاهدة لا تمس حقوق السيادة التي لصاحب العظمة السلطان وحقوق صاحب السمو الخديو وامتيازاته المستمدة من الفرمانات .

مادة ١٤ :اتفقت الدول العظمى المتعاقدة على أن التعهدات الناتجة عن هذه المعاهدة غير محددة بمدة الامتياز الممنوح لشركة قناة السويس العالمية .

مادة ١٥ : لا يجوز أن تتعرض نصوص هذه المعاهدة مع التدابير الصحية المعمول بها في مصر .

مادة ١٦: تتعهد الدول العظمى المتعاقدة بإبلاغ هذه المعاهدة إلى علم الدول التي لم توقع عليها مع دعوتها للانضمام إليها .

مادة ١٧ :يصدق على هذه المعاهدة ويتم تبادل التصديقات عليها في القسطنطينية في خلال شهر أو قبل ذلك إن أمكن " (١)

******

وقارىء المعاهدة يرى أن موقعيها قد حرصوا على حياد القناة ، ويبدو هذا للوهلة الأولى رائعا جميلا وفي مصلحة مصر ، وهو لو كان كذلك ما وقعتها أي دولة

من الدول الموقعة عليها ،فقد أمنت بريطانيا الحماية التامة للشركة والقناة ، وكل ما يتعلق بهما ،وإذا ضمنت حياد القناة وعدم إدخالها وتوريطها في الصراعات الدولية ، وإذا كان هذا جاريا في حسبان الضعفاء والشرفاء وفي سلوكهم وسياساتهم ، فهو غير ذلك في حسبان الأقوياء الموقعين على المعاهدة أو سواهم ، وفيما يخططونه لغيرهم من غايات وأهداف ومطامع .

" فقد انتهكت المعاهدة لأول مرة في نيسان سنة ١٨٩٨ حين صادفت القناة حالة قيام الحرب الإسبانية الأمريكية ، حيث عبر الأسطول الإسباني بقيادة الأميرال " كامارا " قناة السويس صوب مانيلا ، وطلب التزود بالفحم ، فلم تسمح له مصر – تحت ضغط السلطات الإنجليزية والأميركية معا – إلا بمقادير ضئيلة جدا ، وبالرغم من ذلك عبر الأسطول القناة وسار في البحر الأحمر مدى ١٥ كيلو مترا على أمل الحصول على كميات الفحم اللازمة له ، غير انه لم يفلح ، وقفل راجعا إلى برشلونة " (٢)

كما حصل انتهاك آخر خلال الحرب الروسية اليابانية (١٩٠٤- ١٩٠٥) وذلك حين أراد قائد الأسطول الروسي العبور به إلى بلاده وهو أقوى عدة لها في ذلك الزمن ، فادعت الصحف الإنجليزية أن المصادفات قد أغرقت سفينة في القناة منعت الأسطول من العبور ، وان هذه المصادفات أيضا هي التي أتاحت إزالة تلك السفينة بعد أن انتصر اليابانيون في تلك الحرب ، ليعبر الأسطول بعد فوات الأوان (٣) !

******

ويظل لقناة السويس موقع أساس وخطير في كل المعاهدات والاتفاقيات التي عقدتها مصر مع الدول الأخرى ، وهذا ليس بحاجة لشرح طويل ، فموقعها الاستراتيجي ومزاياها الكثيرة حتمت أن يكون لها وضع خاص في كل اتفاق ، كذلك فإن معاهدة القسطنطينية دولت القناة ، فصار لا بد من بند خاص لها – أو بنود – تكفل للآخرين استعمالها .

****

الفصل الثاني

القناة قبل ثورة ١٩

مؤامرة مد الامتياز في ٧ شباط ١٩١٠

وتحاول شركة القناة شراء مستقبلها ومستقبل كل المستعمرين، غير عابئة بمستقبل المصريين ، فتعرض على الحكومة المصرية مد امتياز قناة السويس ٤٠ عاما آخر ، لينتهي هذا الامتياز عام ٢٠٠٨، وكم هو هذا العرض مستغرب ، فما الذي يريده أصحاب العرض غير شراء مصدر كبير من مصادر الثروة المصرية هي في أمس الحاجة إليه .

وعرضت الشركة منح الحكومة الامتيازات التالية لإغرائها بالقبول :

أولا : تعويض قدره أربعة ملايين جنيه .

ثانيا : اشتراك في الأرباح الصافية للشركة بنسبة ٤% ابتداء من سنة ١٩٢٢ ، وترتفع هذه النسبة لتصل إلى ١٢% عام ١٩٦٨ .

ثالثا : تعيين ثلاثة أعضاء مصريين جدد في مجلس إدارة الشركة عام ١٩٦٩ **رابعا** : تتقاسم الحكومة والشركة مناصفة رأس المال عام ٢٠٠٨ .

وقارىء البنود يلاحظ مدى الصفاقة والاستغفال ، والسخرية والاستصغار لعقول الآخرين !

فالشركة لا ترغب في منح تلك النسبة – على ضآلتها – في وقت توقيع الاتفاق ، بل بعد ١٢ عاما !

وهي - بكرمها الأصيل - توافق على تعيين ثلاثة أعضاء في إدارة الشركة ، ولكن بعد ٦٠ عاما !

وتضيف كرما آخر بتقاسم الحكومة والشركة رأس مالها ... ولكن بعد مائة عام
.... فقط !

ويوافق الخديو عباس حلمي على المشروع ، ووافقت وزارته برئاسة بطرس
غالي ، ولما عرض على الجمعية العمومية ظن مؤيدوه انه لن يجرؤ أحد عل رفضه ،
ولكن خابت آمالهم عندما طالب بعض الوطنيين في الجمعية بإحالته على لجنة
لدراسته ، وتم تكوين اللجنة من ١٥ عضوا ، ولكن في ٢٠ شباط ١٩١٠ أطلق
الشاب المصري إبراهيم الورداني النار على رئيس الوزراء بطرس غالي ، ومزق
جسده بسبع رصاصات على باب مكتبه ، ليصاب البريطانيون والخديو وأعضاء
الجمعية بالرعب ، وتم رفض المشروع في ٧ نيسان من العام نفسه .(٤)

وخلال الحرب العالمية الأولى ،. يحصل تحالف بين تركيا وألمانيا ، فشجعت
ألمانيا تركيا على غزو مصر .

ويضطر الخديو "عباس الثاني" (١٨٧٤ – ١٩٤٤) والذي شغل منصبه ٢٢ عاما
(١٨٩٢ – ١٩١٤)   للموافقة على هذه الخطة لأنه كان يعرف نوايا الإنجليز لعزله
، ويضع يده في يد الوطني الكبير محمد فريد الذي تحمس لطرد إنجلترا من بلاده
، ولكن على أن لا يحل عدو مكان عدو ، لذا اشترط على الخديو أن يعلن الدستور
، فوافق الخديو .(٥)

إعلان الحماية البريطانية
١٨ كانون أول ١٩١٤

ولما علم الإنجليز بالنوايا التركية ، وهذا التقارب مع مصر ، أصدروا قرارهم
بإعلان الحماية على مصر في ١٨ كانون أول ١٩١٤ :

" يعلن ناظر (وزير) الخارجية لدى جلالة ملك بريطانيا العظمى ، انه بالنظر إلى حالة الحرب التي سببها عمل تركيا ، فقد وضعت بلاد مصر تحت حماية جلالته ، فأصبحت منذ الآن فصاعدا من البلاد المشمولة بالحماية البريطانية ، وبذلك قد زالت سيادة تركيا على مصر ، وستتخذ حكومة جلالته كل التدابير اللازمة للدفاع عن مصر ، وحماية أهلها ومصالحها "(٦)

خلع الخديو عباس الثاني
١٩ كانون ثان ١٩١٤

وفي اليوم التالي تعلن بريطانيا خلع الخديو عباس الثاني :

" يعلن ناظر الخارجية لدى جلالة ملك بريطانيا العظمى انه بالنظر لإقدام سمو عباس حلمي باشا خديو مصر السابق ، على الانضمام لأعداء الملك ، فقد رأت حكومة جلالته خلعه من منصب الخديوية ، وقد عرض هذا المنصب السامي مع لقب سلطان مصر على سمو الأمير حسين كامل باشا أكبر الأمراء الموجودين من سلالة محمد علي ، فقبله .(٧)

وقد أصدرت بريطانيا بيانا يوضح قرارها السابق ، وهو انحياز عباس حلمي إلى أعداء انجلترا منذ بداية الحرب ، وأنها أخذت على عاتقها وحدها مسؤولية الدفاع عن مصر!(٨)

وهكذا .. يرى القارىء – بدون إعمال فكر - أن بلاد مصر في ذلك الزمن كانت لعبة صغيرة في أيدي الأراذل والأصاغر ، فلا قرار لها ، ولا قيمة لأصحابها ، ولا وزن لولاتها وكبرائها ، والشعب عليه شيء واحد ... أن يدفع الضرائب.... لمن .. لأي حاكم ولأي طغمة تعلن – أو لا تعلن – عن نواياها في السيطرة على البلاد ونهبها ، واستعباد أهلها ، واستغلال مواردها ، وحرمان أهلها من أدنى مصادرها وخيراتها .

****

أحوال القناة في الحرب العالمية الأولى

تركيا تحاول عبور القناة

٣ شباط ١٩١٥

وكانت تركيا في الحرب العالمية الأولى قد انضمت إلى جانب ألمانيا والنمسا والمجر وبلغاريا ، لذا فقد تلقت الكثير من الأسلحة والمعدات والخبرات من الألمان دفعها لعبور صحراء سيناء ومحاولة عبور القناة ، وكان تعداد الجيش ٢٠ ألفا ، ويقوده مستشارون ألمان ، في حين ضم المدافعون الإنجليز فرقة مصرية من سلاح المدفعية ، وقد رفض "محمد توفيق " قائد هذه الفرقة دوره في هذه الحرب ، فاستبدل ب" أحمد حلمي ".

ومد الأتراك جسرا على القناة للعبور إلى غربها ، والطرف الآخر يراقب عن كثب ، وما كاد الجسر ينصب ، والجنود يهمون بالعبور عليه ، حتى أصلاه المصريون بنيرانهم ، فتحطم ، واستشهد احمد حلمي في المعركة القصيرة ، وقرر الأتراك الانسحاب باكرا .

ويرى الدكتور محمد حسين هيكل الذي عايش الأحداث أن الأتراك كانوا يراهنون على ثورة عارمة يقوم بها المصريون متى سمعوا بمقدم الأتراك (٩)، ولكن يبدو أن المصريين كانوا يرون أن قدوم الأتراك سيكون " استعمارا باستعمار" ، فلم يقوموا بالثورة المأمولة ،خاصة وأنهم شاهدوا المصريين هم الطرف الآخر في المعركة ، وهي خطة إنجليزية محكمة جعلت الإنجليز خارج اللعبة –ولو بقدر قليل- ليظل الترك في نظر المصريين عدوا غازيا لبلادهم .

وتبدأ أحداث عام ١٩١٦ بإصدار الإنجليز أمرا في العشرين من كانون ثان يطلبون فيه جمع الجند احتياط الجيش المصري للدفاع عن قناة السويس ، وكان تعداده ١٢ ألف جندي ، وقد جمعوا بالقوة من المدن والأرياف مما أدى إلى تظاهرهم أمام قصر عابدين ، وحصول صدامات بينهم وبين البوليس ، فتم إبعادهم عن القاهرة عنوة .(١٠) وواضح أن بريطانيا كانت تقصد التخفيف عن جيوشها في الحرب الدائرة في أوروبا باستخدام الجيش المصري !

وفي الرابع من آب ١٩١٦ يهاجم الأتراك منطقة "رمانة " على قناة السويس بجيش تعداده ١٨ ألف جندي قاصدة إبعاد الإنجليز عن ساحة الحرب في اوروبا أمام حلفائها الألمان ، وكانت العواقب هذه المرة وخيمة ، فقد خسر الأتراك ١٧٠٠ قتيل و٣٣٠٠ أسير(١١) .

وفي التاسع من تشرين أول ، توفي سلطان مصر حسين كامل ، ويعتذر ولده الوحيد "كمال الدين " عن حكم البلاد في وثيقة رائعة قدمها لوالده فبل وفاته بيوم واحد ، وقد قابل المصريون هذا الزهد بكل تجلة واحترام ، ، وظلوا يذكرونها له ما عاش ، فتولى الحكم أحمد فؤاد(١٨٦٨- ١٩٣٦) وهو ابن الخديو إسماعيل وشقيق حسـين كامل ، وقد حـكم البلاد (١٩١٧- ١٩٣٦) واتخذ لقب الملك عام ١٩٢٢ .

" وفي اليوم التالي يقدم محمد فريد مذكرة إلى المؤتمر الاشتراكي الدولي في " استوكهولم " طالبا استقلال مصر عند انعقاد مؤتمر الصلح بعد انتهاء الحرب ،وأكدت المذكرة أن سلام العالم يحتم الموافقة على هذا الاستقلال ، وان حياد القناة لا يكون فعليا في ظل وجود جنود أجانب على أرض مصر " (١٢)

حقا كم كان هذا الزعيم الوطني العظيم واعيا للمسألة الاستعمارية ، فسلام العالم كم تزعزع وروع على أرض مصر بسبب أطماع دول الغرب فيها ، ويؤكد هذا الزعيم على سر الأسرار في هذه الأطماع .... إنها القناة ... فيقول أنه لا حياد لها في ظل وجود الجنود الأجانب على أرض بلاده مصر ، وكأنه يقرأ كتاب الغيب بوعيه وذكائه ، وثقافته التي أدركت أن لا بد من رحيل الأجنبي عن مصر حتى يكون هناك سلام في العالم أجمع ، وقد أثبت العدوان الثلاثي بعد أربعين عاما صحة ما ذهب إليه محمد فريد .

ولما عقد مؤتمر الصلح في باريس ، أرسل محمد فريد تقريرا في ٥ كانون أول ١٩١٨ إلى الرئيس الأميركي ويلسون لدى وصوله باريس ختمه بالطلبات التالية :

١-استقلال وادي النيل استقلالا تاما .

٢- قبول مصر في عصبة الأمم .

٣-تمثيل مصر في مؤتمر الصلح .

٤- ضمان حرية قناة السويس والملاحة فيها .(١٣)

وظل الإنجليز يشرفون على القناة طوال الحرب العالمية الأولى ، فحظروا على أعداء انجلترا وفرنسا المرور فيها ، بل إنهم طلبوا من السفن الألمانية التجارية التي كانت موجودة في القناة خلال الحرب أن تغادرها ، ولما همت بمغادرة ميناء بور سعيد فاجأتها البوارج الإنجليزية بنيرانها ، وفي هذا خرق واضح لاتفاقية القسطنطينية إضافة إلى خروق أخرى ، ومنها :

١-   الاستيلاء على القناة ومنشآتها .

٢-   مرابطة السفن الحربية فيها .

٣- إقامة الاستحكامات على جوانبها .

٤- تفتيش السفن الداخلة فيها .

أما الطرف الآخر في الحرب (ألمانيا وتركيا)، فقد خالف الاتفاقية المذكورة بشن الهجوم تلو الهجوم على القناة بهدف احتلالها أو إغلاق الملاحة فيها .(١٤)

****

الفصل الثالث

ثورة ١٩١٩

تجمعت الأسباب وتخمرت لقيام هذه الثورة المجيدة التي عمت القطر المصري ، ويرجع بعض المؤرخين أسبابها إلى عدة سنوات سبقتها .

ففي ١٣ تشرين ثان ١٩١٨ يقابل سعد زغلول وعبد العزيز فهمي وعلي شعراوي من الجمعية التشريعية المصرية رينلد وينجت المندوب السامي البريطاني ، ويطلبون منه السماح لهم بالسفر إلى لندن لعرض مطالب مصر الوطنية بحقوقها المشروعة على الحكومة البريطانية .

وفي اليوم التالي تبدأ حملة جمع التواقيع لتوكيل سعد ورفاقه بالنيابة عن الأمة للمطالبة ، وأدى هذا إلى توحيد جهود عدد من الشخصيات المعروفة لتأسيس **حزب الوفد** الذي كان له دور كبير معروف في السياسة المصرية في العهود اللاحقة .

وفي يوم ٢٠ تشرين ثان يتقدم سعد ورفاقه بطلب السماح لهم بالسفر إلى لندن ، وفي يوم ٢٨ منه يتلقى الوفد الرد بالمنع !

وفي الخامس من كانون أول يرسل محمد فريد من سويسرة مذكرة إلى مؤتمر الصلح في باريس حدد فيه المطالب المصرية وهي الاستقلال ، وقبول مصر عضوا في الأمم المتحدة ، وضمان **حرية القناة** وحيادها .

وفي يوم ٦ آذار يوجه الميجر جنرال واتسون قائد القوات البريطانية في مصر إنذارا شفهيا وخطيا إلى سعد زغلول ورفاقه " بأن استمرارهم في معارضة الحماية يجعلهم عرضة للمعاملة الشديدة بموجب الأحكام العرفية" .

وفي ٨ آذار يتم اعتقال سعد زغلول ومحمد محمود إسماعيل صدقي وحمد الباسل ، وفي اليوم التالي ينقلون إلى مالطة بحرا .

وفي اليوم نفسه اندلعت المظاهرات التي قام بها طلاب المدارس العليا وطلاب الحقوق وطلاب الهندسة والزراعة ، وتم اعتقال ٣٠٠ طالب .

في الأيام التالية تنضم بقية طبقات الشعب وفئاته إلى المظاهرات التي عمت المحافظات ، ويسقط بعض الشهداء في ١٠ آذار ، وفي اليوم التالي ينضم للثورة سائقو الترام وسيارات الأجرة ، والبيوت المالية والتجارية والمحامون ، ويسقط ضحايا .

وفي اليوم الرابع ١٢ آذار هاجم المتظاهرون عربتي ترام ، وسقط ٦ شهداء ، كذلك بدأت حوادث قطع سكك الحديد ة وأسلاك الهاتف والتلغراف .

وفي يوم ١٣ آذار وجهت السلطات البريطانية إنذارا إلى موظفي الدولة بعدم المشاركة في المظاهرات ، وهددت بإعدام المخالفين .

وفي يوم ١٤ أطلق الجنود النار على المصلين بعد صلاة الجمعة ، فاستشهد ١٢ وأصيب ٢٤ ، ومنذ هذا اليوم بدأت السلطات استخدام الطائرات في قمع المظاهرات .

وفي يوم ١٧ تخرج المظاهرة الكبرى السلمية التي شارك فيها ٥٠ ألفا .

وفي يوم ١٩ يسقط ٤٠٠ شهيد في الفيوم برصاص القوات البريطانية .

وفي يوم ٣٠ آذار تعلن مدينة " زفتي" استقلالها ، وأنزلت العلم المرفوع على المركز ورفعت علما آخر ، وأصدرت صحيفة باسم " الجمهور " .

بعد أعمال عنف في كافة أنحاء مصر ، وإضراب الوزارات ، وفي ٧ نيسان أعلن اللورد اللنبي الإفراج عن سعد ورفاقه والسماح لهم بالسفر إلى مؤتمر الصلح في باريس ، ولكن أعمال العنف استمرت لأيام عـدة بعد ذلك .(١٥)

وفي أواسط نيسان قدمت إلى البلاد " لجنة ملنر" للتحقيق في أسباب الثورة ومفاوضة سعد ،" وتمخضت المفاوضات في النهاية عن تصريح ٢٨ فبراير ١٩٢٢ الذي اعترفت فيه بريطانيا باستقلال مصر بتحفظات خاصة ، وعلى أساسه قام دستور ١٩٢٣ ، وانعقد أول برلمان مصري " (١٦)

نتائج ثورة ١٩١٩

لم تنجح في تحقيق شيء مباشر للعمال والفلاحين ، ولكنها حققت بعض التغييرات في الأوضاع العامة ، ومن ذلك :

١- مكنت الوزارات المصرية من تمصير الإدارة المصرية تدريجيا .

٢- التوسع في التعليم ، فوصل عدد الطلاب عام ١٩٢٤إلى ٣٢٤ ألفا ، وقفز الرقم إلى ٩٠٠ ألف عام ١٩٣٣ .

٣- زادت ميزانية التعليم من ٤% عام ١٩١٩ ،إلى ١٣% عام ١٩٣٩ .

٤- استطاعت الثورة أن تلغي الحماية البريطانية عام ١٩٢٣ .

٥- أدت إلى تأسيس بنك مصر كمؤسسة لتجمع الرأسمالية الوطنية في مواجهة الاحتكارات الأجنبية .

٦- كان اشتراك المرأة في الثورة علامة بارزة وحاسمة في تحرير المرأة المصرية (١٧).

****

الفصل الرابع
معاهدة ١٩٣٦ والقناة

سبقت هذه المعاهدة أحداث عدة على الصعيد الداخلي ، مثل تعطيل الدستور ، ومحاولة وزارة توفيق نسيم إجراء مفاوضات لعقد حلف عسكري مع بريطانيا ، مما أدى إلى مظاهرات تصدرها شباب المدارس والجامعات ، فسقط عدد من الضحايا ، أما الأحداث الخارجية فأهمها الغزو الإيطالي للحبشة ، وتهديد مصالح بريطانيا الاستعمارية في شرق إفريقيا .

أما طرفا المعاهدة فكانا الحكومة البريطانية ، والجبهة الوطنية المصرية التي كانت تضم جميع الأحزاب على الساحة آنذاك كالوفد والأحرار الدستوريون والهيئة السعدية والشعب والحزب الوطني (الذي اعتذر عن المشاركة وعارض المعاهدة) ومثل بريطانيا   وزير الخارجية أنتوني ايدن ، ورئيس المجلس الخاص جيمس ماكدونالد ، وسير جون سيمون وزير الداخلية ، ومايلز لامبسون المندوب السامي البريطاني في مصر ، وفيكونت هاليفاكس حامل اختام الملك .

أما الطرف المصري   فقد مثله رؤساء الوزراء السابقون : مصطفى النحاس ومحمد محمود وإسماعيل صدقي وعبد الفتاح يحيى ، ومن الوزراء السابقين واصف غالي واحمد ماهر ومكرم عبيد وحافظ عفيفي ومحمود النقراشي واحمد حمدي سيف النصر

وقد تم التوقيع عليها في لندن في ٢٦ آب ١٩٣٦ بعد ٦ شهور من المفاوضات ، ومدة المعاهدة ٢٠ عاما ، ولم يكن من حق أي من الطرفين المطالبة بتعديلها قبل مضي ١٠ سنوات على توقيعها .

ومن أهم بنود هذه المعاهدة :

١- إذا اشترك أحد الطرفين في حرب فإن الطرف الآخر يقوم بإنجاده في الحال
.

٢- " بما أن **قنال السويس** الذي هو جزء لا يتجزأ من مصر هو في الوقت
نفسه طريق عالمي للمواصلات كما هو طريق أساسي للإمبراطورية
البريطانية .. وإلى أن يصبح الجيش المصري في حالة يستطيع منها أن
يكفل بمفرده حرية الملاحة في القنال وسلامتها .. يرخص للملك
والإمبراطور بأن يضع في الأراضي المصرية بجوار القنال قوات تتعاون مع
القوات المصرية " (١٨)

٣- نقل القوات البريطانية من المناطق التي كانت تحتلها إلى منطقة تشتمل
مع مناطق تدريب الجنود على منطقة **قناة السويس** كلها وشبه جزيرة
سيناء كلها والجزء الشرقي من مديرية الشرقية وتصل إلى حدود القاهرة
ثم إلى حدود مديرية الجيزة .

٤- حدد عدد القوات البريطانية بعشرة آلاف جندي ، و٤٠٠ طيار في وقت
السلم ، أما في وقت الحرب فلها أن تزيد العدد بدون تحديد !

٥- على مصر أن تزود القواعد البريطانية الجديدة بالمياه ، وتوفر أسباب
الراحة للبريطانيين ، وتغرس لهم الأشجار ، وتهيء لهم الملاعب ، وتبني
لهم المساكن للمتزوجين ، وتنشيء مستوصفا على ساحل البحر المتوسط .

٦- " تنشيء مصر لبريطانيا الطرق الحربية اللازمة لتحركاتها من الإسماعيلية
إلى الإسكندرية ، ومن الإسماعيلية إلى القاهرة ،ومن بور سعيد إلى
الإسماعيلية فالسويس ، ... تنشؤها من مادة صلبة ، وتقوم بصيانتها
حتى تتمكن قوات الدولة الحليفة من التحرك عليها ، وبسهولة " ! ،
إلى جانب طرق أخرى كثيرة وردت في المعاهدة !

٧- " من حق القوات الجوية البريطانية المعسكرة في القناة أن تستخدم سماء مصر كيفما شاءت ، مع منح نفس الحق لسلاح الطيران المصري فوق كل أراضي بريطانيا العظمى " ! .

٨- على مصر أن تنشيء المطارات البرية والمائية في كل مكان تطلب منها بريطانيا إنشاء مطار فيه .

٩- تضع المواصلات السلكية واللاسلكية في خدمة الإمبراطورية البريطانية .

١٠ - تلتزم مصر بأن تقدم جميع التسهيلات والمساعدات الممكنة في أراضيها وموانئها ومطاراتها وطرق مواصلاتها للقوات البريطانية .(١٩)

١١- أما بالنسبة للسودان .. فقد جعلت منه المعاهدة مستعمرة بريطانية يحرسها جنود مصريون تحت إمرة الحاكم العام البريطاني .

****

تعليق

واضح للقاريء الحصيف بدون إعمال فكر ، أو طول تأمل وتفكير أن معاهدة ٣٦ جاءت ترسيخا للاستعمار وتبريرا له ، فهو بعد توقيعها لا يعد مستعمرا ولا معتديا ..! لأن السادة حكام مصر قد أعطوه السلطة التامة للبقاء في مصر ما شاء له أن يقيم ، فنصوص المعاهدة لا تذكر شيئا عن موعد رحيل المستعمر ، لذا فهو الذي يقرر ذلك إذا شاء !

فقد أضفت المعاهدة الشرعية التامة على الوجود البريطاني في مصر مرفها منعما ، بل إني أزعم أن البريطانيين حين غزوا مصر لم يحلموا بما هو أقل من هذا بالقوة وبالقتال ، وها هم يحصلون عليه بكل الحب والعطف والحنان .. وبتوقيع الوطني الغيور .... رئيس الحكومة !

فإذا ما اشترك البريطانيون في معركة على المصريين أن يقفوا معهم ويشاركوهم الدفاع عن العرش الإنجليزي وما حصل عليه بالنهب والاستعمار !

ووجودهم في منطقة القناة مرغوب فيه ويجب أن لا يزاحمهم أحد عليه ، وكأنهم وجدوا لحرب إسرائيل ..مثلا .

توفير مساحات شاسعة من البلاد لهم يفعلون فيها ما يشاؤون .

توفير كل أسباب الراحة لجنودهم العازبين والمتزوجين – والذين ينوون الزواج – من ملاعب وأشجار ومتنزهات كي لا يشعروا بالوحشة في مصر – أم الدنيا – إذ أن الأدب واللياقة والكرم العربي يقتضي أن تكرم مستعمريك ، وقتلة أولادك، ويجب أن يكون المستوصف العلاجي لهم على شاطىء المتوسط لعل ذلك يساهم في شفاء مرضاهم ! ، بل وما هو أكثر من بنود وشروط ترفيهية أخرى لم نجدها في المراجع !

وأن ننشيء لهم الطرقات بين مدننا ومحافظاتنا ... ولكن ليست أية طرقات .. بل يجب أن تكون من مواد صلبة قوية لكي تدوم ..وليدوم معها الاستعمار إلى ما شاء .

حتى سماء مصر لم تعد مصرية .. فقد منحتهم المعاهدة الحق في التحليق فيها لأي سبب ، ويخجل الطرف الآخر فيقول أنه لا مانع لديه من تجوال الطيارين المصريين في الفضاء البريطاني ، ولو كان يعلم أن طيارا واحدا سيفعلها لما أقر بشيء من ذلك على الإطلاق !

وأن ننشىء المطارات والموانىء لكي يتنقلوا في بلادنا بكل سهولة ويسر،لكي ننعم نحن بحكمهم العادل ، ومزايا استعمارهم الذي لا يساويه استعمار أو محتل !!

حادثة ٤ فبراير الشهيرة ١٩٤٢

ولما كان الفيلد مارشال روميل يهدد الجبهة الغربية لمصر ، والمصريون ينادون في الشوارع : إلى الأمام يا روميل ، متمنين هزيمة بريطانيا أمامه ، كانت وزارة حسين سري قد استقالت ، ورأى الإنجليز أن انسب رجل ممكن أن يكلف بتشكيل الوزارة هو مصطفى النحاس الذي وقع معاهدة الصداقة والتحالف ١٩٣٦ ، ويرفض النحاس تشكيل وزارة ائتلافية ، بل أرادها وفدية خالصة ، وطلب السفير البريطاني من رئيس الديوان الملكي بأن يبلغ فاروق بتكليف النحاس بتشكيل وزارة وفدية .

وفي اليوم التالي اجتمع عدد كبير من الساسة وقادة الأحزاب ورؤساء الوزارات السابقين لتأليف وزارة ائتلافية ، ولكن السفير البريطاني لم ينتظر طويلا ، فقد طوقت الدبابات البريطانية القصر الملكي ، ودخل السير مايلز سمبسون قصر عابدين إلى مكتب فاروق ، حاملا الإنذار البريطاني (٢٠) ، والذي نصه :

" إذا لم أعلم قبل الساعة السادسة من مساء اليوم أن مصطفى النحاس باشا دعي إلى تأليف الوزارة ، فإن الملك فاروق يتحمل تبعات ما يحدث "(٢١)

وقد تم تنفيذ المطلب البريطاني بدون أي إبطاء .

وتأتي ضرورة سرد حادثة ٤ فبراير كما أصبحت تذكر في التاريخ الحديث ، لنعلم الضعف والهوان الذي وصلت إليه أحوال القصر الملكي في عهد فاروق ، فما الذي بقي على السفير البريطاني أن بفعله لمصلحة بلاده بعد هذا الحادث ؟

وفي كتابه " فلسفة الثورة " يفسر لنا الزعيم الراحل عبد الناصر ما جرى في ذلك اليوم بأن الإنجليز كانوا يخشون انضمام المصريين إلى الألمان الذين كانوا على أبواب مصر - انتقاما للمظالم التي حلت بهم في عهدهم فيكون في ذلك نهاية الإنجليز ، وكان بإمكانهم أن يأمنوا هذا الشر إذا كان على رأس الحكومة رجل يأمنون جانبه ، ويأمنون جانب الشعب معه ، فطالب السفير بالنحاس رئيسا للوزارة .(٢٢)

أقول : إن المراجع التي بين أيدينا لا تخبرنا بلقاء جرى بين النحاس والسفير البريطاني لترتيب ما يقوله الزعيم الراحل ، ولكن يحق للمؤرخ ان يتساءل عن هذه الرغبة الجامحة لدى السفير بحيث يندفع بكل قوة وعزم ، ليجبر الملك على تكليف النحاس بتشكيل الوزارة ، فإما أن يكون هناك تفاهم أو أن سياسة النحاس لم تكن غير ذلك !

معركة العلمين

وفي ٢٤ تشرين أول ١٩٤٢ اشتبك الجيش الثامن البريطاني بقيادة مونتجمري ، مدعوما بفرق أسترالية ونيوزيلندية وهندية و قوات من جنوب افريقيا ، ليضم الجميع ١٧٤ ألف جندي ، مع قوات المحور من الألمان – وعددهم ٦٠ ألفا ، والإيطاليين وعددهم ٤٨ ألفا في منطقة العلمين على بعد ٦٠ ميلا غرب الإسكندرية ، وقد استمرت المعركة ١٢ يوما انتهت بهزيمة قوات المحور ، وقد قدرت خسائر الحلفاء ب ١٣ ألف قتيل ، تدمير ٤٥٠ دبابة ، وخسر الطرف

الاخر١٠ آلاف قتيل وجريح ، و٣٠ ألف أسير ، و١٠ آلاف مدفع و ٥٠٠ دبابة ، واحتل الحلفاء ليبيا ، وتحصنت قوات المحور في تونس .(٢٣)

وقد عزز هذا النصر الوجود البريطاني في مصر ، وكان آخر مكان تصل إليه قوات المحور في إفريقيا ،كما بدأت قوة دول المحور بالانحسار، واستفاد الليبيون من هزيمتها خروج الاستعمار الإيطالي من بلادهم .

إلغاء معاهدة ١٩٣٦

في يوم الاثنين ٨ تشرين أول ١٩٥١ اجتمع البرلمان المصري ، وألقى رئيس الوزراء مصطفى النحاس بيانا مطولا عن سياسة الحكومة تجاه معاهدة ١٩٣٦ ، وأعلن فيه قطع المفاوضات السياسية التي كانت قائمة بين الحكومتين المصرية والبريطانية لعدم جدواها ، كما أعلن إلغاء اتفاقية ١٨٩٩ المتعلقة بالسودان ، وقد قابل البرلمان هذا القرار الشجاع بالتأييد والموافقة ، كما استقبلها الشعب بالغبطة والحماسة ، وأعلنت الأمة عن عزمها في المضي قدما في القتال والكفاح حتى إخراج البريطانيين من منطقة القناة .

وتعود أسباب الإلغاء إلى الأسباب التالية :

١- تساهل الموقعين على المعاهدة -من أجل نجاح المفاوضات- وقبولهم أمورا ليست في صالح البلاد .

٢- قبول التحالف العسكري مع بريطانيا .

٣- عودة القوات البريطانية وقت الحرب إلى منطقة القناة .

٤-عودتها إلى أي بقعة مصرية حيث يقتضي الدفاع .

٥- مماطلة بريطانيا في الجلاء عن مصر .(٢٤)

٦- تتناقض المعاهدة مع ميثاق الأمم المتحدة لأنها تتضمن انتقاصا للسيادة المصرية على أراضيها .(٢٥)

موقف بريطانيا من إلغاء المعاهدة

أصدرت السفارة البريطانية يوم ٨ تشرين أول ١٩٥١ بيانا أعلنت فيه أن إلغاء المعاهدة من طرف الحكومة المصرية باطل ، وأن حكومتها – كان حزب العمال هو الذي يتولى الحكم - تعد المعاهدة سارية المفعول ، وسوف تظل محافظة على حقوقها التي نالتها بالمعاهدة .

وفي ٢٦ من الشهر ذاته جرت الانتخابات العامة ، وفاز المحافظون ،وتولى الحكم زعيمهم ونستون تشرشل ، والسياسة الاستعمارية لا يختلف عليها الحزبان ، وألقى تشرشل خطابا في مجلس العموم " أيد فيه موقف حكومة العمال ، وقال إن إقدام حكومة مصر على إجلاء الإنجليز عن منطقة **قناة السويس** والسودان ضربة اخطر واكثر مهانة للكرامة من اضطرارها إلى الجلاء عن عبدان بإيران " (٢٦)

والواقع يقول أن بريطانيا هي التي بدأت بنقض المعاهدة وذلك حين زادت قواتها العاملة في منطقة القناة من العدد المسموح به - وهو عشرة آلاف – إلى ثمانين ألفا .(٢٧)

الضباط الأحرار يؤيدون إلغاء المعاهدة

وفي ٢٠ تشرين أول ١٩٥١ أصدر التنظيم السري للضباط الأحرار منشورا " يؤيد إلغاء المعاهدة ، ويطالب باتخاذ خطوات إيجابية لمواجهة الموقف ، ويهاجم

الحكومة لعدم اتخاذها إجراءات عملية لحماية خط مواصلات القوات المصرية شرق القناة وراء القاعدة البريطانية ، ولمنعها الضباط من الاتصال بالشعب وتدريبه ، ورفضها طلبات الضباط بالإحالة إلى الاستيداع بهدف التطوع للعمل الفدائي " (٢٨)

****

الفصل الخامس

بداية الكفاح على القنال (٢٩)
إضراب العمال

بعد إلغاء المعاهدة ، بدأ الكفاح على قناة السويس سلميا في أواخر عام ١٩٥١ ، وذلك باتباع الأساليب التالية :

١- ألغت الحكومة جميع الإعفاءات المالية التي كانت ممنوحة للسلطات البريطانية بمقتضى المعاهدة ، وهي تشمل الرسوم الجمركية على المهمات والأسلحة والعتاد ومواد التموين ..الخ .

٢- امتنعت الجمارك عن بذل التسهيلات الجمركية الخاصة بأولوية المرور والتفريغ والشحن .

٣- امتنع عمال السكك الحديدية عن نقل الجنود البريطانيين ومهماتهم .

٤- ردا على ما ذكر ، أرسلت بريطانيا قوات حربية جديدة إلى منطقة القنال بلغ تعدادها ٣ آلاف جندي ، فامتنع العمال المصريون عن خدمتهم .

٥- امتنع عمال الشحن والتفريغ عن تفريغ السفن البريطانية ،مما أدى إلى تجمع ١٧ سفينة في القنال .

٦- خسر البريطانيون بسبب ذلك مليوني جنيه خلال أسبوع .

٧- وبلغ عدد العمال المنسحبين من المعسكرات البريطانية ثمانين ألفا ، وقد خسرت الدولة ستة ملايين لأداء أجور تعويضية لهم .

معارك القناة (٣٠)

شهدت منطقة القناة صراعا مستمرا منذ إلغاء المعاهدة ، وقد أخذ هذا الصراع أشكالا عدة ، فكان ذروته العمليات الفدائية ، والمواجهات العسكرية بين البريطانيين من جهة ، والجيش المصري والبوليس والأهالي من جهة أخرى ، ومن أهم الأحداث والمعارك :

١- معركة الإسماعيلية الأولى ١٦ أكتوبر ١٩٥١مظاهرات سلمية ردت عليها القوات البريطانية بإطلاق النار ، فقتل ٧ مواطنين وأصيب أربعون.

٢- معركة بور سعيد الأولى (١٦ أكتوبر ١٩٥١): القوات البريطانية تهاجم المتظاهرين ، فرد هؤلاء بإحراق المخازن البريطانية ، ليرد الجنود بإطلاق النار ، فقتل ٥ مواطنين وجرح آخرون .

٣- في ٢٠ اكتوبر استولى الإنجليز على جمرك السويس ، ثم قاموا بعزل القناة وإقامة حكم عسكري فيها .

٤- في نوفمبر ، بدأت تتشكل كتائب الفدائيين ، وتعهدت الدولة بتدريبهم .

٥- معركة الإسماعيلية الثانية ٢٥ كانون أول ١٩٥٢:

كان رد فعل الإنجليز على إلغاء معاهدة ٣٦ أعمال عنف عدة ، ومن ذلك مذبحة الإسماعيلية – مقر هيئة قناة السويس- فقد سلم البريجادير اكسهام قائد الإنجليز في المنطقة إنذارا لقائد الشرطة المصري في بلوكات المدينة طالباتسليم أسلحتهم وجلاءهم عن مبنى المحافظة في الساعة السادسة والربع صباحا ، ولما

رفض القائد المصري ، جرت معركة بين الجنود المصريين وعددهم ٨٠٠ ، والقوة الإنجليزية وعددها ٧٠٠٠ آلاف فرد ، واستمر القتال حتى الساعة السادسة مساء إلى ان نفدت ذخيرة الشرطة المصرية ، فاستشهد منهم٥٦ ضابطا وجنديا ، وأصيب ٨٠ .

٦- معركة السويس الأولى : ٣ ديسمبر ١٩٥١: معركة بين البوليس المصري والقوات البريطانية دامت عدة ساعات ، وأسفرت عن استشهاد ٢٨ من المصريين وجرح ٧٠ ، وقتل من البريطانيين ٢٢ وأصيب ٤٠ .

٧- تجدد القتال في السويس ٤ ديسمبر ١٩٥١ :تتصدى القوات البريطانية لتشييع عدد من شهداء المدينة لينشب قتال عنيف كانت حصيلته ١٥ شهيدا و٢٩ جريحا ، وقتل من البريطانيين ٢٤ ، وجرح ٦٧ .

٨- ديسمبر، وزارة الوفد تغلق المدارس والمعاهد لمنع المظاهرات .

٩- موقعة كفر احمد عبده : طلبت السلطات البريطانية من محافظ السويس إخلاء منازل هذا الكفر من مدينة السويس كونه يجاور وابور المياه الذي يزود معسكراتهم بالماء لتمد طريقا بين المعسكرات والوابور، ولما أبلغ المحافظ وزارة الداخلية ، اجتمع مجلس الوزراء في منزل مصطفى النحاس وقرروا رفض طلب القيادة البريطانية التي جمعت ٢٥٠ دبابة و٥٠٠ مصفحة و٦ آلاف جندي وعدد من الطائرات الحربية لاكتساح الحي ، مما اضطر المحافظ إلى الطلب من الأهالي إخلاء منازلهم ، وكانت النتيجة هدم ١٥٦ منزلا هي كل بيوت الحي .

١٠ - على إثر ذلك اضطرت الحكومة المصرية لسحب سفيرها في بريطانيا عبد الفتاح عمرو في ٢٠ ديسمبر.

مظاهرات ضد فاروق

لم تعد أخبار فاروق خافية على أحد ، فالكل يعرف عن ممارسته القمار وغشه وسرقته فيه ،ومغامراته النسائية ومتاجرته بالأسلحة والذخائر الفاسدة ، وتعريضه أبناء مصر للخطر والموت ، فتحدت الجماهير الغاضبة قانون منع المظاهرات التي هتفت بسقوط فاروق وأسرته ونظامه ، وجابت الشوارع والميادين والجامعات والمدارس، وامتدت من القاهرة والإسكندرية إلى باقي المحافظات ، مما اضطر الدولة لتعطيل الدراسة في الجامعات والمدارس في أواخر ديسمبر .

النظام الملكي يحتضر

ومع بداية الأيام الأولى من عام ١٩٥٢ تبدأ البلاد العد التنازلي لنظام أسرة محمد علي بعد حكم البلاد ١٥٠ عاما ، وتظهر الحوادث القادمة بكل وضوح أن البلاد تعيش مخاضا صعبا ، وأن ملكها بدأ يفقد زمام الأمور،وبدأ يغرق في مفاسده غير قلق على شيء ، ولما سئل المفكر الكبير عباس محمود العقاد عن ذلك كله قال : أتوقع قيام ثورة قريبا .

حريق القاهرة
٢٦كانون ثان ١٩٥٢

وهو الحرائق المفتعلة التي أقدمت عليها الجماهير الغاضبة بعد مذبحة الإسماعيلية " وقد بدأت بإحدى دور اللهو بميدان الأوبرا ، وامتدت إلى شارع إبراهيم (الجمهورية) وفؤاد (٢٦ يوليو) ، وسليمان باشا (طلعت حرب) وعمت الشوارع المركزية ، ثم امتدت في المساء إلى بعض أحياء وأطراف العاصمة ، وشملت المتاجر والفنادق والأندية والدور الخاصة بالأجانب والوطنيين على السواء "

في الوقت الذي كان فيه فاروق يقيم حفلا كبيرا لكبار رجال الدولة احتفاء بعيد ميلاد ولي عهده !!

وفي اليوم التالي أعلنت الأحكام العرفية ، واستعدت الدولة لدفع تعويضات للمتضررين ، وبالفعل دفعت ٥،٥ مليون جنيه .

"وقد بلغ عدد حوادث الحريق والإتلاف نحو ٧٠٠ حادث ، منها ٩٢مخزن للخمور ، ٧٢مرقص وصالة ومطعم ومقهى ، ٤٠ دار للسينما ، ١٦ ناديا ، ١٠ متاجر للسلاح ، ٨محلات للسيارات ، ١٣ فندقا ، بنك واحد هو بنك باركليز البريطاني ، ٣٠، مكتبا للشركات ، ٣٠٠ متجر ، ١١٧ مكتب أعمال وشقق للسكن "(٣١)

وما زال حريق القاهرة غامضا لم يصل أحد لمعرفة مسببيه ، ويرجح أن القصر كان وراء هذه الحرائق المفتعلة بدسه عناصر من عملائه بين المتظاهرين لعمل الحرائق ، وفي الوقت نفسه أقام الملك حفلا كبيرا لكبار المسؤولين .

****

آخر وزارات العهد الملكي
١- وزارة علي ماهر
وقد شكلها في ٢٦ كانون ثان ١٩٥٢ ، واستمرت حتى الأول من آذار.
٢- وزارة نجيب الهلالي
وشكل وزارته في الأول من آذار ، واستقال في ٢٨ حزيران ١٩٥٢ .
٣- وزارة حسين سري
وعاشت ثمانية عشر يوما ، من ٢ تموز حتى ٢٠ تموز ١٩٥٢.

٤- وزارة نجيب الهلالي

وشكلها يوم ٢٢ تموز واستقال يوم ٢٣ منه .

أحوال القناة
خلال عهد الاستعمار

كانت قناة السويس طوال الحكم البريطاني شكلا آخر من أشكال الاستعمار
،ووجها بغيضا من وجوهه المتعددة ، والتي تجتمع كلها في النهاية على نهب
خيرات البلاد ، والسيطرة على كل ما يمكن أن يفيد أهلها ولو في قطرة الماء التي
يشربها المواطن المستعمر ، وأخبار القناة بكل تفاصيلها تخبرنا عن مدى النفوذ
الذي كانت تتمتع به الشركة في تقرير أحوال البلاد وتحديد مصيرها ، وفي السطور
التالية نقرأ بعض ما كتب عن ذلك الزمن المظلم الذي لو عرفه القارىء العربي لأقر
بالفضل لأولئك الذين أدوا الواجب الأعظم لهذا الوطن بطرد المستعمرين ، لتكون
خيرات البلاد لأهلها لا لأعدائها .

الشركة تنفق على المجهود الحربي للحلفاء

وأول الأخبار ما ظهر في حسابات الشركة بعد الحرب العالمية الثانية ، فقد
ثبت أن الشركة قد صرفت على المجهود الحربي للحلفاء ٤٠٠ مليون جنيه إسترليني
، وهو ما يساوي اليوم ٤مليار جنيه .

وكان هناك لجنة للتنسيق بين الشركة وبين والأسطول البريطاني لتأدية خدمات
استعمارية مشتركة .

ولنقرأ ما قاله القائد الأعلى للقوات البريطانية عن موقف الشركة ومؤازرتها
للمستعمرين :

" إن زملائي في مجلس الإدارة قلقون من نشاط الجامعة العربية التي أخذت فيها مصر دورا قياديا خصوصا في قضية فلسطين .

" إن زملائي في مجلس الإدارة يتساءلون : هل تستطيع الحكومة البريطانية أن تحتفظ بقوات عسكرية قريبة للتدخل في مصر في أي ظرف طارىء.

" إن أحد زملائنا في مجلس الإدارة أشار إلى عصيان عرابي ، وتساءل ما إذا كانت الدعاية الشيوعية في مصر سوف تؤدي إلى موقف مماثل ؟ "

" إن زملائي في مجلس الإدارة تساءلوا عما إذا كان رؤساء أركان حرب الإمبراطورية قد اعدوا الخطط الكافية لمواجهة أي محاولات تخريب ضد منشآت الشركة في الظروف المستجدة الآن ، وإزاء عمليات التهييج السياسي الجارية في القاهرة " (٣٢)

الشركة وإسرائيل

كان للشركة علاقاتها الخاصة مع إسرائيل ، وكان لها اهتمامها البالغ بالضفة الشرقية للقناة ، وخطوط المواصلات في صحراء سيناء ، فأقامت لها مكتب تنسيق مع المخابرات الإسرائيلية يثبت صهيونيتها ، ولما واجهها وكيل الديوان الملكي بمدى تعاونها مع إسرائيل ، لم تنكر التهمة بل زادتها وضوحا ، بأن ادعت:

" أن مصالحها على الضفة الأخرى من القناة السويس ، إلى جانب حركة مرور الناقلات الحاملة للبترول من الخليج إلى مصفاة حيفا ، تفرض على الشركة ضرورة وجود نوع ما من العلاقات مع إسرائيل ، وان مشاكل الحكومة المصرية على الحدود ليس لها أن تتدخل في عمليات شركة قناة السويس " (٣٣)

الشركة وأميركا

وتثبت الوثائق أيضا أن الشركة التي بدأت فرنسية ثم صارت بريطانية ، قد تحولت إلى القوة الأمريكية مستنجدة بها ، فقد قابل رئيس الشركة " شارل رو " الرئيس الأمريكي دالاس خلال زيارته لمصر ، وطلب منه التدخل لدى الحكومة المصرية التي تنوي عقد معاهدة جلاء مع البريطانيين ، وراح يشرح لدالاس أهمية القناة بالنسبة للأمريكان ، وذكر له أن أسهم بلاده كانت ٥،٤% قبل الحرب العالمية الثانية ، وأنها الآن ١٦% ، وأبدى له مخاوفه من ان المصريين لن يستطيعوا إدارة القناة إذا ما استولوا عليها .(٣٤)

دولة داخل دولة

ولعل أفضل تعبير يمكن أن يعبر عن حال شركة القناة ، ومدى نفوذها وسلطانها ، وقوتها وتأثيرها هو أنها كانت " دولة داخل دولة " ، فهي لها مكاتبها وموظفوها ، وإدارتها وماليتها ، ونظامها وسياستها ، وعلاقاتها وتعاملاتها ، واتفاقياتها وعملاؤها ، ونفوذها وجواسيسها ، وليس لأحد – خاصة المصريون والعرب – أي سلطة عليها ، أو حق التدخل في أي شأن – مهما صغر – من شؤونها الخاصة بها !

" كل علاقاتها بالحكومة المصرية أن تتجسس عليها ، وتجمع المعلومات لحساب أجهزة المخابرات لدول الغرب ،وكانت الشركة تتعمد الإساءة لمصر، والكيد لها ، وتعويق نهضتها في كل الميادين ، وكانت تتآمر على مصر ، وعندما نفذنا خطة التأميم بغتة ، وضعنا أيدينا على ملفات الشركة السرية في مكاتبها بالقاهرة .. والملفات تفيض بالمعلومات المثيرة ، والأدلة الدامغة التي تدين الشركة بارتكاب كل هذه الجرائم في حق مصر " (٣٥) .

****

مدن القناة غير مصرية !

وقارىء السطور السابقة واللاحقة يدرك مدى ضرورة التأميم ،ومدى أحقية مصر في قناتها وأرضها ، ومياهها وثرواتها التي تؤكل أمام عيون كبارها الذين لم يقدموا على قرار إيجابي يعيد الحقوق إلى أصحابها .

فحتى قرار التأميم لم تكن مصر تملك من مدينة **بور سعيد** سوى ١٤ فدانا ! ، أما باقي المدينة فقد كان لمباني الشركة ، ولإسكان موظفيها ، ولشركات التخليص والبنوك الأجنبية وبيوت التوكيلات والاحتكارات ، وللمقاولين والمستوطنين الأجانب من كل نوع وصنف .

وكان في المدينة ٩ آلاف تاجر أجنبي يتحكمون بتجارة المدينة من بقالات وبارات ومقاه وفنادق .. أما شركات الخدمات البحرية في المدينة فكانت كلها أجنبية .

أما مدينة بور فؤاد فقد كانت مملوكة للأجانب بالكامل .

ولم يختلف الحال بالنسبة لمدينة **الإسماعيلية** ، فكان الفقر مسيطرا على حيها الغربي العربي ، وعلى شاطىء بحيرة التمساح حياة مرفهة غنية ، حتى أسماء الشوارع تفتقر إلى العربية ، مثل جيشار وليماسول وميدان روتا وغابة الفونتين وسان بيير ونجرللي .. .

ولم تختلف مدينة **السويس** عن سابقتيها "كان شارع النمسا الذي يفصل بين سكان مدينة السويس وأصحابها والبر الثاني (بور توفيق) الذي يعيش فيه الأجانب ، حيث الجاليات اليونانية والإيطالية والمالطية ، ثم الجاليات الفرنسية والإنجليزية .. كان اليونانيون يمثلون أكبر الجاليات ، فقد كانت الجالية اليونانية تضم ٨ آلاف أسرة ، وكانت لهم مدارس ابتدائية وثانوية ، بل كانت لهم

أيضا جريدة. .. وعلى جانبي الشارع محلات بلا حصر .. محلات بقالة وألبان ومطاعم وبارات ومقاه كل أصحابها يونانيون يجيدون العربية والإنجليزية والفرنسية ، وليس بينهم وجه مصري واحد ، إلا إذا كان لا يجد من بين أفراد أسرته من يقوم بذلك "(٣٥)

ماذا كانت تكسب مصر
من إيراد القناة ؟

ومنذ افتتاح القناة عام ١٨٦٩ ، وحتى عام ١٩٣٧ – أي خلال ٦٨ عاما – لم تأخذ مصر من القناة فلسا واحدا ، بل كانت الشركة تجبر السفن المصرية على دفع الرسوم حتى في رحلاتها الداخلية بين السويس والإسماعيلية !

وثبت فيما بعد ، ومن وثائق الشركة وأوراقها أن الشركة كانت تخطط لعدم تسليم القناة للمصريين عام ١٩٦٨ عند انتهاء الامتياز ، فكانت تعتمد على الأجانب في تشغيل آلياتها ، والقيام بأعمالها ومهامها الكبيرة بأيد وعقول غير مصرية ، لتظل مصر تفتقد كل خبرة ممكنة عند تسلمها لها .

حتى معداتها ..كانت تخطط لتكون هذه المعدات مستهلكة غير صالحة للاستعمال يوم التسليم ، فتضطر مصر على رفع الراية البيضاء يوم انتهاء الامتياز ، والإبقاء على المستعمرين كونهم أهل الخبرة ، وهم – وحدهم- قادرون على تسيير القناة وإدارة دفة الأمور فيها ! (٣٦)

واضح إذن أن الأصابع **الصهيونية** كانت تعمل في الظلام لإبقاء مصر ضعيفة مهيضة الجناح ، لا تستطيع فعل شيء بدون مستعمريها وأكلة قوتها ، وقد أعان **القصر** الشركة وعملاءها – سواء كان يدري أو لا يدري – على تنفيذ

مخططها الهادف إلى إضعاف مصر وبقائها تحت رحمة الخبرة الأجنبية ، فلا تقوم لها قائمة إلا بتقدير أولئك الذين كانوا يعملون – وما زالوا - على بقائها خلف الأمم ، وتحت رحمة الغاصبين .

منحة سنوية لمصر

وفي عام ١٩٣٧ تقرر الشركة منح مصر ٥،١ مليون دولار سنويا بعد ذلك الردح من الزمن من الحرمان من أي نسبة من الأرباح .

القناة خلال
الحرب العالمية الثانية

ضمنت معاهدة ١٩٣٦ للبريطانيين حق إنشاء القواعد الحربية في منطقة القناة ، وحق الدفاع عنها ، فكانت سلطات الإنجليز تفتش السفن الداخلة في القناة ، وفي الوقت نفسه حرم على أعداء الحلفاء استعمال القناة ، لذا قامت الطائرات الألمانية والإيطالية بغارات متوالية عليها في سنوات الذروة عام ١٩٤١-١٩٤٢ ، سواء للسيطرة عليها أو لإغلاقها ، لذا تعطلت الملاحة فيها ٧٦ يوما .(٣٧)

اشتراك مصر في أرباح الشركة

ولأسباب لا تذكرها المصادر ، وبتاريخ ٧ آذار ١٩٤٩ تقرر الشركة منح مصر ما نسبته ٧% من أرباحها السنوية

****

الفصل السادس

فاروق ... إلى أين ؟

ولد فاروق الأول ، آخر الولاة من أسرة محمد علي يوم ١١ شباط ١٩٢٠ ، وهو أبن الملك فؤاد من زوجته الملكة نازلي بنت وزير الزراعة عبد الرحيم صبري .

بدأ تعليمه الأولي في القصر على أيدي معلمين خصوصيين ، ثم أرسل إلى لندن لاستكمال علومه(٣٨) ، وعين احمد حسنين باشا مرافقا له ،وكان بطيء التعلم وذا مستوى متواضع ،لذا لا غرابة أن ترفضه كلية "إيتون" الشهيرة التي أسسها الملك هنري السادس عام ١٤٤٠، ولما قرر والده إلحاقه بأكاديمية " وولويتش" العسكرية ، وافقت الكلية على قبوله طالبا زائرا فقط (٣٩)، لتكون العودة للقاهرة هي الحل الأسلم !

تسلم فاروق الحكم في ٦ أيار ١٩٣٦ بعد وفاة والده بثمانية أيام تحت مجلس للوصاية ، وتولى الحكم رسميا في ٢٩ تموز ١٩٣٧ ، وفي ٢٠ كانون ثان تزوج صافي ناز ابنة يوسف ذو الفقار أحد رجال القانون المصريين ، ولقبت بالملكة فريدة ، وأنجبت له فريال وفوزية وفادية ، وطلقت في ١٧ تشرين ثان ١٩٤٨ ، وتزوج بعدها ناريمان صادق التي أنجبت أحمد فؤاد في أيار ١٩٥٢، ليعلن انه ولي العهد قبل خلع فاروق بأسابيع قليلة !

تولت الحكم في عهده – ١٥ عاما – ١٩ وزارة ابتدأت بوزارة النحاس في ١٠ /٥/ ١٩٣٦ ، وانتهت بوزارة علي ماهر يوم ٢٤ يوليو ١٩٥٢ بناء على رغبة ضباط الحركة ، قبل تنازل الملك عن العرش يوم ٢٦ يوليو .(٤٠)

كانت الفترة التي حكم فيها فاروق فترة من الفساد والسقوط كان هو العامل الأول في وصفها ، وتحديد هويتها وملامحها ، وكل المراجع والمصادر لا تخبرنا بشيء غير ذلك ، وإن تنوعت أشكال هذا الفساد وضروبه وأشكاله ، وكان لديه حاشية من الفاسدين وجدت فيه خير حام وخير راع لها ومعين على الفساد ونهب أموال الدولة وقوتها وممتلكاتها ، والأمثلة على ذلك كثيرة لا يكاد يحصرها عد أو إحصاء أو بحث علمي دقيق ...!

ومن صور هذا الفساد :

١- **التهالك على النساء** : كان فاروق غارقا في العلاقات النسائية ،ومستهترا فاجرا لا يكاد ينتهي من علاقة حتى يشرع في أخرى ، ومن عشيقاته فتاة يهودية تدعى " كاميليا " (اسمها الحقيقي ليليان كوهين)، تعرف بها أحد زبانيته في ناد ليلي فدله عليها ، وقد حذره منها رئيس وزرائه محمود النقراشي ، فلم يرتدع ، ولما حذره أن هناك من بين النساء اللائي يلتقي بهن جاسوسات يجمعن المعلومات عن البلاد عن طريق علاقته بهن ، رد أن هذه الأمور من حياته الخاصة التي لا تهم أحدا سواه .

" وقد عرف عنه منذ منتصف الأربعينيات أنه غاوي خطف النساء المتزوجات ، لا لشيء إلا ليقول الناس عنه أنه " زير نساء " ، وعندما كان يسافر إلى الخارج على اليخت المحروسة ، كان يحرص على أن يصحب معه بعض راقصاته المفضلات " (٤١)

وفي عام ١٩٥٠ ، كان فاروق عازبا ، ويبدو انه قد عمم رغبته في الزواج على كل المهتمين به وبنزواته ، فقد حصل أن دخل محل أحد تجار الذهب شاب وشابة لشراء خاتم زواجهما ، فاتصل الصائغ بالملك ليقول له انه وجد له ما يريد ، وجاء

فاروق بنفسه ليرى الفتاة التي كانت عروس غيره ، ولكن الملك النهم أخبر والد العروس أن يقول لعريسها أن زواجه قد ألغي " بمرسوم ملكي " ! ، وتزوج فاروق ناريمان وارتحل بها إلى صقلية وفينيسيا وسويسرة ، مصطحبا معه حاشيته المكونة من ٢٥ شخصا ، وكان ينفق كل يوم ألف جنيه .

٢ - أما عن **القمار** فكان له فيها جولات وصولات حتى الأيام الأخيرة من عمره حاكما ، وبعد طرده وتفرغه للقمار والنساء حتى آخر يوم في حياته ، وبدأت الصحف والمجلات تكتب عن موائد القمار التي يغشاها الملك ، وحذره النقراشي من اليهود الذين يمارس القمار معهم ، فكان رده الساذج أنه يلعب معهم ليكسب أموالهم !

٣- **بيع المناصب والذمم** : وكان للدولة في ذمة المليونير المشهور أحمد عبود مبلغ خمسة ملايين جنيه ، لأن الرجل كان يمتنع عن دفع الضرائب ، فطالبه بها رئيس الوزراء نجيب الهلالي ، فاتصل عبود ببعض رجال الديوان الملكي الذين توسطوا عند الملك لإعفاء الهلالي من منصبه مقابل ١٠٠ ألف جنيه يدفعها عبود للملك ، ولكن الملك طلب ٢٠٠ ألف ، ولم يتوان عبود عن دفعها ، وبالفعل أعفي الهلالي من منصبه !

" وامتد فساد فاروق من قصوره في الإسكندرية إلى حدود السودان في الجنوب ، وكان محصلو الضرائب يحصلون على رشاو من جميع الإقطاعيين الكبار، وكان أكبر محصلي الرشاوي في القصر الملكي "(٤٢)

٤- **التفريط بالجيش** : زج فاروق بالجيش المصري في حرب ١٩٤٨ وهو غير مستعد لها ، بل ولم يأخذ رأي الحكومة أو البرلمان في ذلك ، وكان يلقي بالأوامر على قادة الجيش وهم في ميادين القتال وهو الجاهل الأكبر في مثل هذه

الأمور ، وقد طلب منه رئيس الوزراء أن يزور الجبهة للاطمئنان على أحوال الجنود الضحايا ... إلا أن فاروق منعه ، ولعل مجموعة هذه التصرفات توحي للدارسين أن فاروق كان يتعمد دخول الجيش المعركة وهو على هذه الحال ، ليقضى عليه ، ولكي لا يكون له أي دور في أي معركة قادمة سواء مع بريطانيا أو مع إسرائيل .

٥- **الأسلحة الفاسدة** : ورد في تقرير اللواء احمد علي المواوي عن أسلحة الجيش المصري في حرب ١٩٤٨ ما يلي :

١-البنادق قديمة وغير صالحة .

٢-الرشاشات الخفيفة تالفة .

٣-الأسلحة المضادة للدبابات والهاون والجرارات غير متوفرة .

٤-الذخائر تكاد تكون معدومة ، وهذا حرم الجيش من التدرب على الأسلحة .

٥- لا توجد وحدات لتحريك نصف كتيبة .

٦-مستشفى الميدان لم يكن بمعداته وتحركاته قادرا على شيء .

٧-قلة الممرضين المدربين والضباط الأطباء .

سيارات الجيش بالوحدات لم تصل في   صلاحيتها إلى اكثر من ١٠% .

وقد ثبت لاحقا أن الملك وثلاثة من أعوانه كانوا قد اشتركوا في صفقات الأسلحة الفاسدة والتي يعود تاريخ صنعها إلى ١٩١٢ ، وكانت تنفجر في وجوه مستعمليها (٤٣).

٦-   **الاستيلاء على ثروات الشعب** : كانت ثروة فاروق تقدر ب **٥٨٠ مليون دولار** ، هذا غير الاستثمارات الأجنبية التي تفوق ذلك بكثير ، وفي مناسبة زواجه الثاني أخبرت سكرتارية الملك الرؤساء والأمراء وعلية القوم أن الملك لن يقبل إلا الهدايا

المصنوعة من الذهب الخالص ! وانحصرت اهتماماته بالقمار والنساء الفاتنات والعربات والسيارات الفخمة على حساب قوت الشعب المعدم .

(وفي ٢٠ حزيران عام ١٩٥٠ ، أبــلغ وزير الحربية الأمر إلى النائب العام للتحقيق في التهم المنسوبة إلى رجال الجيش وغيرهم ، وهــي (الإثراء على حساب الوطن) ، ومن ثم بدأت سلسلة من التحقيقات ، ثم تقرر حفظ التهم الموجهة إلى رجال الحاشية الملكية ، وقدم آخرون إلى قاضي الإحالة في يناير ١٩٥١ ، وعند قيام ثورة الجيش في السنة التالية ، أعيد تشكيل الدائرة التي نظرت القضية وأصدرت أحكام مختلفة ، ومنها تجريد رتب بعض العسكريين ، وأعيد النظر في القضية أمام محكمة الثورة التي تشكلت في سبتمبر ١٩٥٣ ، وقضت بأحكام منها السجن والمصادرة) (٤٣) .

٧- **تشكيل الحرس الحديدي لاغتيال الخصوم** : ومن المصائب التي تدل على مدى ما ذهب إليه فاروق في الفساد ، والتسلط على رؤوس العباد ، تشكيله الحرس الحديدي الذي كانت مهمته تصفية خصوم الملك ورموز الوطنية المصرية باغتيالهم في وضح النهار ، وكلف طبيبه الخاص يوسف رشاد برئاسته ، ومن الذين قتلوا بهذا الأسلوب الجبان زعيم الاخوان المسلمين حسن البنا ، وأمين عثمان والضابط عبد القادر طه ، وقد نجا عدة مرات من هذا الأسلوب في التصفية مصطفى النحاس ، وكان فاروق يفكر في قتل السفير البريطاني " مايلز لامبسون " لأسباب شخصية بحتة ، ولكن لأن المتهم لن يكون سواه ، وبالتالي سيخلع عن العرش ، قرر العدول عن ذلك .(٤٤)

(وفي ١٢ فبراير ١٩٤٦ ، وبمناسبة وضع حجر الأساس للمدينة الجامعية ، هتف طلبة الجامعة – جامعة فؤاد – لأول مرة بسقوط فاروق ، ومزقت صوره) (٤٥)

" ولم تشهد جدران القاهرة وأرضيات شوارعها كتابات ثائرة وغاضبة كتلك التي كانت تكتب أيام حكومة النحاس باشا الأخيرة ، وخاصة تلك الكتابات التي كانت تكتب في ميدان عابدين - على الأرض المرصوفة - لكي يقرأها الملك فاروق عند خروجه من سراي عابدين ، وكانت كلها سباب له ، ولأمه و. و " (٤٦)

٨-**السرقة** : وقد تعددت القصص التي تروى عن إنجازات فاروق في هذا المجال .

ففي مجال سرقاته من الأفراد ، كان إذا علم بوجود تحفة ما في بيت أحد كبار القوم ، أمر من فوره بأن تنقل إلى قصر عابدين .

وسرق عام ١٩٤٤ سيف الإمبراطور الإيراني" بهلوي " ونياشينه التي دفنت معه في مصر ، ولما أرادت حكومة ايران نقل جثمانه إلى بلاده اكتشف أمر السرقة ، وبعد سقوط فاروق عثر على المسروقات في قصره وتم تسليمها لسفير إيران !

كما سرق فاروق الخنجر المرصع بالجواهر والذي كان يحمله ضيفه سيف الإسلام حاكم اليمن وهو مدعو عنده على الغداء في القاهرة ، وبعد زوال حكمه عثر على الخنجر في قصر عابدين وأعيد إلى صاحبه .

ومن إنجازاته في هذا المجال أيضا ، انه تمكن من سرقة ساعة رئيس الوزراء البريطاني تشرشل خلال زيارته لمصر ، ويبدو أن الرجل كان ذا خلفية عن الملك وخفة يده ، فأصر على استرجاع ساعته ، فأعيدت إليه . (٤٧)

السقوط والنفي

ولما قامت ثورة يوليو ، كان فاروق يصطاف في الإسكندرية ، وحاول الاستنجاد بالجيش البريطاني المرابط في مصر بواسطة سفارتهم ، فرفض هؤلاء التدخل المسلح ، ثم جرب الاستعانة بالسفير الأميركي كافري ، فاكتفى هذا

بنصحه بمغادرة البلاد ، وكذلك فعل رئيس وزرائه علي ماهر ، وخذله سلاح البحرية ، واستسلم الحرس الملكي بعد تبادل لإطلاق النار مع الجيش ،وحوصر قصرا المنتزه وقصر التين ، فقرر فاروق - على الهاتف مع عبد الناصر- التنازل عن العرش بشروط ، قبل منها :

١- أن يتم التنازل عن العرش بطريقة تحفظ كرامته .

٢- أن تطلق المدفعية ٢١ طلقة تحية له .

٣-أن يحضر محمد نجيب رحيله ليضمن سلامته حتى اللحظة الأخيرة .

ورفضت الشروط التالية :

١-أن يسمح له بالرحيل إلى نابولي على اليخت الملكي المحروسة ، وقد رفض الطلب كون هذا اليخت مملوك للشعب ، ولكن بإمكانه استعماله وإعادته بعد وصوله .

٢-اصطحاب خادميه بوللي ومحمد حسن .

٣-أخذ مجموعات الطوابع والعملات النادرة ، فكان الرد أنها ملك الشعب .

٤-أن تدار ثرواته وثروات اخوته في مصر .

وودعه محمد نجيب ، وكان آخر ما قاله فاروق : إن ما فعلته بي كنت سأفعله بك ، مهمتك ليست سهلة ، ليس من السهل حكم مصر (٤٨)

مراجع الباب الثالث

(١)جورج كيرلس ، قناة السويس ، تاريخها وأهميتها العالمية ، ص ١٠٥ – ١١١.

(٢) عبد الحميد أبو بكر ، قناة السويس والأيام التي هزت الدنيا ، ص ٩٣.

(٣) عباس محمود العقاد ، ١١ يوليو وضرب الإسكندرية ، ص ٨٨-٨٩.

(٤) جورج كيرلس ، م س ، ص ١١٢-١١٣.

(٥) أحمد حسين ، موسوعة تاريخ مصر ، ج٤ ، ص١٤٢٧ .

(٦) م ن ،ص ١٤٣٠ .

(٧) م ن ، ص ١٤٣٠ .

(٨) لويس جرجس ، يوميات من التاريخ المصري ،ص ٣٠١ .

(٩)احمد حسين ، م س ، ص ١٤٤١ ،

(١٠) لويس جرجس ، م س ، ص ٣٠٣ .

(١١) م ن ، ٣٠٤ .

(١٢) م ن ، ص ٣٠٦ .

(١٣)عبد الرحمن الرافعي،بطل الكفاح الشهيد محمد فريد،ص ١٨٤ .

(١٤)جورج كيرلس ، م س ، ص ١١٤ .

(١٥) لويس جرجس ، م س ، ص ٢١٦- ٣٢٠ .

(١٦) أحمد عطية ، القاموس السياسي ، ص ٣٥٩ .

(١٧) د . عمر عبد العزيز ، تاريخ مصر الحديث ، ص ٥١٧ .

(١٨) أحمد عطية ، م س ، ص ١١٨٨- ١١٨٩ .

(١٩) د .جلال يحيى ود.خالد نعيم ، الوفد المصري ، ص ٣٢١، ٣٢٢.

(٢٠) م ن ، ص ٣٢٦ .

(٢١)محمد حسنين هيكل ، مجلة وجهات نظر ،ابريل ٢٠٠٢ ، ص ٨ .

(٢٢) جمال عبد الناصر ، فلسفة الثورة ، ص ٢٣ .

(٢٣) أحمد عطية ، م س ، ص ٨١٤ . و عبد الرحمن الرافعي ، مقدمات ثورة يوليو ،ص ٣٧- ٥٧ .

(٢٤) عبد الرحمن الرافعي مقدمات ثورة يوليو ص ١٩ .

(٢٥) احمد عطية ، م س ، ص ١١٩٠ .

(٢٦) عبد الرحمن الرافعي ، م س ، ص ٢٥ .

(٢٧) م ن ،ص ، ٢٥ .

(٢٨) لويس جرجس ، م س ، ص ٤٨٨ .

(٢٩) عبد الرحمن الرافعي ، م س ، ص ٣٩-٤٠ .

(٣٠) م ن ، ص ٤٢ .

(٣١) صبري أبو المجد ، سنوات الغضب ، ص ٣٩٨ .

(٣٢) عبد الحميد ابو بكر ، م س ، ص ٩٧ .

(٣٣) م ن ، ص ٩٨ .

(٣٤) م ن ، ص ٩٩ .

(٣٥) م ن ، ص ١١٦ .

(٣٦) م ن ، ١٠٨ .

(٣٧) جورج كيرلس ، م س ، ص ١١٤- ١١٥ .

(٣٨) احمد عطية ، ٨٤٧ .

(٣٩) مجلة الهلال ، أحد أعداد ١٩٧٧.

(٤٠) لويس جرجس ، م س ، ص ٥٠٠ – ٥٠١ ،

(٤١)   صبري أبو المجد ، مجلة الهلال ، تموز ١٩٩٠ ، ص ١٨ – ٣٠ .

(٤٢)   م ن ، ص ٢٦ .

(٤٣)   م ن ، ص ٢٧.

(٤٤)   احمد عطية ، م س ، ص ٧٠ .

(٤٥)   صبري أبو المجد ، م س ، ص ١٥٨ – ١٦١ .

(٤٦)   جلال السيد ، مجلة الهلال المصرية ، آب ١٩٩٢ ، ص ٦٧ .

(٤٧)   عبد الرحمن الرافعي ، م س ، ص ١٨٩ – ١٩٠ .

(٤٨)   صبري ابو المجد ، م س ،ص ٣٠ .

الباب الرابع

ثورة يوليو والتأميم

ثورة يوليو

تمهيد

رغم مضي ٥٤عاما على ثورة ٢٣ يوليو المجيدة ، إلا أنها لا زالت موضوعا للنقاش والدرس ، والنقد والتحليل ، والعرض والتفصيل ، إدراكا من الطبقة المثقفة في أنحاء الوطن العربي ، بل وخارجه ، لما كان لهذه الثورة الأم من أثر قوي بالغ ، دائم مستمر، في أرجاء هذا الوطن من خليجه إلى محيطه ، فكان لها الأثر الفاعل في مسيرة التحرر والاستقلال ، والوحدة والرقي الاجتماعي ، والعمل الدائب الملتزم نحو مستقبل أفضل للشعوب الناظرة إلى غد مشرق ، وللأجيال الصاعدة الساعية إلى حياة يسودها العز والكرامة .

لقد كانت ثورة يوليو نهاية سلمية لزمن متخلف، وبداية لزمن متحرر مشرف .

لقد انتهى زمن الباكوات والباشوات ، والاستغلال والنفوذ ، والفردية والمصلحة الذاتية ،والرجعية والانتهازية ،والضعف والتبعية ، والهوان والعبودية ، وجاء زمن العدالة والسؤدد ، والحرية والانتماء ، والتقدم والاستقلال ، والقوة الوطنية الفاعلة لإسعاد وطنها وشعبها ، والسعي به إلى العيش الكريم .

إذن لا غرابة أن تظل ثورة يوليو حتى اليوم مجالا للبحث والدرس ، والمقارنة والاستقصاء ، والنقد والتحليل ، فهي لم تكن انقلابا جاء على دبابة ، ليحل حاكما مكان حاكم ، ونظاما بدل نظام ، لقد جاءت لتكون نهاية لعصر الاستعمار البائد ، وبداية لعصر الزعامة الوطنية التقدمية المناضلة ، ولتمد يدها لكل الأحرار في هذا الوطن العربي ، وتساعد – بكل ما أوتيت من قوة – على

استقلال دوله ، وسيادة شعوبه ونيلها حريتها ، وتحقيق آمالها ، ومن أجل ذلك تحملت الثورة الكثير ، فكانت مثلا لشعوب العالم تمثل به التحرريون في الشرق والغرب ، وما زالوا ينظرون إليه كنموذج للإرادة والنضال ، والعزم والكفاح على درب الحرية الطويل الصعب .

" هذه هي الثورة ،والثورة هي كل واحد منكم ،الثورة هي جهاد آبائكم وأجدادكم، الثورة هي عزة أبنائكم ، ولهذا فأنا حينما أقول أن هذه الثورة باقية أعني أنكم باقون وأن لأولادكم العزة ولأبنائكم الكرامة والحرية " ناصر(١)

****

الفصل الأول

التعريف بثورة يوليو

" هي ثورة التحرير ، أو حركة الجيش ، ثورة سلمية قام بها فريق من الجيش المصري بتدبير لفيف من الضباط الأحرار في منتصف ليلة ٢٣ يوليو ـ تموز- ١٩٥٢، ونجحت الثورة في الاستيلاء على مبنى رئاسة الجيش ومباني القيادة العسكرية بحي العباسية ، والتحفظ على عدد من كبار الضباط والمسؤولين ، ثم الاستيلاء على مباني الإذاعة ، ومحاصرة المباني العامة بالقاهرة بقوات عسكرية لحمايتها ، وفي الساعة السابعة من صباح ٢٣ يوليو أذاعت قيادة الحركة بيانا على الشعب أعلنت فيه قيام الجيش بحركة سلمية لصالح الوطن، كما طمأن البيان الأجانب على أرواحهم ومصالحهم وأموالهم ، وفي ٢٤ يوليو ١٩٥٢ استقالت وزارة احمد نجيب الهلالي باشا التي كانت قائمة إذ ذاك وخلفتها وزارة برئاسة علي ماهر باشا ، استجابة لرغبة زعماء الحركة ، ووافق في اليوم نفسه الملك

فاروق الأول على مطالب الجيش ، وفي ٢٥ يوليو انضم ضباط الأسطول إلى الحركة
.

وفي ضحى يوم ٢٦ يوليو ، طالب الجيش الملك بالتنازل عن العرش لولي عهده الأمير احمد فؤاد ، وذلك " .. نظرا لما لقيته البلاد في العهد الأخير من فوضى شاملة عمت جميع المرافق نتيجة سوء تصرفكم ، وعبثكم بالدستور ، وامتهانكم لإرادة الشعب " (٢).

وفي الساعة السادسة من مساء اليوم ذاته ، أبحر الملك السابق فاروق على ظهر اليخت المحروسة (الحرية) متوجها إلى إيطاليا بعد التوقيع على وثيقة نزوله عن العرش .

صدرت في الأشهر الأولى لقيام الثورة عدة تشريعات أساسية تمثل الأهداف التي قامت الثورة من أجل تحقيقها ، وأهمها : إلغاء الرتب المدنية في ٢ آب ١٩٥٢ ، تطهير الأداة الحكومية في ٤ آب ، الإصلاح الزراعي وتحديد الملكية الزراعية في ٩ سبتمبر ، العفو الشامل عن الجرائم السياسية في ١٦ أكتوبر ، إنشاء وزارة للإرشاد القومي في ١٠ نوفمبر ، إعلان سقوط دستور ١٩٢٣ في ٩ ديسمبر ، القانون الخاص بجرائم الغدر في ٢٣ ديسمبر ، إلغاء الأحزاب في ١٨ يناير ١٩٥٣ " (٣)

أسباب الثورة

قبل أن نلج إلى الأسباب المباشرة لقيام ثورة يوليو في تموز عام ١٩٥٢ ، حري بنا أن نعود على مبادئها الستة التي ذكرناها في الباب الأول ، وهي :
١- القضاء على الاستعمار وأعوانه الخونة .
٢- القضاء على الإقطاع .

٣- القضاء على سيطرة رأس المال على الحكم .

٤-إقامة عدالة اجتماعية .

٥- إقامة جيش وطني قوي .

٦- إقامة حياة ديمقراطية سليمة .

هذه هي المبادىء ، وهي هنا -كما يلاحظ القارىء - تختلط بالأهداف التي قامت لأجلها الثورة ، ولكن هناك أسباب مباشرة أدت إلى قيام الثورة - بل والإسراع في قيامها - والتي كان قادتها يزعمون القيام بها عام ١٩٥٥ (٤)، ومنها :

١-حريق القاهرة الذي دل على فوضى عارمة تحكم البلد .

٢- حرب فلسطين التي أثبتت أن البلد والجيش ليسا من هموم الملك ولا من دائرة تخصصه ، فهو مشغول بما هو أهم !

٣-سلوك فاروق وفسقه وبذخه ومجونه ، هذا المجون أصبح حديث الناس والصحافة والشارع العام .

٤- شيوع الفساد في النظام الحاكم ، وخاصة حاشية فاروق .

٥- فرض الأحكام العرفية .

ويضيف بعض الباحثين أسبابا أخرى ، مثل :

١-انتخابات نادي الضباط ومحاولة الملك التدخل فيها .

٢-قرار الملك بحل مجلس إدارة نادي الضباط .

٣-صدور قرار بنقل اللواء محمد نجيب قائدا للمنطقة الجنوبية في الصعيد .

٤-قرار الملك باعتقال ١٢ ضابطا تحوم الشبهات حول انتمائهم للضباط الأحرار . (٥)

ولا نجد في الأسباب والبواعث السابقة ما يشير إلى السبب الاقتصادي الذي يذكره ناصر في بعض أحاديثه ، فيقول متحدثا عن أحوال المجتمع المصري قبل الثورة :

" وقد كان المجتمع محكوما بضغطين :

الضغط الأول : أنه كان مجتمعا بطيء النمو ، بل إنه طبقا للإحصائيات العلمية ، وصل إلى حالة كاملة من الركود خلال أربعين سنة ما بين ١٩١٣ إلى سنة ١٩٥٣ ، ففي هذه الفترة كانت نسبة النمو فيه على متوسط قدره ١،٥% .

والضغط الثاني : أن هذا المجتمع - إلى جانب ركوده - كان يعيش في حالة خلل محزن بتأثير التفاوت بين الطبقات ، ويكفي أن نصف في المائة من السكان في هذا المجتمع كانوا يحصلون على نصف دخله القومي كله " (٦)

وكان من مصلحة بريطانيا أن تظل مصر ضعيفة اقتصاديا ، فجعلت من نفسها المستورد الأول لصادرات مصر التي كانت غالبا من المحاصيل الزراعية ، لأن بريطانيا كانت تحارب أي محاولة للرقي الصناعي في مصر، فبريطانيا ومستعمراتها كانت تستورد منها ٤٠% من صادراتها قبل الحرب العالمية الثانية .

وكانت تمنع مصر من أن تعقد أية معاهدة تجارية مع الاتحاد السوفييتي أو الصين ، أو أي دولة من أوروبا الشرقية مثل بولندة والمجر ورومانيا والمانيا الشرقية ، أو أن تستورد كميات كبيرة من المنتوجات الألمانية ، ومنعت مصر من أن يكون لها بنك مركزي يشرف على سياستها النقدية .(٧)

الفصل الثاني

الوجيز في أخبار الثورة

قبل حرب السويس ١٩٥٦

كانت السنوات الأربع الأولى من عمر الثورة حافلة بالأحداث والمناسبات ، إلا أن إنجازاتها الحقيقية الكبرى كانت بواكيرها تأميم القناة عام ١٩٥٦ ، هذا القرار الشجاع الذي هز العالم من أقصاه إلى أقصاه ، ولفت أنظار العالم كله إلى القضايا العربية ، ومطامع الاستعمار - المعلنة وغير المعلنة – في بلاد العرب وديار الإسلام التي لم تكد تستفيق من ويلات الحكم التركي والحرب العالمية الأولى ، لتعود وتكتوي بكارثة الاستعمار الذي أكمل الحلقة ببقاء هذا الوطن يعيش في العصور الوسطى !

ولما كان موضوع هذا البحث هو حرب السويس وما تلاها من إنجاز، ارتأيت عدم الخوض في تفاصيل السنين الأربع الأولى التي سبقت التأميم والحرب ، ووجدت في ملاحق كتاب " مصر والعروبة وثورة يوليو " لعدة مؤلفين ، والصادر عن المؤسسة العربية للدراسات والنشر عام ١٩٨٢، ملحقا بأهم اليوميات للأعوام ١٩٥٢- ١٩٧٠ فاستعنت ببعض ما كتب عن السنين الخمس الأولى ، إفادة للقارىء الكريم ، قبل الولوج إلى موضوع الكتاب الرئيس . (٨)

****

١٩٥٢

٨/١ ، أعلن محمد نجيب القائد العام للجيش المصري أن الجيش سينسحب من الحياة السياسية ويعود إلى ثكناته تاركا الأمور في أيدي الوزارة الجديدة .

٩/٩ ، وافقت الوزارة المصرية على قانون تحديد الملكية الزراعية وقانون تنظيم الأحزاب .

١٢/١٠ ، أعلن اللواء محمد نجيب بوصفه قائد ثورة الجيش ، سقوط دستور عام ١٩٢٣ ، وتأليف لجنة لوضع دستور جديد للبلاد

١٩٥٣

١/١٦ ، أصدر اللواء محمد نجيب أمرا بحل جميع الأحزاب في مصر ومصادرة أموالها لصالح الشعب .

١/١٩ ، أعلن اللواء محمد نجيب تشكيل محكمة من مجلس قيادة الثورة لمحاكمة كل من يعرض سلامة الوطن للخطر .

٢/١٠ ، أصدر محمد نجيب اعلانا دستوريا يعطي فيه نفسه صلاحية الحكم في مصر على رأس مجلس عسكري مؤلف من ثلاثة عشر عضوا لفترة انتقالية تستغرق ثلاث سنين ، وذلك وفقا لدستور مؤقت .

٤/٢٧ بدأت في القاهرة **مفاوضات الجلاء** عن منطقة قناة السويس بين الجانبين المصري برئاسة محمد نجيب ، والبريطاني بقيادة السير رالف ستيفنسون السفير البريطاني في القاهرة .

٥/٦ توقفت المباحثات المصرية البريطانية حول الجلاء .

١٨ /٦ ، أعلن الرئيس محمد نجيب قائد مجلس قيادة الثورة ، **إلغاء النظام الملكي** في مصر ، وقيام الجمهورية ، وتوليه رئاسة الجمهورية طوال فترة الانتقال ، كما عين البكباشي (المقدم) **جمال عبد الناصر** نائبا لرئيس مجلس الوزراء وزيرا للداخلية .

١٠/٤ ، تم تعيين البكباشي زكريا محي الدين رئيس المخابرات العسكرية ،وزيرا للداخلية مكان جمال عبد الناصر الذي احتفظ بمنصبه كنائب لرئيس الوزراء .

٣٠ /١٢ ، استؤنفت المباحثات غير الرسمية بين مصر وبريطانيا حول مستقبل منطقة قناة السويس بعد توقف دام عشرة أسابيع .

١٩٥٤

١/١٣ ، قرر مجلس قياد الثورة حل جماعة الاخوان المسلمين ، واتهمهم بالتآمر لقلب نظام الحكم .

٢/٢٥ استقال الرئيس محمد نجيب من جميع المناصب التي كان يشغلها ، وتولى البكباشي جمال عبد الناصر رئاسة الوزراء ورئاسة مجلس قيادة الثورة ، وبقي منصب رئيس الجمهورية شاغرا .

٢/٢٧ ، صدر عن مجلس قيادة الثورة البيان التالي : حرصا على وحدة الأمة ، يعلن مجلس قيادة الثورة عودة اللواء أركان حرب محمد نجيب رئيسا للجمهورية .

٣/٨،٩ ،تم إلغاء جميع التغييرات الحكومية التي أجريت منذ ٢/٢٥ /١٩٥٤ وتنحى البكباشي جمال عبد الناصر عن رئاسة مجلس الوزراء ورئاسة مجلس قيادة الثورة إلى اللواء محمد نجيب .

٣/١٠ ، تم توقيع اتفاق تجاري بين مصر وروسيا ينص على أفضلية المعاملة .

٤/١٩ أعلن الصاغ - الرائد- صلاح سالم وزير الإرشاد القومي أن محمد نجيب استقال من منصب رئيس الوزارة ، وكلف جمال عبد الناصر نائب رئيس الوزارة بتشكيل الحكومة الجديدة .

١٠/١٩ ، وقعت مصر وبريطانيا **اتفاقية الجلاء** ، وهي تنص على إلغاء اتفاقية ١٩٣٦ ، وجلاء الجنود البريطانيين قبل تاريخ ١٩٥٦/٦/١٨ ، لكنها تسمح لهم ولحلفائهم ، ولسبع سنين لاحقة العودة إن حصل اعتداء على الأقطار العربية وتركيا ، وتشدد على حرية الملاحة في قناة السويس وفقا لاتفاق القسطنطينية الموقع سنة ١٨٨٨ .

١٠/٢٦ ، أطلق عامل ينتمي لجماعة الإخوان المسلمين ثماني رصاصات على الرئيس جمال عبد الناصر الذي لم يصب بأذى

١١/١٤ ، أعفى مجلس قيادة الثورة اللواء محمد نجيب من جميع مهامه ، ووضعه تحت الإقامة الجبرية ، وتولى جمال عبد الناصر مهام رئاسة الجمهورية مع بقاء المنصب شاغرا .

١١/١٧ استلم جمال عبد الناصر منصب رئيس الدولة في مصر، ومنصب رئاسة مجلس قيادة الثورة بتفويض من المجلس نفسه .

******

١٩٥٥

١/٢٦ ، اقترحت الحكومة المصرية على مجلس جامعة الدول العربية المنعقد حاليا في القاهرة مشروع قرار من اثنتي عشرة مادة يشجب مشروع الحلف العراقي التركي .

٢/٤ ، اجتمع جمال عبد الناصر بالماريشال تيتو في السويس ، ودارت مباحثات هامة لتوطيد الصداقة بين مصر ويوغسلافيا .

٢/١٦ ، صدر في القاهرة بيان مشترك عقب اجتماع الرئيسين نهرو وعبد الناصر .

٣/١ ،وقع في دمشق صلاح سالم وزير الإرشاد القومي المصري على اتفاق مصري سوري يحتوي على عريضة لحلف عربي جديد يحل محل اتفاقية الدفاع المشترك وتستثني العراق منه ، وقد وجهت الحكومتان نداء لسائر الدول العربية للاشتراك في هذا الاتفاق .

٣/١ ، هاجمت إسرائيل القوات المصرية في منطقة غزة .

١٨—٤/٢٥ ،تم انعقاد مؤتمر دول عدم الانحياز في باندونغ -اندونيسيا ، وقد نص البيان الختامي الصادر عنه على تأييد حقوق الشعب الفلسطيني ، ودعا إلى تنفيذ قرارات الأمم المتحدة بهذا الخصوص ، كما دعا الحكومة الفرنسية لإيجاد حل سلمي لمشكلة حقوق واستقلال شعوب المغرب العربي .

٧/١٢ ، صدر في نيودلهي بيان مشترك عن محادثات جمال عبد الناصر مع جواهر لال نهرو رئيس وزراء الهند ، ندد بالأحلاف العسكرية واصفا إياها بأنها تشكل خطرا على السلام .

٨/٩ ، وجهت حكومة موسكو الدعوة إلى عبد الناصر لزيارة الاتحاد السوفييتي .

٩/١١ ، بدأت مصر تمارس حق السيطرة على حركة الإبحار في مضائق تيران في خليج العقبة .

٩/٢٧ ، ذكر الرئيس جمال عبد الناصر في خطاب له بالقاهرة أن مصر عقدت اتفاقا مع تشيكوسلوفاكية ينص على تزويد الجيش المصري بكل ما يلزمه من أسلحة

١٠/٢٠، تم في القاهرة توقيع اتفاقية عسكرية مصرية سورية تنص على توحيد قيادة الجيشين .

١٠/٢٧ ، تم في القاهرة توقيع اتفاقية عسكرية دفاعية بين مصر والسعودية تقضي بتوحيد قيادة الجيشين .

****

١٩٥٦

١/٥ ، أصدر الماريشال تيتو زعيم يوغسلافيا والبكباشي جمال عبد الناصر بيانا شجبا فيه الأحلاف العسكرية التي تؤدي إلى التسابق الانتحاري في التسلح ، وتشيع سوء التفاهم بين الدول .

٢/٩ ، تم الاتفاق بين الحكومة المصرية والبنك الدولي للإنشاء والتعمير على تمويل مشروع السد العالي .

٣/١٢ ، اختتم في القاهرة المؤتمر الثلاثي الذي ضم كلا من جمال عبد الناصر والملك سعود بن عبد العزيز عاهل السعودية وشكري القوتلي الرئيس السوري ، بإقرار جميع الإجراءات الضرورية لإقامة جبهة موحدة ضد إسرائيل ، وكان المؤتمر قد بدأ في ٣/٦ ، وتناولت المناقشات مستقبل الأردن وسبل تشكيل جبهة عربية موحدة ، وبتاريخ ٣/٨ صدر عن المؤتمر بيان مشترك يشجب حلف بغداد قائلا أن هذا الحلف يضعف الموقف العربي .

٤/٥ ، قدمت مصر شكوى إلى الأمم المتحدة حول الاعتداء الإسرائيلي على قطاع غزة ومقتل وجرح عدد من المواطنين والجنود المصريين .

٥/٢١ ، أعلنت الحكومة المصرية اعترافها بحكومة الصين الشعبية .

٦/١ ،أعلن الرئيس جمال عبد الناصر حل قيادة مجلس الثورة ابتداء من ٢٣ حزيران وهو موعد إجراء الاستفتاء الشعبي على رئاسة الجمهورية والدستور الجديد .

٦/٧ ، أممت الحكومة المصرية بنك مصر(٩) .

الفصل الثالث

مقدمات الحرب

بعد انتهاء الحرب العالمية الثانية ، أخذ المعسكران الغربي والشرقي ينتهجان أسلوب الحرب الباردة لتحقيق ما لم يتحقق بالحرب الساخنة - القتال- ، وذلك بتسخير القوى والأساليب الأخرى - والتي تبدو مشروعة - لإضعاف المعسكر الآخر، مثل أساليب الدعاية عبر أجهزتها العديدة كالإذاعة والتلفاز والصحافة والتجسس ، وبث الإشاعات الكاذبة نيلا من الجبهة الداخلية الظهير الأول للكيانات السياسية للدول ، والأساليب الاقتصادية ، كشن الحرب على الخصم بمحاربة منتوجاته بأساليب عدة منها إغراق الأسواق ببضائع مشابهة تقل أو تعلو عن مستوى ونوعية منتوجات الخصم ،وقد تعمد الدول إلى نشر وثائق لديها وأسرار تسيء لسمعة الحكام والساسة والقادة ، وذلك لبث الخلافات والمنازعات في تلك الدول ، وصنع هوة بينها وبين شعوبها ، كل ذلك إمعانا في إضعاف الخصم ، والعمل على استسلامه وهزيمته سياسيا قبل مقابلته في ميادين القتال ... إن استطاع لقاء أو قتالا !

سياسة الأحلاف

ومن الأساليب التي اتبعها المعسكران - وبالذات الغرب - في الحرب القائمة بينهما آنذاك سياسة الأحلاف ، وما يهمنا منها في هذا السياق الجهود الكبيرة التي بذلها ساسة الغرب لحصار الاتحاد السوفييتي والدول التي تدور في فلكه من الكتلة الشرقية والتي تشمل بولندة وألمانيا الشرقية والمجر ويوغسلافيا

وتشيكوسلوفاكية وبلغاريا ورومانيا وأوكرانيا وفنلندة وأستونيا ولتوانيا ، وبناء على ذلك كله قامت ثلاثة أحلاف ، وهي :

١- حلف شمال الأطلسي : وقد وقعت معاهدته في ٤ نيسان ١٩٤٩ في مدينة واشنجتون في أميركا ، ويضم الولايات المتحدة وكندا وايسلندة والنرويج وبريطانيا وهولندة والدنمارك وبلجيكا والبرتغال وفرنسا وإيطاليا واليونان وتركيا وألمانيا الغربية .

٢- حلف جنوب شرق آسيا : وقد تأسس في ٨ أيلول ١٩٥٤ في مدينة مانيلا في الفلبين ، ويضم الولايات المتحدة وبريطانيا وفرنسا واستراليا ونيوزيلندة والباكستان وتايلند والفلبين .

٣- حلف وارسو : والذي وقعت معاهدته في وارسو ببولندة في ١٤ أيار ١٩٥٥ ، وضم الاتحاد السوفييتي والبانيا وبلغاريا وتشيكوسلوفاكية والمانيا الشرقية والمجر وبولندة ورومانيا .

ولكن ، ورغم هذا الوضوح في التحالفات القائمة ، والتي يتضح منها أن حلف شمال الأطلسي أقوى من الحلف المناهض له وهو حلف وارسو ، إلى جانب أن الحلف الثالث قام من اجل الغاية ذاتها ، إلا أن الغرب ظل يحاول - وبكل الأساليب - خلق تكتلات وأحلاف في منطقة الشرق الوسط لدرء الخطر السوفييتي - كما يقولون - ولتطويقه وعزله ، هذا إضافة إلى الأسباب التي أطلنا شرحها في الباب الأول ، وهي :

١-السيطرة على المنطقة وإخضاعها لنفوذها .

٢- تأسيس حلف جديد يضم دول المنطقة ويزيد من حالة الحصار المأمولة للسوفييت وأحلافهم .

لذا سعى الغرب بكل الوسائل - ومنها الأحلاف- لتحقيق عدد من أهدافه في المنطقة ، وأهمها (١٠):

١- تحطيم القوى القومية في المنطقة والتي تمثل خطرا على مشاريعه وتابعيه

٢- منح الاستقلال لدول المنطقة بشكل لا يتعارض مع مصالحه وأهدافه .

٣- إدخال إسرائيل كعامل أساسي في توازن القوى داخل الشرق الأوسط ، والعمل بواسطتها على تفتيت وتجزئة دول المنطقة .

دالاس يزور المنطقة

وقبل أن يكتمل العام على ثورة يوليو ، وفي ١١ أيار ١٩٥٣ ، يزور مصر وزير خارجية أميركا جون فوستر دالاس (١٨٨٨- ١٩٥٩) ليقابل عبد الناصر ، وكان في ذهن دالاس غايتان (١١) ، وهما :

١- ترتيب صلح بين العرب والإسرائيليين .

٢- الاستمرار في محاولة تطويق الاتحاد السوفييتي بأحلاف عسكرية وسياسية .

وتقابل الجانبان ، المصري والأميركي في السفارة الأميركية ، وكان دالاس يكبر ناصر بثلاثين عاما كلها خبرة في العمل السياسي ، كمحاورة الزعماء ، وعقد الاتفاقيات ، ونسج المؤامرات ، ويفترض في هكذا خبرة أن تحرز لصاحبها فوزا ما على خصمه - المقدم عبد الناصر - ذو ال ٣٥ عاما ، والمستجد في العمل السياسي الصعب المرير ، إلا أن الحوار الذي جرى - ككل حوارات عبد الناصر - يؤكد لنا ذكاءه ، وسرعة بديهته ، وثقافته العالية في شؤون السياسة ، وقد شهد له بذلك كله خصومه وأعداؤه ، قبل أصدقائه ومحبيه .

بدأت المباحثات بين الجانبين بطلب عبد الناصر تزويد أميركا لمصر بالأسلحة ، فرد دالاس أن لديهم مطالب بذلك ، مع انه يخشى أن هذه الأسلحة ستستخدم ضد البريطانيين في منطقة السويس كونها أسلحة خفيفة ، وقد تخوف تشرشل من ذلك وأخبر ايزنهاور بمخاوفه ،فاضطر ايزنهاور لتأجيل النظر في القائمة المصرية التي ثبت لاحقا أنها قائمة الملك فاروق التي نقدم بها لمحاربة شعبه بعد حريق القاهرة ، وليست قائمة ناصر التي تحوي أسلحة للدفاع عن مصر، ولكن وعد دالاس بالمساعدة في هذا الشأن .

وينتقل دالاس إلى الموضوع الذي جاء من اجله .. الأحلاف ! فهو يريد إقامة حلف مناهض للشيوعية ،ودعاه ب" منظمة الدفاع عن الشرق الأوسط " MEDO، وشدد على ضرورة أن تشترك مصر في مثل هذه المنظمة ، ولما سأله الزعيم الراحل أن لماذا يجب أن تنضم مصر إليها ، وضد من ستدافع هذه المنظمة ؟ رد دالاس :

" ضد الاتحاد السوفييتي "

ودهش ناصر ، وقال على الفور : " ولماذا ؟ إن الاتحاد السوفييتي يبعد عنا ٥ آلاف ميل ، ولم نقم قط مشاكل معه ، كما أنه لم يهاجمنا أبدا ، ولم يحتل أرضنا إطلاقا ،ولم يكن له قط قاعدة في مصر ، بينما لا تزال بريطانيا في مصر احتلالا استعماريا منذ سبعين عاما "

فقال دالاس :

" لا بأس ... لكن الإنجليز الذين سيبقون هنا في ظل هذا الحلف سيبقون في القاعدة تابعين للحلف ، ولن يسمح لهم برفع العلم البريطاني ، إنما سيكونون في ظل علم الحلف " .

فرد عبد الناصر قائلا : " إنني إذا أخبرت شعبي ان وضع البريطانيين هنا سيتبدل ، وانهم سيتحولون من محتلين إلى شركاء بمجرد تغيير العلم ، فإنهم سيضحكون علي ، إنهم سيفقدون إيمانهم بي ، وسوف يقوم أناس آخرون يبدأون نشاطهم سرا تحت الأرض ، ويربحون ثقة الشعب ، وإذا توقفت عن قيادة شعبي كزعيم قومي فإن قادة وطنيين آخرون سوف يقومون ، ويجب ان يقوموا ، وسوف يقودون المصريين ، ويستثمرون مشاركتي وعضويتي في الأحلاف المعقودة معكم ليقولوا إنني عميل لكم ، وصنيعتكم ، وكيف أستطيع أن اتوجه إلى الناس وأقول إنني أغض الطرف عن قاتل في قناة السويس يسدد إلي مسدسا من مسافة ستين ميلا لأنني قلق من شخص يحمل مدية على بعد ٥٠٠٠ آلاف ميل ؟ إنهم سيقولون لي : لنبدأ أولا بالأمور الأولى والأهم ، إن على الشعب أن يملك استقلاله قبل أن يبدأ بالاهتمام في الدفاع عنه ، إننا لسنا مستعدين للبحث في الأحلاف أو أية إجراءات دفاعية ما لم ندرس ذلك بإرادتنا الحرة " .

وقال ناصر إنه لا يمكن أن يبحث في هذا الأمر قبل أن يجلو البريطانيون عن منطقة القناة ،وإلا فإنه سيبدو مرغما بضغط من الثمانين ألف جندي بريطاني المرابطين في قناة السويس "(١٢).

أمام هذه الحجج المفحمة التي تدل على وعي ناصر وعيا تاما بما يجري ، وأنه ليس من السهل شراؤه لا بالمال ولا ببعض البنادق والمسدسات," أصبح دالاس مقتنعا بالحاجة إلى تسهيل طريق الانسحاب البريطاني من مصر ، بل أصبح أكثر تصميما على محاولة إقامة سلام بين إسرائيل والدول العربية " (١٣) .

مصانع مصرية للسلاح

ولا يفاجئنا عبد الناصر يوم ١١ تموز ١٩٥٤ حين يعلن أنه سوف يفتتح المصانع الحربية التالية :

١- يوم ٢٦ يوليو ١٩٥٤ سيفتتح مصنعا للذخيرة الصغيرة .

٢- يوم ١٤ أغسطس ١٩٥٤ سيفتتح مصنعا للذخيرة المضادة للطائرات .

٣- يوم ٢٣ سبتمبر ١٩٥٤ سيفتتح مصنعا للأجزاء التكميلية للأسلحة .

٤- يوم ٢٣ أكتوبر ١٩٥٤ سيفتتح مصنعا آخر للذخيرة الصغيرة .

٥- يوم ٢٣ ديسمبر ١٩٥٤ سيفتتح مصنعا للخامات اللازمة للمصانع(١٤) .

نوري السعيد يفاوض ناصر

وننتقل إلى سياسي آخر لعب دورا كبيرا في المنطقة وفي هذا الشأن بالذات – الأحلاف - ، إنه **نوري السعيد** (١٨٨٨- ١٩٥٨) رئيس وزراء العراق في العهد الملكي ، والذي زار القاهرة في أيلول عام ١٩٥٤ ليعرض على عبد الناصر مشروع الضمان الجماعي ، وليدور بينهما هذا الحوار الذي يطاول حوار ناصر مع دالاس في وضوحه وجلائه لمواقف الفريقين ، ولا ننس أن فارق السن والخبرة بين ناصر ودالاس هو نفسه بين نوري السعيد وناصر !

قال نوري السعيد :هذه خطوة عظيمة ولا بد أن تسيروا فيها ، ونحن معكم يدا بيد .

ناصر : وكيف يقوى ميثاق الضمان الجماعي ؟

نوري السعيد : أرى أن تستدعي سفيري بريطانيا وأميركا ونقول لهما أننا تريد تقوية ميثاق الضمان الجماعي ، فما هي الوسائل ، وما هي اقتراحاتكم ؟

ناصر : أنا أعرف ما هي وسائلهم وما هي اقتراحاتهم ، فقد مضى علي عامان وأنا أتكلم معهم في هذا الموضوع ، وإذا سألتهم اليوم ، فإن ذلك يعتبر بداية للمفاوضات والمباحثات الجديدة الخاصة به ، وكل الذي أريد هو معرفة وجهة نظرك .

وبعد حيرة ومراوغة قال نوري السعيد : تقوية ميثاق الضمان الجماعي هو أن نوسع هذا الميثاق .

ناصر : وكيف نوسع هذا الميثاق ؟

نوري السعيد : نضم الباكستان .

ناصر : وماذا نفيد من ضم الباكستان ؟

نوري السعيد : ضد الخطر الشيوعي ، ونحن نريد الوقوف في وجه الخطر الشيوعي .(لاحظ أفكار دالاس)

ناصر : وماذا تفيد الباكستان وعندها خمس فرق عسكرية ، والمفروض أن الجهة الخلفية هي التي تنقذ الأمام ، وليس الأمام هو الذي ينقذ الخلف .

نوري : بلاش الباكستان .. نضم تركيا .

ناصر : افرض انه حدث هجوم شيوعي ، وأنت تريد ضم تركيا ، فهل تعتقد أن تركيا بالخمس عشرة فرقة التي عندها يمكن أن تستغني عن عسكري واحد تبعث به إليك ، أ م أن تركيا ستحتاج إليك لأنك خلفها ؟

وأمام حجج عبد الناصر المفحمة يضطر نوري السعيد لكشف المؤامرة الاستعمارية ، فقال :

- بلاش تركيا والباكستان .. إحنا نعمل تحالف مع من ينجدوننا حقا .. نتحالف مع أمريكا وإنجلترا ، وبلاش فرنسا .. نعمل تحالف مع أمريكا وإيران

وباكستان ، معهم جميعا ، ونوسع ميثاق الضمان الجماعي ، وبهذا نضمن التسليح ونكون عمليين ..وإيش فكرة القومية العربية التي نتكلم عنها الكثير.. إيش الأردن وإيش سوريا ..وإيش العرب .. هذا كلام لا أرضى به .

ناصر : إن إدخال إنجلترا وتركيا في ميثاق الضمان الجماعي أمر سبق لمصر أن رفضته على أساس أن ميثاق الضمان الجماعي كفيل بالدفاع عن البلاد العربية بدون المساس باستقلالها ، ويجب ألا نفكر في الدفاع فقط عند العدوان الخارجي ، ولكن يجب أن نفكر أيضا في حماية استقلالنا من أطماع الاستعمار .

وانتهى الاجتماع بدون اتفاق " (١٥)

ويروي محمد حسنين هيكل الحوار بأسلوب آخر .... .

نوري السعيد : " إن بين حدود العراق الشمالية وحدود الاتحاد السوفييتي مسافة عشرات الأميال ، وإذا لم يكن هناك رادع فإن جحافل الجيش الأحمر قد تجتاز الجبال في أي وقت وتجتاح العالم كله .

عبد الناصر : نحن قادرون على إرغام الاحتلال الأجنبي في أرضنا أن يحمل عصاه ويرحل ، ولن يكون في المنطقة فراغ بعد رحيله لأن المنطقة ليست فضاء عاريا ، وإنما المنطقة تسكنها أمة عربية قادرة على الأخذ بأسباب القوة ، والاعتماد المتبادل مرغوب فيه ، ولكن على أساس وحدة المصلحة والأمن ، وبالتالي فإطاره الممكن الوحيد هو الإطار العربي ، والخطر لن يأتينا من الاتحاد السوفييتي ، وإنما الخطر الأكبر علينا – وتحديد العدو أول خطوة في رسم أية استراتيجية – هو إسرائيل ، وعلى فرض أن الخطر من الشيوعية ، فان الوطنية هي درع المقاومة الحقيقية ، ثم إن الخطر السوفييتي لن يجيء بالجيش الأحمر زاحفا عبر الجبال الشمالية لأن ذلك لو حدث ، سوف يحرك موازين دولية كبرى

.. ومع ذلك فلننشىء نظامنا العربي المستقل ، وليكن هذا النظام موجها بالدرجة الأولى ضد إسرائيل .

نوري السعيد : كيف نسلح جيوشنا إذا لم نتعاون مع الغرب ، ومن أين نجيء بالسلاح الذي نواجه به إسرائيل ؟ إن تركيا وإيران وباكستان معنا في حلف ، وسوف يحاربون في صفوفنا ضد إسرائيل ... إن هناك رباطا يشدنا إلى هؤلاء الثلاثة ، وهو رباط الإسلام .

عبد الناصر : إن الغرب - الولايات المتحدة بالذات - لن تسلحنا لحرب نخوضها ضد إسرائيل،وتركيا وإيران وباكستان لن تحارب معنا ضد إسرائيل ، لأنها لا تشعر بخطرها وهي عنه بعيدة .

إن رباط الإسلام مقدس ، وهولا يشدنا إلى هذه الدول الثلاث وحدها ، ولكنه يشدنا إلى شعوب وأمم مسلمة في أقاصي آسيا وأعماق إفريقيا (اندونيسيا ، الملايو في آسيا مثلا – والسنغال وغينيا في افريقيا مثلا) لكن رباط الإسلام المقدس شيء ، ووحدة المصلحة والأمن شيء آخر ، خصوصا إذا ارتكزت إلى جانب الدين على وحدة التاريخ ووحدة الثقافة ووحدة اللغة ووحدة الامتداد الجغرافي المتصل "(١٦)

هذا فهم واضح وإدراك سليم لطبيعة الاستعمار ، وأساليبه وغاياته ، فما الذي ترمي إليه بريطانيا وأميركا من العناية بهكذا أحلاف ، ومن ثم الانضمام إليها - انضمت إليه بريطانيا في ٢٣ آذار ١٩٥٥- ، فالغاية هي عودة الاستعمار بعد كل ذلك الكفاح والجهاد من أجل زواله ... عودته بثوب وشكل جديدين ..الأحلاف ..! ، وبفائدة كبرى أخرى وهي أن هذه الدول المنضمة له سوف تنفذ

السياسة الاستعمارية ، وتكون درعا ضد شعوبها ، وضد الامتداد السوفييتي إن افترضنا وجود هذا الامتداد .

فمن خلال الحوار الواضح بين ناصر ونوري السعيد تتضح لنا طبيعة كليهما من الكلمات القليلة التي تفوها بها ...!

موقف الوطنية والانتماء والولاء للأمة ، يقابله موقف اللاوطنية واللاإنتماء والزهد في الوطن .

موقف المؤمن بقوة الأمة وقدراتها ، مقابل المؤمن بقدرات غيرها من المستعمرين والغاصبين .

موقف المحب لوطنه وشعبه وأمته ، يقابله موقف الزاهد في وطنه ، والمنكر لشعبه والبائع لأمته .

هذا يناكف ويقاتل عن مصر وسائر الدول المنتمية لهذا الوطن الكبير ، لأنه مؤمن بحشود جماهيره وقدراتها إذا ما نظمت وعلمت ، ويقابله المدافع عن قدرات الباكستان وتركيا وإيران ، ولما أعلمه خصمه بقدرات هؤلاء المحدودة ، فر إلى بريطانيا وأميركا ليمجدهما ، وليشيد بهما ، وكأنه يقول لنا : هذا ما جئت من أجله ، ولكي أقنعكم به .

هذا يرى أن الأمة فيها كل الخير والعنفوان والأمل ..وهذا يقول إيش سوريا وإيش الأردن - ولم يقل إيش مصر مجاملة للجالسين - وكأن هذه الدول ذباب تجمع على شمعة تموت وتقتل معها كل آمل فيها !

وقد أثبتت الأيام صحة ما ذهبت إليه .

لنقرأ ما قاله الزعيم الراحل لاحقا عن حلف بغداد :

" حلف بغداد معناه أننا داخل مناطق النفوذ البريطانية ، ومعناه إضافة استعمار جديد تحت اسم جديد ، في الوقت الذي كنا ننادي فيه بالتخلص من الارتباطات القديمة .. وكانت هناك مؤامرات ضد هذا البعث الذي انبثق من داخل الأمة العربية من أجل الحرية ومن اجل الوحدة .. وكانت هذه المؤامرات تتحول وتتبلور في حلف بغداد الذي يعني ضم الدول العربية جميعها إلى تحالف بالاشتراك مع الدول الكبرى .. بالاشتراك مع أمريكا .. طبعا هذا معناه لن نكون إلا تحت سيطرة بريطانيا وسيطرة أمريكا ، ولن نستطيع أن تكون لنا حرية تصرف الند للند .. ولهذا أعلنا أننا نعرض حلف بغداد ، ونصمم على فكرتنا الأصلية التي تنبثق من امتنا العربية ، وهي أن دفاع الأمة العربية ينبثق من داخل الأمة العربية ، ومبني على تضامن الدول العربية ومن الشعوب العربية " (١٧)

تعليق

إذا ما أراد الغرب فعل شيء خطط له لوقت طويل ، ودرسه بكل عناية وتمحيص ، بحيث يعرف ما يضره وما ينفعه من القيام به ، وحلف بغداد مشروع كبير خضع لما ذكرت من معايير .

ومجمل الفوائد التي كان الغرب سيجنيها من هذا الحلف :

١-عدم الالتفاف حول القيادة الواعية لناصر ذو الميول اليسارية الواضحة .

٢- الوقوف أمام المد السوفييتي- المحتمل- للسيطرة على المنطقة .

٣- استعادة المراكز والقواعد الاستعمارية الغربية السابقة بما فيها من دول ومواقع استراتيجية .

٤- إيجاد حكام يعملون لما فيه صالح الغرب في هذه البقاع التي تؤدي إلى الهند وجنوب شرق آسيا .

٥- هذه المناطق التي يسيطر عليها الحلف غنية بالنفط .

٦- حلف بغداد كان أملا كبيرا للغرب في شق أي وحدة قد تقوم بين دول العرب في ظل الدعوة الناصرية .

٧- درء خطر قيام أي وحدة أو اتجاه إسلامي في المستقبل .

وقد أكدت الأيام - وما زالت تؤكد بعد خمسين عاما - على صحة ما ذهب إليه ناصر في هذا الحوار، ويتضح ذلك فيما يلي :

١- الغرب لم يقدم للعراق السلاح ، وكل ما استلمه العراق من مساعدات أميركية كان ٣ طائرات .

٢- لم تقف إيران والباكستان وتركيا مع العرب في أي نزاع أو قتال حصل بين الدول العربية والعدو الإسرائيلي أو أي عدو آخر .

٣- لم يشكل الإسلام رباطا يشد العرب لأحد ، وهذا ليس عيب الإسلام بل هو عيب المسلمين .

٤- لم يكن الغرب هو المصدر الوحيد للسلاح كما يزعم نوري السعيد ، فقد تم الحصول عليه من مصادر أخرى ، ولم يقدم الغرب شيئا .

******

حرب الفدائيين

طوال الفترة التي سبقت مفاوضات الجلاء ، لم تتوقف عمليات الفدائيين المصريين ضد البريطانيين في قواعدهم ومعسكراتهم ، بتشجيع وتنظيم من قادة الثورة ، وبمتابعة دقيقة من الرئيس عبد الناصر .

وقد اتخذت القيادة البريطانية مجموعة إجراءات لردع الفدائيين ، مثل :

١- منع تسرب الأسلحة والذخيرة من معسكراتهم .

٢- منع تسرب الفدائيين إلى هذه المعسكرات .

٣- إقامة الأسلاك الشائكة وحقول الألغام حول المعسكرات .

٤- تكثيف الدوريات الثابتة والليلية والكمائن .

ويرد المصريون بإجراءات مماثلة بتقسيم منطقة القناة لأغراض أعمال

الفدائيين إلى :

١- القطاع الأول : بور سعيد والبلاح ، ورئاسته في بور سعيد .

٢- القطاع الثاني : الاسماعيلية والقرش وأبو صوير ، ورئاسته في الإسماعيلية .

٣- القطاع الثالث : فايد وفنارة وجنيفة ، ورئاسته في فايد .

٤- القطاع الرابع : التل الكبير والقصاصين ، ورئاسته في الزقازيق .

٥- القطاع الخامس : السويس والأدبية ، ورئاسته في الأدبية .

وقد قام هؤلاء جميعا بأعمال جليلة جعلت الرئيس عبد الناصر يشيد بهم في أكثر من خطاب ، فقال بعد اتفاقية الجلاء " كانت كتائب الفدائيين الأبطال ترابط في كل طريق يسلكه المحتل ، وعلى رأس كل جسر يعبره تقذف الرعب في قلوب الإنجليز وتهددهم بالموت والدمار ، وتبث في صفوفهم أسباب الاضطراب والفوضى " (١٨)

معاهدة الجلاء

١٩ تشرين أول ١٩٥٤

وتحت الضغوط المصرية ، والإضرابات ، وأعمال الفدائيين ، تضطر بريطانيا لتوقيع معاهدة الجلاء مع مصر ، والتي نصت على :

١- جلاء القوات البريطانية جلاء تاما عن الأراضي المصرية خلال عشرين شهرا .

٢- يسري الاتفاق حتى نهاية سبع سنوات من تاريخ توقيعه .

٣- تبقى بعض أجزاء القناة في حالة صالحة وتكون معدة للاستخدام مباشرة في حالة هجوم مسلح من دولة أخرى على مصر أو أي بلد عربي وقع على اتفاقية الدفاع المشترك .

٤- إلغاء معاهدة ١٩٣٦.

٥- احترام الاتفاقية التي تكفل حرية الملاحة في القناة الموقع عليها في القسطنطينية عام ١٨٨٨ .

وتمت المرحلة الأولى من الجلاء في ١٨ شباط ١٩٥٥ ، والثانية في ١٦ حزيران ، والثالثة في آذار ١٩٥٦ ، واعتبر يوم ١٨ حزيران عيد الجلاء ، وهو نفس اليوم الذي أعلن فيه قيام النظام الجمهوري .(١٩)

" وكان أول المكاسب من الجلاء القاعدة البريطانية أكبر قواعد بريطانيا في الشرق الوسط ، كما تسلمت مصر بمقتضى المعاهدة منشآت ومعسكرات تزيد قيمتها على ٧٠مليون جنيه " (٢٠).

وقد سبب الجلاء خلافات شديدة بين حزبي العمال والمحافظين في بريطانيا ، وادعى المحافظون أن حزب العمال مسؤول عن تسليم قاعدة تساوي ٥٠٠ مليون (٢١).

وكانت اتفاقية الجلاء نكبة سياسية وعسكرية على إسرائيل التي عبرت عن ذلك في إذاعتها وصحفها ، فقد كانت ترى في التواجد البريطاني حماية لها ضد أي هجوم محتمل من القوات المصرية ، لذا لا نستغرب الهجوم الإسرائيلي على غزة يوم ٢٨ شباط ١٩٥٥ ، فقتلت ٢٩ من الجنود المصريين ، وتلت هذا الهجوم بهجوم آخر في ٣١ آب ١٩٥٥ ، وقتلت ٤٠ عربيا ، مدعية أن هذه الهجمات جاءت ردا على هجمات الفدائيين على أراضيها ، والواقع أن هذه الهجمات كانت اختبارا للنوايا والقوة المصرية ، وما يمكن أن تفعله لو تعرضت لأي هجوم ، فكان الرد بأوامر من عبد الناصر نفسه بالسماح للفدائيين بالمزيد من العمليات داخل إسرائيل انطلاقا من غزة توجهها القيادة العسكرية المصرية .

ومن جهة أخرى شدد من هجوم مصر على حلف بغداد عبر إذاعة صوت العرب .

المؤرخ عبد الرحمن الرافعي
يعلق على الاتفاقية

وفي كتابه " ثورة يوليو ١٩٥٢ " يعلق المؤرخ الكبير عبد الرحمن الرافعي على اتفاقية الجلاء ، فيقول بعقلية المفكر العالم الواعي لمجريات الأمور :

" من الخطأ ما زعمه الواهمون في معرض التقليل من اتفاقية الجلاء انه كان منصوصا عليه في معاهدة ١٩٣٦ ، وانه كان محدودا له عشرون سنة تبدأ من

تاريخ توقيعه ... وهذا خطأ مقصود ، فالمعاهدة لم تنص على مواعيد الجلاء لا في مدة عشرين سنة او بعدها ... وقد جاءت في اتفاقية الجلاء أنها أجازت للإنجليز حق العودة إلى القناة ، وحق استخدام القاعدة في حالات معدودة لمدة سبع سنوات .. ومن الحق أن نقول أن هذا النص لم يكن ليستدعي رفض الاتفاقية التي قد لا تجود الظروف بمثلها ، لأن العودة إلى القناة بعد الجلاء ستكون بداهة مرهونة بإرادة مصر ، وستكون العودة بعد الجلاء أصعب بكثير من استمرار الاحتلال ، ومع ذلك فإن كل ذلك قد سقط بإعلان إنهاء الاتفاقية عام ١٩٥٧ بعد العدوان الثلاثي .. إن ما تم   اعظم نصر حققته الثورة " (٢٢)

هذا حديث يدل على وعي وحكمة وفهم للأحداث لا يتأتى لأي معلق متعصب موتور ، فالمصريون عبر سبعين عاما من الاحتلال والاستعمار لم يحلموا برحيل المستعمر ، لا باتفاقية ولا بدونها ، لذا فمحاولة التقليل من فوائدها وجدواها تأتي من موتور كاره للثورة ، أو من جاهل لا يعي ما يقرأ ، والدليل اليوم واضح جلي ، فعبد الناصر يعرف تماما أن مصر لن تسمح بعودة المستعمر يوما ما مهما كانت الظروف والدواعي ، وكما قال الأستاذ الكبير : العودة بعد الجلاء أصعب بكثير من استمرار الاحتلال .

مؤتمر باندونغ

وفي ٢٤ نيسان ١٩٥٥ اشترك عبد الناصر في مؤتمر باندونغ في إندونيسيا ، واشتركت فيه ٢٧ دولة مستقلة كالهند وتركيا وفيتنام والصين وإيران العراق والسعودية ، وكان نهرو وشوين لاي من أبرز المشاركين ، وأصدر المؤتمرون ميثاقا اشتمل على :

١- التعاون الاقتصادي والتجاري والاجتماعي بين بلدان آسيا وإفريقيا .

٢- الاعتراف بحق تقرير المصير للدول والشعوب التابعة .

٣- استنكار استعمار الشعوب .

٤-المناداة بالسلام والتعاون العالمي في نطاق الأمم المتحدة .

٥- الاعتراف بحق اللاجئين العرب في العودة إلى ديارهم .

٦- وجوب نزع السلاح كضرورة حتمية لصيانة السلام . (٢٣)

محاولة شراء السلاح من أميركا

وكان الأمريكيون قد عرضوا بيع السلاح لمصر عام ١٩٥٤ ، ولكن بشروط منها قبول مصر بعثة عسكرية ، فرفضت مصر ذلك ، ولعل توجه مصر إلى أميركا لهذا المطلب ليس دليل حسن نوايا فقط ، بل هو "إزالة العتب " فيما لو لام الغرب مصر على توجهها إلى الآخرين لتسليح جيشها المهدد ، وتم الاتفاق على ما قيمته ٢٧ مليون جنيه ، ولم يتوصل الفريقان إلى اتفاق لأن أميركا أدركت أن بيع السلاح لمصر مستحيل من الناحية السياسية ، لذا توقفت المباحثات في آب ١٩٥٥ (٢٤).

صفقة الأسلحة التشيكية

وقد أفادت إسرائيل مصر بذلك الهجوم ، فقد دفعت عبد الناصر إلى القيام بعقد صفقة الأسلحة التشيكية الشهيرة التي أعلن ناصر عن توقيعها في ٢٧ أيلول ١٩٥٥ ، وقد كانت الأسلحة سوفييتية تم تسليمها عن طريق تشيكوسلوفاكية ، وتكونت من :

" ٥٣٠ عربة مصفحة ، ٢٣٠ دبابة ، ٢٠٠ ناقلة جنود مدرعة ، ١٠٠ مدفع ذاتي الحركة ، ٥٠٠ قطعة مدفعية من أنواع مختلفة ، ٢٠٠ طائرة مقاتلة وقاذفة ، مجموعة بحرية تضم مدمرات وكاسحات ألغام وثلاث غواصات " (٢٥)

وقد حضر إلى القاهرة خصيصا لهذه الصفقة شبيلوف ، رئيس تحرير صحيفة برافدا السوفييتية حاملا تفويضا بالتوقيع عن الطرف السوفييتي ،وكانت قيمة الصفقة ٨٠ مليون جنيه ، واتفق على أن يتم الدفع بالقطن المصري خلال ١٢ عاما ، والدفع بالقطن كان مرفوضا عند الأمريكيين .(٢٦)

وكم هو حريص هذا الغرب على أن تظل هذه الأمة ضعيفة هزيلة ، لا يناصرها ولا يقف معها أحد ، فقد علق على الصفقة جون فوستر دالاس وزير الخارجية الأمريكي قائلا :

" صفقة الأسلحة المصرية السوفييتية أخطر اجراء منذ قيام حرب فيتنام "(٢٧)

ولكن عبد الناصر له رأي مختلف ، إذ قال :

" إن هذه الاتفاقية التجارية التي وقعناها بلا قيد او شرط ، لا تعتبر فتحا للنفوذ الروسي ، ولا للنفوذ الأجنبي ، ولكنها تعتبر قضاء على النفوذ الطويل الذي تحكم فينا ، وسيطر علينا " (٢٨).

وقد علق رئيس الوزراء الإسرائيلي موشى شاريت على الصفقة قائلا : " إنها خطر لا مثيل له ، ومن المحتم أن تؤثر تأثيرا بالغا على أمن إسرائيل ، كما إنها غيرت ميزان القوى تغييرا حاسما وضع حدا لتفوق إسرائيل النوعي على مصر .. إنها خطر داهم لم تشهده إسرائيل منذ حرب الاستقلال " (٢٩) .

ويحذر بن غوريون من هذه الصفقة ، فيقول : لا بد أن يسقط النظام في مصر قبل أن تصل الأسلحة الروسية . (٣٠)

وفي الوقت نفسه يكلف بن غوريون القائد موشيه دايان لإعداد خطة لغزو مصر ، ولا ينسى أن يطلب من أميركا أن تسمح لفرنسا ببيع إسرائيل طائرات المستير ٤ التي ينتجها حلف الأطلسي .(٣١)

وتؤدي الصفقة إلى مرحلة جديدة من العلاقات بين السوفييت ومصر ، وكأنها بداية انفتاح بينهما .

" فبعد أسابيع من عقدها ، افتتح مركز ثقافي سوفييتي في القاهرة ، وفي يناير ١٩٥٦ تم عقد اتفاقية بين مصر والاتحاد السوفييتي بقصد التعاون في **مجال الذرة** ، وفي يوليو أرسلت بعثة تجارية سوفييتية دائمة إلى القاهرة ، ومن الطبيعي أن يستتبع عقد صفقة الأسلحة وصول خبراء عسكريين روس إلى مصر ، وإيفاد بعثات عسكرية مصرية إلى الاتحاد السوفييتي " (٣٢)

ولم تكن مصر تملك قبل الصفقة التشيكية سوى ٦ طائرات ، وذخيرة تكفي لمعركة مدتها ساعة واحدة (٣٣)

ويلاحظ القارىء بكل وضوح أن الزعيم الراحل كان شعلة من العمل القطري والقومي والدولي على مدار العام ، لا يكل ولا يتعب ، وليس خافيا على القارىء أن كل ما كان يقوم به ناصر كان في مصلحة مصر والعرب والحركات التحررية في العالم ، وليس في كل هذه الأعمال والجهود ما يصب في مصلحة الاستعمار والدول الغربية ، أو ما يدور في فلك الدول المعادية للشرق المقاوم الساعي لنيل حريته واستقلاله ، لذا لا غرابة أن يجتمع عليه – وعلى مصر - الكارهون الحاقدون من كل نوع وجنس وملة ، وكل له عندهما ثأر مبيت ، أو غرض خفي ، أو هدف غير معلن ، وسوف يتضح كل ما ذكرت في الفصول القادمة .

ويعلق على الجهود الناصرية في هذه الفترة صديق ناصر ورفيق دربه الكاتب والضابط السابق أحمد حمروش قائلا :

" ويستطيع جمال عبد الناصر أن يفخر بقيادته لهذه المعركة الوطنية التي ناضل فيها ضد الامبريالية العالمية ، معتمدا على جماهير الأمة العربية ، كانت أياما خالدة ، صقلت فيها شخصيته ، ولمع اسمه ، واحتشد حوله الملايين في نضاله مع الحياد .. وضد الأحلاف ...تأكيدا للاستقلال الوطني "(٣٤)

مشكلة تمويل السد العالي

وبناء على ما ذكرناه من السياسة الناصرية التحررية الواضحة .. كالوقوف ضد حلف بغداد ، الاعتراف بالصين الشعبية ، حرب الفدائيين ، مؤتمر باندونج .. وغير ذلك من المواقف الوطنية ، تحاول أميركا الرد من خلال مشروع السد العالي الذي كان الزعيم الراحل مصر على بنائه ، ويبدو أن أكثر من جهة كانت متفقة على محاربة المشروع الكبير .

" في المرحلة الأولى من تنفيذ السد (٥ سنوات) تعهدت :

١- أمريكا بتقديم قرض بمبلغ ٥٤ مليون دولار .

٢- بريطانيا بتقديم قرض بمبلغ ١٦ مليون دولار .

٣- البنك الدولي بتقديم قرض بمبلغ ٢٠٠ مليون دولار(٣٥)

وفي المرحلة الثانية تعهدت أمريكا وبريطانيا بتكملة معونتهما في حدود قرض جديد قد يصل إلى ١٣٠ مليون دولار . "

ولكن يبدو أن خبراء الصهيونية والاستعمار أدركوا ما يمكن أن يقدمه المشروع الهائل لمصر، وأرض مصر، وشعب مصر، فوضعوا شروطا لكرمهم المشروح آنفا ، " ومنها :

١- طلب البنك الدولي من مصر قبول وصاية أنجلو أميركية حتى يطمئن إلى أن القروض الممنوحة لها من أميركا وبريطانيا لن تنقطع ، وإلا فإن البنك سيسحب العرض المقدم .

٢- أن تكون اتفاقات البنك مع مصر خاضعة لإعادة النظر فيها إذا حدث ما يستدعي ذلك .

٣- أن تخضع المصروفات للخزينة المصرية لإشراف البنك ، بحيث لا تعقد مصر ديونا خارجية ولا تبرم اتفاقات دفع ما لم تحصل أولا على موافقة البنك .

٤- أن تخضع إدارة مشروع السد العالي لإشراف البنك والحكومة المصرية معا " (٣٦)

واضح لكل قارىء ما فرضه البنك من شروط أنها شروط من لا يريد أن يدفع شيئا للمشروع ، بل إن ما يهدف إليه إعاقة المشروع وتعطيله ، وإعادة مصر إلى عهود الخديو إسماعيل وتوفيق ، بل إن هذه الشروط مبالغ فيها في عهدهما الميمون ،ولهذا رفضها عبد الناصر بشدة ، ولم ييأس ، بل راح يبحث عن دول أخرى ممكن أن تمول السد .

، يقول ناصر :

" لم نستطع الوقوف جامدين ، لم نستطع تجاهل أهمية المضي في تنفيذ مشروع السد العالي من وجهة النظر المادية ، ومن ناحية أخرى من الوجهة المعنوية ، لم يكن بإمكاننا تحمل الإهانة الموجهة إلى شعبنا ، هذه كانت كيفية تأميمنا للسويس لنستخدم ريعها في بناء السد العالي ، النتيجة كانت حرب السويس ، هناك سؤال : هل كانت سياسة داخلية أم سياسة خارجية ؟ "   (٣٧)
إذن فالأسباب سياسية بحتة .

ويبرر دالاس تراجع أميركا عن تمويل السد أن بعض أعضاء مجلس الشيوخ يخشون منافسة القطن المصري للأقطان الأميركية حين تزاد المساحة من الأراضي المصرية لزراعة القطن ، وان مصر قد رهنت محصول القطن لسداد ثمن صفقة الأسلحة التشيكية ، لذا لن تقدر على سداد القرض الأميركي .

ويأتي الرد على حجج دالاس أن مصر لن تبدأ بزراعة القطن إلا بعد الانتهاء من بناء السد أي بعد ١٥ عاما !

أما أمور مصر المالية والتزاماتها فقد درست ومحصت قبل أن تقديم العرض .

بقي أن نعرف رأي عبد الناصر نفسه ، فقد صرح يوم ٣ تشرين ثان ١٩٥٩ لصحيفة نيويورك تايمز الأميركية قائلا :

" لنأخذ حرب السويس على سبيل المثال ، هل كانت فقط مسألة سياسة خارجية ؟ كل مسألة حرب السويس بدأت كما يلي :

في سعينا لبناء بلدنا لمواجهة مشاكل الإنتاج وزيادة السكان وقف مشروع السد العالي على رأس لائحة المشاريع الواجب أن ننجزها ، حاولنا أن نحصل على العروض والقروض من الولايات المتحدة وبريطانيا ، فقدمتا عرضيهما ، وفي نفس الوقت حاولتا أن تستغلا ذلك في محاولة لفرض سياسة معينة علينا عندما رفضنا التسليم أو الاستسلام ، تم سحب العروض فجأة بطريقة مذلة لنا "(٣٨) .

لماذا سحبوا التمويل

قارىء الصفحات السابقة ليس صعبا عليه أن يدرك أسباب حجب دول الغرب تمويلها لبناء السد ، وهي (٣٩) :

١- عقد ناصر صفقة الأسلحة التشيكية مع الاتحاد السوفييتي ، وبذلك حصل على أصدقاء بإمكانه الاعتماد عليهم مستقبلا لتزويده بالسلاح وبغيره .

٢- رفضه الانضمام لحلف بغداد وعداؤه له .

٣- تأسيسه حركة عدم الانحياز مع نهرو وتيتو .

٤- اعتراف مصر بالصين الشعبية .

٥- مساعدته ثورة الجزائر وحركات التحرر الأخرى .

٦- اكتسابه شعبية كبيرة في البلاد العربية .

٧- دعوته لمؤتمرات ولقاءات كثيرة لتوحيد الصفوف العربية .

ونضيف لهذه الأسباب المذكورة آنفا :

١- كان واضحا أن الشخصية الناصرية شخصية قيادية وطنية صعبة الانقياد لمحاولات الغرب احتواءها وتهجينها ، وضمها في أحلافها .

٢- أن القيادات العربية المحيطة بناصر لم تبد أية بوادر عدائية تجاهه ، وهذا قد يقود إلى منحه القيادة العربية ، وهذا بدوره يؤدي إلى وحدة عربية تخيف الغرب ، وتشكل خطرا على إسرائيل .

٣- مصر دولة كبيرة سكانيا وثقافيا ، ومنحها القروض يؤدي إلى تقويتها اقتصاديا ، وبالتالي عسكريا ، وهذا ليس في مصلحة الغرب أو إسرائيل .

٤- بروز الشخصية الناصرية يدفع بكبار النفوس من زعماء الدول الأخرى إلى جعله نموذجا لهم في الخروج على" النصوص " الغربية ، والاعتزاز بقدرات بلدان العالم الثالث على الاستقلال والنمو والتقدم بدون اللجوء إلى الغرب ،وترقب عطفه ومساعدته .

وقدر عبد الناصر الظلم الواقع على مصر في ما تأخذه من ريع ، فالدول المنتجة للنفط ، تأخذ ٥٠ في المائة من دخله ، ومصر وهي صاحبة قناة السويس لا تأخذ من دخل القناة سوى مليون جنيه ، بينما دخل القناة ٣٦ مليون .

ويضيف : " من العدل – ومن باب المساواة بالبترول – أن نأخذ نصف دخل القناة .. وذلك كي نستطيع تمويل مشروعاتنا الصناعية دون أن نتوسل للبنوك كل سنة بان تقبل المساهمة في خطتنا للتنمية "

ثم عاد ناصر واتخذ القرار الأشجع والأصح : لماذا نأخذ النصف ..لماذا لا نأخذ الكل ؟ (٤٠)

ولم يكن ناصر ظالما أحدا في قراره ذاك .

توقعات عبد الناصر
قبل اتخاذ قرار التأميم

وبعقلية القائد الحكيم الذي لا يتخذ قرارا إلا بعد حسابات دقيقة لآثار قراره ، أخذ ناصر يدرس ما يمكن أن يفعله أعداء مصر لو أنه أمم قناة السويس ، فيقول :

" تقديري أن التدخل العسكري ضدنا سيكون بنسبة ٨٠ في المائة خلال أسبوع من قرار التأميم .

إذا مضت هذه الفترة الحرجة فسوف تتناقص احتمالات الخطر .

في الأسبوع الثاني والثالث من أغسطس سوف يكون الخطر بنسبة ٦٠ % .

في الأسبوع الرابع من أغسطس سوف يكون الخطر بنسبة ٤٠% .

خلال شهر سبتمبر سوف يكون الخطر ٣٠ % .

حتى نهاية أكتوبر سوف يكون الخطر بنسبة ٢٠% ، ثم يبدأ بالتلاشي بعد ذلك لأن الفرصة تكون قد أفلتت تماما " (٤١)

وقد جاءت الأحداث عكس ما توقعه تماما ... فلماذا ؟

ولعل الأسباب لا تتعدى ما يلي :

١- لم يحسب ناصر المدة التي ستقطعها الجيوش البريطانية - مثلا - حتى تصل إلى مصر .

٢- لم يكن تقديره لخطورة القرار مصيبا مائة بالمائة ، بدليل أنه قد جعل نسبا لاحتمال الهجوم تتضاءل بتقدم الزمن ، والذي حدث جاء على العكس تماما ، فقد زاد الاحتمال بتقدمه .

مشاورات قبل التأميم

وكان من عادة ناصر أن يستشير أهل الخبرة والرأي قبل اتخاذ القرارات الصعبة المصيرية ، لذا عقد اجتماعا لبعض أعضاء مجلس قيادة الثورة ، وهم عبد الحكيم عامر وعبد اللطيف البغدادي وزكريا محي الدين ، فاقترح عبد الحكيم عامر زيادة الرسوم ، ولكن ناصر رد بأن ذلك لا يكفي لبناء السد العالي .

وبعد عدة اجتماعات مع المجلس ، وافق الجميع بدون تردد ، وتوقع الجميع أن نسبة الخطر تمثل ٣٠% إلى ٤٠% .

واستدعى ناصر الدكتور مصطفى الحفناوي الحاصل على الدكتوراه من جامعة باريس عن موضوع القناة ، فاقترح تأجيل التنفيذ عدة شهور لتهيئة الرأي العام . وأضاف قائلا :" إني أكاد أسمع بأذني أزيز الطائرات التي ستهجم علينا " (٤٢) ، دالا بذلك على علم غزير ، ووعي تام دقيق لأبعاد مثل هذا القرار الخطير ، وقد صدقت نبوءة هذا الرجل العالم فيما بعد ..!

الاستعدادات الأخيرة

قبل القرار التاريخـي

وكان على القائد التاريخي الحريص الواعي أن لا يتخذ قراره العظيم تسرعا واعتباطا ، فهناك أمور عليه أن يعرفها ويتأكد منها قبل أن ينطق بالقرار الذي سيهز الدنيا بأسرها .

أولا :القوات البريطانية القريبة من مصر :

بواسطة أجهزة المخابرات المختلفة ، عرف عبد الناصر أعداد وعدد القوات البريطانية التي يحتمل تدخلها بعد التأميم ،وقدمت له مذكرة بذلك ، فكانت :

١- حاملة طائرات راسية في مالطا .

٢- مدمرة في البحر الأحمر .

أما القوات البرية فكانت :

٣- الفرقة العاشرة المدرعة في ليبيا .

٤- فرقة الهوسار – مشاة- في الأردن .

٥- لواء الحرس الثالث –مشاة – ولواء الكوماندوز الثالث –مظلات – وكلاهما في قبرص .

وبعد الدراسة والتمحيص للمعلومات السابقة ، يدون الزعيم الراحل ملاحظاته على حاشية المذكرة ، فكتب :

- " لا تستطيع الحكومة البريطانية أن تتدخل عسكريا ضدنا بالفرقة المدرعة الموجودة في ليبيا ، صعب استعمال بلد عربي كقاعدة لغزو بلد عربي آخر .
- نفس الشيء ينطبق على فرقة المشاة الموجودة في الأردن .

- قوات قبرص غير كافية لأية عمليات .

- قوات الأسطول عاجزة عن الهجوم أو المعاونة .

- يمكن للحكومة البريطانية أن تنسق مع الحكومة الفرنسية لعملية مشتركة ، ولكن القوات الفرنسية مشغولة بالجزائر ، وعملية نقلها وتعبئتها ، والاتفاق على عمليات مشتركة تحتاج ما بين شهرين إلى ثلاثة شهور على الأقل .

- مستحيل أن تلجأ بريطانيا وحدها ، أو بريطانيا بالتنسيق مع فرنسا ، إلى الاستعانة بإسرائيل في أي عملية ضد مصر ، لأن ذلك "يقلب الدنيا" في العالم العربي ضدهما . بريطانيا لا يمكن أن تدخل في عملية من هذا النوع بالتنسيق مع إسرائيل ... ولا يمكن لأنتوني إيدن – رئيس الوزراء البريطاني – أن يفعل ذلك بسبب المصالح البريطانية ، والعــلاقات البريطانية مع الملــوك والشيوخ العرب.(٤٣)

وبإمكاننا القول أن النقاط الأربع الأولى من ملاحظات ناصر كانت سليمة ، وفي النقطة الخامسة كان مصيبا أكثر ، فقد اشترك الفرنسيون والإنجليز في عملية مشتركة ، واستغرق ذلك شهران إلى ثلاثة شهور ، وكأن ناصر يقول لنا أن مصر ستكون جاهزة لصد الهجوم حينذاك !

وبإحساس العسكري ، يدرك ناصر احتمال اتفاق ثلاثي ، وهذا ما حصل بالفعل ، ولكنه مع الأسف يرى ذلك مستحيلا ، لأن ذلك يقلب الدنيا ، ولم يصح توقعه هذا ، أما علاقات البريطانيين مع الشيوخ والملوك العرب فكان على ناصر أن لا يرى ذلك من الاعتبارات المهمة كثيرا عند الإنجليز ، بدليل أن الاعتداء قد حصل ولم يقم اعتبار لذلك .

ثانيا : إدارة القناة : استدعى ناصر المهندس محـمود يونس (١٩١٢- ١٩٧٦) المدرس السابق في كلية أركان الحرب -التي تخرج منها ناصر- والعضو المنتدب لهيئة القناة ، وكلفه بتشكيل هيئة لإدارة القناة عند تأميمها ، وسلمه مذكرة عن القناة تقع في ٥٥ صفحة ، وكتاب الدكتور مصطفى الحفناوي عنها ، وكان الرجال الذين كلفوا بالمشاركة في تسيير أمور القناة من :

١- **الفنيين :** المهندسين المصريين العاملين في القناة .

٢- **القوات المسلحة :** من كبار الضباط المهندسين والفنيين ، وبعضهم له خبرة بأعمال القناة .

٣- **قطاع البترول :** مهندسون وإداريون ومحاسبون .

٤- **رجال البوليس :** من منطقة القناة .

٥- **وزارة التجارة :** ضباط جيش جامعيون سابقون .(٤٤)

ولم يكن مع كل أولئك من الوقت سوى ٥٥ ساعة انتظارا للقرار التاريخي الذي سوف يعلنه الرئيس في خطابه في الإسكندرية في ٢٦ تموز ١٩٥٦ بمناسبة الذكرى الرابعة لقيام الثورة ، وكانت كلمة السر "ديلسبس" ، ليندفع المكلفون بالسيطرة على القناة لمهمتهم حين سماعهم تلك الكلمة

الفصل الرابع

مقتطفات من خطاب تأميم القناة

الإسكندرية ٢٦ يوليو ١٩٥٦

" ...وحينما وصل بلاك ، وهو مدير البنك الدولي ، وابتدأ الكلام معي في تمويل السد العالي ، كنت أنظر إليه وهو جالس على الكرسي وأتخيل أنني اجلس أمام فرديناند دلسبس "

" وعاد بي التفكير إلى الكلام الذي كنا نقرأه ، ففي عام ١٨٥٤ وصل مصر فرديناند دلسبس ، وذهب إلى محمد سعيد باشا ، الوالي ، وجلس بجانبه وقال له : نريد أن نحفر قناة السويس ، وهذا المشروع سيفيدك فائدة لا حد لها ، فهو مشروع ضخم ، وسيعود على مصر بالكثير.

" وكان هذا الكلام عام ١٨٥٤ ، وفي عام ١٨٥٦ ، أي منذ مائة عام ، صدر فرمان بتكوين الشركة ، وأخذت مصر من الشركة ٤٤% من الأسهم ، والتزمت بالتزامات ديلسبس ، .. شركة ديلسبس شركة خاصة ليس لها علاقة بحكومة ولا سيطرة ،ولا احتلال ولا استعمار ، ديلسبس قال للخديوي : أنا صديقك ، وقد جئت لأفيدك ، وأعمل قناة بين البحرين تستفيد منها .

" وتكونت شركة قناة السويس ، واشتركت مصر ب٤٤% من الأسهم ، وتعهدت مصر بأن تورد العمال الذين سيحفرون القناة بالسخرة ، ومات ١٢٠ ألف عامل في حفر القناة ، ودون أن يأخذوا أجرا .. وحفرت القناة بأرواحنا وجماجمنا ودمائنا .. دفعنا ٨ ملايين جنيه .. وبعد ذلك ، ولأجل أن يتنازل ديلسبس عن بعض الامتيازات ، كنا ندفع له أيضا .. وكان المفروض أن نأخذ أيضا ١٥% من أرباح الشركة زيادة على أرباح أسهمنا ، وتنازلنا عن ال ١٥% من الأرباح .. وبعد أن

كانت القناة محفورة لمصر ، كما قال ديلسبس للخديو ، أصبحت مصر ملكا للقناة
" .

" وفي الاتفاق الذي عقد في ٢٢ فبراير ١٨٦٦ ، جاء في المادة ١٦أنه بما أن الشركة العالمية لقناة السويس البحرية شركة مصرية ، فإنها تخضع لقوانين البلاد وعرفها ، وإلى الآن لم تخضع الشركة لقوانين البلاد ولا لعرفها ، لأنها تعتبر نفسها دولة داخل دولة .

" ونتيجة الكلام الذي قاله ديلسبس للخديو عام ١٨٥٦ .. ونتيجة الصداقة والديون هي احتلال مصر عام ١٨٨٢ ، واستدانت مصر بسبب هذا الموضوع ،. فماذا فعلت ؟ اضطرت مصر في عهد إسماعيل إلى بيع نصيبها من الأسهم وقدره ٤٤% من أسهم الشركة ، وفورا أرسلت إنجلترا تشتري نصيب مصر من الأسهم من الشركة ، اشترتها بأربعة ملايين جنيه ، وبعد ذلك تنازل إسماعيل عن الأرباح التي كان يأخذها وقدرها ١٥% للشركة نظير تنازلها عن بعض الامتيازات التي أعطيت لها ، فاضطر بعد أن اشترت إنجلترا ال٤٤% من الأسهم بأربعة ملايين جنيه أن يدفع لإنجلترا سنويا ٥% نظير الأرباح التي كان قد تنازل عنها ، فدفع لها الثمن أربعة ملايين جنيه ، أي أن بريطانيا أخذت نصيب مصر من الأسهم وقدره ٤٤% بدون مقابل .

" ولا زالت بريطانيا ، من وقت افتتاح القناة حتى الآن ، تأخذ فوائد مقابل هذه الأسهم ، والدول كلها تأخذ فوائد ، والمساهمون فيها يأخذون فوائد .. ودولة داخل دولة ، وشركة مساهمة مصرية .

" وبلغ دخل قناة السويس في عام ١٩٥٥ ، ٣٥ مليون جنيه ، أي مائة مليون دولار ، ونأخذ منها نحن الذين مات من أبنائنا ١٢٠ ألف في إثناء حفرها مليون

جنيه فقط ، أي ثلاثة ملايين دولار ، شركة قناة السويس التي قامت ، كما قال الفرمان ، من اجل مصلحة مصر ، ومن اجل منفعة مصر .

" وهل تعلمون مقدار المساعدة التي ستعطيها أمريكا وإنجلترا لنا في ٥ سنوات ؟ ٧٠ مليون دولار ، وهل تعلمون من الذي يأخذ المائة مليون دولار ، وهي دخل الشركة السنوي ؟ هم الذين يأخذونها بالطبع .

" وليس عيبا أن أكون فقيرا ، واقترض لكي أبني بلدي ، أو أحاول أن أجد مساعدة لأجل بلدي ، ولكن العيب أن امتص دماء الشعوب ، وامتص حقوق الشعوب ، إننا لن نكرر الماضي ، بل سنقضي على الماضي ، بأن نستعيد حقوقنا في قناة السويس .. هذه الأموال أموالنا ، وهذه القناة ملك لمصر ، لأنها شركة مساهمة مصرية .

" والتاريخ لن يعيد نفسه ، بل على العكس ، سنبني السد العالي ، وسنحصل على حقوقنا المغتصبة ، سنبني السد العالي كما نريد ، وسنصمم على هذا – ٣٥ مليون جنيه كل سنة تأخذها شركة القناة ، فلتأخذها مصر . مائة مليون دولار كل عام تحصلها شركة لمصلحة مصر .. فلنحقق هذا الكلام وتحصل مصر المائة مليون دولار لمنفعة مصر أيضا .

" ولهذا فإننا اليوم ، أيها المواطنون حينما نبني السد العالي ، فإنما نبني أيضا سد العزة والحرية والكرامة ، ونقضي على سدود الذل والهوان .

" ولهذا قد وقعت اليوم ،ووافقت الحكومة على القانون الآتي :

قرار من رئيس الجمهورية
بتأميم الشركة العالمية لقناة السويس

باسم الأمة

رئيس الجمهورية

مادة ١- تؤمم الشركة العالمية لقناة السويس البحرية - شركة مساهمة مصرية- وينتقل إلى الدولة جميع ما لها من أموال وحقوق ، وما عليها من التزامات ، وتحل محل جميع الهيئات واللجان القائمة حاليا على إدارتها .

ويعوض المساهمون وحملة حصص التأسيس عما يملكونه من أسهم وحصص ،بقيمتها مقدرة بحسب سعر الإقفال السابق على تاريخ العمل بهذا القانون في بورصة الأوراق المالية بباريس ، ويتم دفع هذا التعويض بعد استلام الدولة لجميع أملاك وممتلكات الشركة المؤممة .

مادة ٢ - تتولى إدارة مرفق المرور في قناة السويس هيئة مستقلة تكون لها الشخصية الاعتبارية ، وتلحق بوزارة التجارة - يصدر بتشكيل هذه الهيئة وتحديد مكافآت أعضائها قرار من رئيس الجمهورية ، ويكون في سبيل إدارة المرفق جميع السلطات اللازمة لهذا الغرض دون التقيد بالنظم والأوضاع الحكومية .

ومع عدم الإخلال برقابة ديوان المحاسبة على الحساب الختامي ، يكون للهيئة ميزانية مستقلة يتبع في وضعها القواعد المعمول بها حاليا في المشروعات التجارية . وتبدأ السنة المالية في أول يوليو ، وتنتهي في آخر يونيو من كل عام . وتعتمد الميزانية والحساب الختامي في كل عام بقرار من رئيس الجمهورية .

تبدأ السنة المالية الأولى من تاريخ العمل بهذا القانون ، وتنتهي في آخر يونيو من عام ١٩٥٧ ، وتعتمد الميزانية والحساب الختامي في كل عام بقرار من رئيس الجمهورية . ويجوز للهيئة أن تنتدب بين أعضائها واحدا أو اكثر لتنفيذ قراراتها ،

أو للقيام بما تعهد به إليه من أعمال . كما يجوز لها أن تؤلف من بين أعضائها أو من غيرهم لجانا فنية للاستعانة بها في البحوث والدراسات .

يمثل الهيئة رئيسها أمام الجهات القضائية والحكومية وغيرها، وينوب عنها في معاملته مع الغير .

مادة ٣ – تجمد أموال الشركة المؤممة وحقوقها في جمهورية مصر وفي الخارج ، ويحظر على البنوك والهيئات والأفراد التصرف في تلك الأموال بأي وجه من الوجوه .. أو صرف أي مبلغ وتأدية أية مطالبات أو مستحقات عليها إلا بقرار من الهيئة المنصوص عليها في المادة الثانية .

مادة ٤- تحتفظ الهيئة بجميع موظفي الشركة المؤممة ومستخدميها وعمالها الحاليين ، وعليهم الاستمرار في أداء أعمالهم ، ولا يجوز لأي منهم ترك عمله أو التخلي عنه بأي وجه من الوجوه ، أو لأي سبب من الأسباب ، إلا بإذن من الهيئة المنصوص عليها في المادة الثانية .

مادة ٥- كل مخالفة لأحكام المادة الثالثة يعاقب مرتكبوها بالسجن و الغرامة توازي ثلاثة أمثال قيمة المال موضوع المخالفة، وكل مخالفة لأحكام المادة الرابعة يعاقب مرتكبها بالسجن ،فضلا عن حرمانه من أي حق في المكافأة أو المعاش أو التعويض .

مادة ٦- ينشر هذا القرار في الجريدة الرسمية ويكون له قوة القانون ، ويعمل به من تاريخ نشره ، ولوزير التجارة إصدار القرارات اللازمة لتنفيذه.

أيها المواطنون :

إننا لن نمكن منا المستعمرين أو المستبدين .. إننا لن نقبل ان يعيد التاريخ نفسه مرة أخرى .. إننا قد اتجهنا قدما إلى الأمام لنبني مصر بناء قويا متينا .. نتجه

إلى الأمام نحو استقلال سياسي واستقلال اقتصادي .. نتجه إلى الأمام نحو اقتصاد قومي ..من أجل جموع هذا الشعب .. نتجه إلى الأمام لنعمل ، ولكننا حين نلتفت إلى الخلف إنما نلتفت لنهدم آثار الماضي .. آثار الاستبداد .. آثار الاستعباد والاستغلال والسيطرة .. إنما نتجه إلى الماضي لنقضي على جميع آثاره .

واليوم أيها المواطنون وقد عادت الحقوق إلى أصحابها .. حقوقنا في قناة السويس .. عادت إلينا بعد مائة سنة .. اليوم إنما نحقق الصرح الحقيقي من صروح السيادة - ونحقق البناء الحقيقي من أبنية العزة والكرامة .. وقد كانت قناة السويس دولة في داخل الدولة ، شركة مساهمة مصرية ، ولكنها تعتمد على المؤامرات الأجنبية ، وتعتمد على الاستعمار وأعوانه .

بنيت قناة السويس من اجل مصر ، ومن أجل منفعة مصر ، ولكن كانت قناة السويس منبعا لاستغلال واستنزاف المال ، وكما قلت لكم منذ قليل.. ليس عيبا أن أكون فقيرا ، أو أن اعمل على بناء بلدي ، ولكن العيب هو امتصاص الدماء .. لقد كانوا يمتصون الدماء .. يمتصون حقوقنا ويأخذونها .

واليوم حين نستعيد هذه الحقوق ، أقول باسم شعب مصر إننا سنحافظ على هذه الحقوق ونعض عليها بالنواجذ .. سنحافظ على هذه الحقوق .

ودونها أرواحنا ودماؤنا .. إننا سنحافظ على هذه الحقوق .. لأننا نعوض ما فات ..إننا حين نبني اليوم صرح العزة والكرامة نشعر أن هذا الصرح لا يمكن أن يكتمل إلا إذا قضينا على صروح الاستبداد والذلة والمسكنة .. وفد كانت قناة السويس صرحا من صروح الاستبداد ، وصرحا من صروح الاغتصاب .. وصرحا من صروح الذل .

اليوم أيها المواطنون أممت قناة السويس ، ونشر هذا القرار في الجريدة الرسمية فعلا ، واصبح هذا القرار أمرا واقعا .

اليوم أيها المواطنون نقول هذه أموالنا ردت إلينا .. هذه حقوقنا التي كنا نسكت عليها عادت إلينا .

اليوم أيها المواطنون ودخل قناة السويس ٣٥ مليون جنيه،أي مائة مليون دولار في السنة،أي خمسمائة مليون دولار في خمس سنوات .. فلم ننظر إلى ال٧٠ مليون دولار قيمة المعونة الأميركية.

واليوم أيها المواطنون بعرقنا ودموعنا ، وأرواح شهدائنا ، وجماجم الذين ماتوا عام ١٨٥٦ ، منذ مائة عام إثناء السخرة ، نستطيع أن ننمي هذا البلد ، وسنعمل وسننتج ونزيد في الإنتاج برغم كل المؤامرات وكل هذا الكلام ، إنني كلما صدر من واشنطن كلام سأقول : موتوا بغيظكم .

سنبني الصناعة في مصر وسننافسهم ، فهم لا يريدون أن نكون دولة صناعية حتى تروج منتجاتهم وتجد لها سوقا عندنا .

إني لم أر أبدا معونة أمريكية متجهة إلى التصنيع ، لأن اتجاهها إلى التصنيع سيترتب عليه منافستنا لهم .. ولكن المعونة الأمريكية تتجه دائما إلى الاستغلال ، ونحن في الأربع سنوات الماضية ، ونحن نستقبل العام الخامس للثورة .

كما قلت في أول كلامي ، نشعر بأننا أصلب عودا وأشد عزما وأشد قوة وإيمانا .. واليوم ونحن نستقبل العام الخامس للثورة ، وكما طرد فاروق في ٢٦ يوليو ١٩٥٢ ، تخرج اليوم قناة السويس ، في نفس اليوم نشعر أننا حققنا عزة حقيقية ، فلن تكون سيادة في مصر إلا لأبناء مصر ولشعب مصر .

وسنتجه قدما إلى الأمام .. متحدين متكاتفين .. شعب واحد يؤمن بنفسه ، ويؤمن بوطنه ويؤمن بقوته ، شعب واحد ..كتلة واحدة متراصة نحو البناء ونحو التصنيع ونحو الإنشاء وضد أعوان الاستعمار وألاعيب الاستعمار، نقف ضد الغدر والعدوان ، ونقف ضد الاستعمار الذي آل على نفسه أن يعمل ويزحف زحفا حثيثا .

إننا بهذا أيها المواطنون سنستطيع أن نحقق الكثير ، وسنشعر بالعزة ونشعر بالكرامة ..وسنشعر بأننا نبني وطننا بناء حقيقيا كما نريد .. نبني ما نريد ونعمل ما نريد .. ليس لنا شريك .

وإننا اليوم حينما نسترد الحقوق المغتصبة والحقوق المسلوبة إنما نتجه إلى القوة ، وكل عام سنزداد قوة على قوة ، وبعون الله نكون أقوياء في العام القادم ، وقد ازداد إنتاجنا وعملنا ومصانعنا .

الآن وأنا أتكلم يقوم اخوة لكم من أبناء مصر ، ليديروا شركة القنال ، ويقوموا بعمل شركة القنال ، الآن في هذا الوقت يتسلمون شركة القنال المصرية لا شركة القنال الأجنبية .. قاموا ليتسلموا شركة القنال ومرافقها ، ويديروا الملاحة في القناة .. القناة التي تقع في أرض مصر ، والتي تخترق أرض مصر ، والتي هي جزء من مصر وملك لمصر ، نقوم الآن بهذا العمل لنعوض ما فات ، ولنعوض عن الماضي ، ولنبني صروحا جديدة للعزة والكرامة .

وفقكم الله والسلام عليكم ورحمة الله . (٤٥)

تعليق

هذا الخطاب التاريخي الذي أعلن فيه الزعيم الراحل قراره التاريخي بتأميم قناة السويس ، يستحق منا الوقوف عند الأفكار الوطنية النيرة التي أوردها عبد الناصر ، والتي كانت سياسته وسياسة دولته في السنين التالية .

١- إن قناة السويس وشركتها كانتا رموزا من رموز الاستعمار والاستغلال والاستعباد ، وقد آن الأوان لشطب كل هذه الكلمات والمفاهيم من القاموس المصري الذي عاش كل أنواع الذل على مدى سنين طويلة ، وقد جاءت ثورة يوليو المجيدة لتنهي تلك العهود ، وترد للشعب المصري الكرامة والعزة .

٢- أن تأميم القناة لم يكن اغتصابا لحقوق الآخرين حتى يقاتلوا من أجله ، بل هو حق مصري تم اغتصابه عشرات السنين ، وقد توفرت لمصر اليوم القيادة الشجاعة القادرة على استرجاع ذلك الحق .

٣- يرى الزعيم الراحل أن الأوان قد حان لبناء صناعة متطورة في مصر ، وهو يبني ذلك على الحلم الذي صار حقيقة .. تأميم القناة الذي سيجلب المال الوفير لبناء صروح الصناعة الوطنية .

٤- يشخص لنا ناصر طبيعة " المساعدات " التي يقدمها الغرب لنا في دول الشرق ، إنها لم تكن يوما متجهة لتأسيس صناعة في بلادنا ، والسبب هو أن هذه البلاد مستعبدة للصناعة الغربية .

٥- يتوقع الزعيم الراحل أن هذه الخطط التنموية الكبيرة التي يزمع القيام بها سوف تحارب من قبل الاستعمار ، لذا هو يحذر من ذلك سلفا، ويقول أن علينا الوقوف ضد أعوان الاستعمار وألاعيب الاستعمار ، نقف ضد الغدر والعدوان... .

٦- يبشر بأن هذه الخطط التي يرسمها سوف تولد القوة والمنعة ، والعزة
والكرامة ، وهذا ما حصل ... .

٧- يركز ناصر على موضوع السيادة ويكررها كثيرا في خطابه ، فهو يلمح
أن مصر اليوم لن يكون لها سيد سوى قيادتها الواعية ، وإرادة شعبها
ووحدته ، وسعيه الحثيث المسلح بالعزم والإيمان .

مشروعية التأميم

هل كان التأميم إجراء مشروعا أم أنه مخالفة للقوانين والأنظمة
والمعاهدات التي وقعت عليها مصر؟

أولا : لقد سلمت المعاهدة بملكية مصر للقناة .

ثانيا : وأن شركة القناة شركة مساهمة مصرية تخضع لجميع القوانين المصرية

.

ولما طلبت الشركة " فتوى قانونية " في التأميم من الأستاذ فيدل عميد كلية
الحقوق في باريس ، قال :

١- أن الامتياز الممنوح للشركة يتناول جانبا تنظيميا للدولة مانحة الامتياز، ولها
أن تتخذ في شانه ومن جانبها ما تراه من إجراءات .

٢- أن هذا الجانب التنظيمي يشمل كل إجراء يكفل سير المرفق ويشمل
كل إجراء تتخذه قبل موعد انتهاء الامتياز لضمان قيام المصريين بإدارته
بكفاءة .

٣- أن الشركة شركة مساهمة مصرية ، ومن حق مصر إخضاعها لكل
تشريع تصدره (أي أنها تخضع لقوانين وعرف البلاد) .

٤- أي محاولة من الشركة لعدم الخضوع للتشريع المصري هو حط من شأن
القيم القانونية ، ولا تستجيب مع واقع الحال .(٤٦)

إذن فقرار التأميم شرعي لا مخالفة فيه للمعاهدة المذكورة ، والذي يفند آراء الحلفاء أستاذ فرنسي !

ونضيف إلى ما سبق :

٥- التأميم ممارسة لحق من حقوق السيادة ، فالامتياز كان رخصة منحتها حكومة لشركة خاصة ، ولم يكن معاهدة بين حكومات .

٦- نص قانون التأميم على التعويض الكامل .(٤٧)

كما أن القناة ظلت تعمل بانتظام ، وحرية المرور متوفرة ، ولم تمس مصر أية معاهدة دولية تخص القناة . (٤٨)

****

مراجع الباب الرابع

(١) عبد الناصر ، المجموعة الكاملة لخطب وأحاديث جمال عبد الناصر ١٩٥٥-١٩٥٧، ص ٩٢ .

(٢) أحمد عطية ، القاموس السياسي ، ص ٣٥٨

(٣) م ن ، ص ٣٥٨ .

(٤) رؤوف عباس ، ثورة يوليو إيجابياتها وسلبياتها ، ص ٥٧

(٥) م ن ، ص ٥٧

(٦) جمال عبد الناصر، الثورة والإنسان ص ١٢ .

(٧) عبد الرحمن الرافعي وآخرون ، كفاح الشعب والجلاء ، ص ١٦٧ .

(٨) سعد الدين إبراهيم وآخرون ، مصر والعروبة وثورة يوليو ،ص٣١٨ .

(٩) م ن ، ص ٣٢٢ .

(١٠) صلاح بسيوني ، مصر وأزمة السويس ، ص ١١-١٢ .

(١١) محمد حسنين هيكل ، ناصر والعالم ، ص ٥٥ .

(١٢) م ن ، ص ٦٦-٦٧ .

(١٣) م ن ، ص ٦٩ .

(١٤) أمين هويدي ، حروب عبد الناصر ، ص ٣٨ .

(١٥) د . إبراهيم العدوي ، الصراع بين الأمة العربية والاستعمار الجديد ، ٩٣- ٩٤ .

(١٦) محمد حسنين هيكل ، لمصر لا لعبد الناصر ،ص١٢٢-١٢٣.

(١٧) د. إبراهيم العدوي ، م س ، ص ٩٦ .

(١٨) أمين هويدي ، م س ، ص ٢٦ .

(١٩) د .أحمد عبد الرحيم مصطفى ، الولايات المتحدة والمشرق العربي ، ص ١١٤-١١٥ .

(٢٠) جمال الشرقاوي وآخرون ، نضال عبد الناصر ، ص ٢٦٢

(٢١) م ن ، ص ٢٦٣ .

(٢٢) أمين هويدي ، م س ،ص ٤٢ .

(٢٣) أحمد عطية ، م س. ص ١٨ .

(٢٤) د . أحمد عبد الرحيم مصطفى ، م س ،ص ١٢٩ .

(٢٥) محمد حسنين هيكل ، قصة السويس ، ص.٢٩

(٢٦) أحمد حمروش ، مجتمع عبد الناصر ، ص ٦٠ .

(٢٧) أحمد حمروش ، م ن ، ص ٤٩ .

(٢٨) م ن ، ص ٤٩ .

(٢٩) أحمد حمروش ، خريف عبد الناصر ، ص ٢٤-٢٥ .

(٣٠) م ن ، ص ٣٧ .

(٣١) م ن ، ص ٣٧ .

(٣٢) أحمد عبد الرحيم مصطفى ، م س ، ص ١٣٢.

(٣٣)أحمد حمروش ، م س ،ص ٢٤ .

(٣٤) أحمد حمروش ، مجتمع عبد الناصر ، ص ٤٨ .

(٣٥) جمال الشرقاوي ، م س ، ص ٣٦٥ .

(٣٦) م ن ، ص ٣٦٥ .

(٣٧) عبد الناصر ، خطابات عام ١٩٥٩ .

(٣٨) م ن ، ص ٥٦٠-٥٦١ .

(٣٩) عبد الحميد أبو بكر ، قناة السويس والأيام التي هزت الدنيا ، ص ٢٣.

(٤٠) محمد حسنين هيكل ، م س ، ص ١٢٦ .

(٤١) م ن ، ص ١٢٤ .

(٤٢) أحمد حمروش ، م س ، ص ٨٢ .

(٤٣) محمد حسنين هيكل ، م س ، ص ١٣٠ .

(٤٤) عبد الحميد ابو بكر ، م س ، ص ٣٤- ٣٧ .

(٤٥) عبد الناصر ، المجموعة الكاملة لخطب وأحاديث جمال عبد الناصر ، ١٩٥٥-١٩٥٧ ، ص ٣٧٧ - ٣٨٤ .

(٤٦) صلاح بسيوني ، م س ، ص ٣٦ .

(٤٧) نجلاء أبو عز الدين ، عبد الناصر والعرب ، ص ٢٥٦ .

(٤٨) صلاح بسيوني ، م س ، ص ٣٩ .

الباب الخامس

ردود الفعل على التأميم

تمهيد

لم يكن القرار الشجاع بالأمر السهل على بريطانيا وفرنسا وإسرائيل ، فالأولان متضرران كون القناة هي طريقهما إلى دول المشرق ، وإسرائيل ترى في ذلك استقواء ناصريا ذهب بصاحبه بعيدا في التألق والشهرة ، وقبل ذلك في الخطورة والقيادة العربية المتوقعة ، ثم في رفع شان بلاده الاقتصادي ، ليس فقط بما ستحصله مصر من عائدات القناة ، بل بمجاهرة ناصر بأنه سيبني السد العالي إذا ما توفر له المال .

وفي الوقت نفسه كان للقرار وقع رائع في مختلف الدول العربية ، فسارت المظاهرات المبتهجة بالقرار ، المرحبة به وقد رأت فيه تحديا غير مسبوق وهي الخارجة لتوها من ظلام الاستعمار ، ومثل هذا التأييد وهذا الإجماع " مضر بالصحة " عند قوى الغرب الغاضبة ، ففيه وحدة واتفاق بين شعوب لا يحب الغرب اتحادها ، وفيه ولاء للزعيم الجديد يزيده قوة ومنعة وسؤددا .

الفصل الأول

بين القاهرة ولندن

رد فعل أنتوني إيدن

كان إيدن مع نوري السعيد على المائدة في حفل عشاء أقامه إيدن لضيفه ، حين تلقى البرقية التي حملت الخبر، فقال لضيفه :

- إن ناصر أعلن تأميم شركة قناة السويس .

فرد نوري السعيد سائلا :

- هل كان لديكم من المعلومات ما يشير إلى أن شيئا من هذا القبيل محتمل الوقوع ؟

- لقد ذهب بعيدا .. لقد فقد صوابه، ولا بد أن نعيده إليه .

- لا بد لك أن تضربه .. وتضربه بشدة .. وتضربه الآن !!(١)

ويبرر نوري السعيد استعجاله هذا بقوله " لأنه إذا ترك وشأنه فسوف يقضي علينا جميعا "

وقد صحت نبوءة الرجل ، فقد قامت ثورة ١٤ تموز في العراق ، وحاول نوري الهرب متنكرا في زي امرأة ، والقي القبض وقتل وسحل في شوارع بغداد . (٢)

هذا هو رد من كان يدعي انه حريص وقلق على مستقبل بلاده وأمته ، لذا هو يريد أن يقيم حلفا عسكريا – هو حلف بغداد – ضد الخطر الشيوعي ، وكان يريد من عبد الناصر أن ينضم إليه ، أما الآن ، فلسان حاله يقول أن عليه أن يفكر بتأسيس حلف جديد ضد عبد الناصر ، وضد مصر ، وضد كل من يفكر أن يصنع لهذه الأمة قيمة ووزنا بين الأمم ! واستدعى ايدن ممثلي فرنسا وأميركا ، وصور لهما مدى خطورة تأميم القناة على سياسة بلديهما واقتصادهما ، ولم ينس ذكر خطورته على سائر دول اوروبا .

وفي اليوم التالي ، عقد اجتماعا مع وزرائه ورؤساء أركان الحرب لمناقشة الكارثة القادمة ، ثم أرسل برقية للرئيس الأمريكي عبر فيها عن رأيه في القضية :

١- عدم السماح لعبد الناصر بتأميم القناة لأن ذلك يعني السيطرة عليها وهذا ينهي النفوذ البريطاني الأميركي في المنطقة .

٢- لأن القناة رأسمال عالمي لمن يسيطر عليها، فإن الحل العسكري بات مطروحا بقوة لحماية مصالح بريطانيا .

٣- زوال الصفة الدولية عن القناة يعني ضياع مصالح الغرب وأمواله في الشرق الأوسط .

٤- لا يكمن خطر تأميم القناة في الاستيلاء عليها فحسب ، بل يمس مكانة بريطانيا ووضعها في إفريقيا ، وهو بداية لحملة ناصرية لتصفية مصالح الغرب في الدول العربية التي سوف تصبح لاحقا تابعة لمصر ،

٥- إذا فشل الغرب في انتزاع القناة من ناصر، فمعنى ذلك نجاح ناصر في تثبيت مكانته بين العرب (٣) .

تعليق

كرر السيد ايدن اسم عبد الناصر في النقاط الخمس التي ذكرها محرضا ايزنهاور على الانضمام إليه في الحملة القادمة التي يلوح بها ضد مصر – بل ضد عبد الناصر لا غير ، وهذا يخبرنا بالخط العريض أن النوايا الاستعمارية المبيتة ضد ناصر كشخصية وطنية قيادية واعدة يمكن أن تقوم بدور ريادي قيادي في المنطقة ، وهذا لا يصب في مصلحة بريطانيا ولا فرنسا ولا أميركا ولا ربيبتهم إسرائيل ، وهو موقف حاقد قرأنا عنه الكثير قبل أزمة السويس وبعدها ،إلى أن قضى ناصر مسموما بأيد صهيونية .

ويجد جي موليه - رئيس الوزراء الفرنسي - ضالته وفرصته الكبيرة في تأميم القناة للثأر من المساعدة العسكرية المعلنة من مصر لإخوانهم في الجزائر في ثورتهم ضد فرنسا ، لذا لا داعي لأن تفوت الفرصة المتاحة والتي لا يجود الزمان بمثلها خطورة وجدية .

ولعل مصر هي الدولة العربية الوحيدة التي كانت تقف من دول الغرب وقفة الند للند ، وهذا واضح في سياستها طوال الزمن الناصري ، بحيث تجد تلك الدول نفسها معذورة في ما تتخذه من إجراءات ضد مصر وعبد الناصر ، فهي لعشرات السنين لم تعهد مثل هذا الشموخ والصمود . ولنتأمل :

١- لما أراد الغرب تأسيس حلف بغداد لغايات استعمارية ، وقفت مصر ضد الحلف بكل قوة .

٢- لما رفض الغرب تزويدها بالسلاح ، توجهت من فورها إلى البديل ... الاتحاد السوفييتي ، فأخذت الكثير .

٣- ولما زودت فرنسا إسرائيل بطائرات السابر ، ردت مصر بالاعتراف بالصين الشعبية

٤- ولما سحبت أميركا عروضها للمشاركة في بناء السد العالي ، ردت مصر على الفور بتأميم قناة السويس .

بداية الإجراءات ضد مصر

وبدأت الدول العظمى الثلاث إجراءاتها العدائية على الفور، وبدون أي تريث ، وكأنها تعلن للكل أن النوايا السيئة مبيتة منذ زمن ، ومن تلك الإجراءات :

١- تجميد الأرصدة المصرية في بنوك لندن وباريس ونيويورك .

٢- إصدار تعليمات لشركة الملاحة العالمية بعدم تسديد رسوم المرور للإدارة المصرية ، وتوريدها إلى لندن أو باريس .

٣- حملة صحفية كبيرة تطالب بعودة القوات البريطانية إلى مصر واحتلال القناة .

٤- الدعوة إلى سحب المرشدين العاملين في القناة لتعطيلها .

٥- وفي مرحلة لاحقة- التلويح بالغزو واستدعاء الاحتياطي ، وحشد قطع الأسطول البريطاني والفرنسي في قبرص .

٦-إصدار الأوامر للرعايا الأجانب بمغادرة مصر .

ولما وجهت الحكومة البريطانية إلى حكومة مصر مذكرة احتجاج رسمية ضد التأميم ، أعيدت إليها المذكرة في الليلة ذاتها ، مشفوعة بقصاصة كتب عليها: تعاد إلى الحكومة البريطانية .(٤)

كذلك استولت البرية البريطانية على بعض السفن التجارية لاستعمالها في الغزو القادم ، وتم استدعاء ١٢٥ ألف جندي من الاحتياطي خلال ٤٨ ساعة ، وتم إيقاف تنفيذ العقود التجارية التي أبرمتها مصر مع بريطانيا وإسرائيل .(٥)

ويحدد ناصر الموقف في ٢٢ -٢٣ تموز ، ويرى أن رد الفعل سيكون عنيفا من بريطانيا ، وأن ضعف موقف ايدن في حزبه سيدفعه للحل العسكري القوي ، وان احتمال التعاون بين بريطانيا وفرنسا وارد ، غير أنه استبعد مشاركة إسرائيل ظنا منه أن بريطانيا حريصة على أصدقائها من العرب ، وان بريطانيا ليست بحاجة للعون الإسرائيلي ، وفي هذه فقط لم يصب ناصر... .(٦)

دعم سوفييتي

وفي مرحلة مبكرة من الصراع ، وفي الأول من آب ، يعود السوفييت ويكررون مبادرتهم بتصريحهم أنهم جاهزون لتمويل مشروع السد العالي .(وقد تحققت مصداقيتهم فيما بعد) .

مؤتمر لندن الثلاثي

ولما اجتمع وزراء خارجية الدول الثلاث، البريطاني سلوين لويد ، والفرنسي كريستيان بينو ، والأميركي دالاس ، في الفترة ما بين ٢٩ تموز والثاني من آب ، اقترح دالاس تحويل القضية إلى محكمة العدل الدولية ، وورد في بيان الاجتماع أنه من حق مصر تأميم ما لديها من موجودات ، ولكنهم نددوا بقيامه من جانبها وحدها بالاستيلاء على شركة عالمية مسؤولة عن إدارة وصيانة قناةالسويس التي تتمتع بها كافةالدول الموقعة على اتفاقية سنة ١٨٨٨ والمنتفعة بها .(٧)

وقرر المجتمعون الدعوة إلى مؤتمر تشترك فيه الدول الموقعة على اتفاقية القسطنطينية ، والدول التي تستعملها ، وبلغ عدد الدول التي وجهت إليها الدعوة ٢٤ دولة (من ٤٥ يحق لها الحضور)وهي مصر واليونان واستراليا والدنمارك وأثيوبيا والمانيا الغربية وفرنسا والهند واندونيسيا وايران وسيلان وايطاليا واليابان وهولندة ونيوزيلندة والنرويج والباكستان والبرتغال واسبانيا والسويد وتركيا وروسيا وبريطانيا والولايات المتحدة.

والتآمر واضح من اختيار الدول المدعوة ، فقد علق الكاتب بول جونسون في كتابه " حرب السويس" أن هذه الدول- عدا مصر وروسيا اللتين لا يمكن استبعادهما - من دول حلف الأطلنطي ، أو من دول الشرق الوسط المؤيدة للغرب ،أو من دول الكومنولث ، أو من الدول التي تعتمد اقتصاديا على الغرب . (٨)

وندد المجتمعون بقيام مصر وحدها بالاستيلاء على شركة عالمية مسؤولة عن إدارة قناة السويس وصيانتها ، وأن قرار مصر هذا يخدمها وحدها ، وقرروا فرض فكرة تدويل القناة ، وعدم استخدام القوة والدعوة إلى المؤتمر الدولي .(٩)

ولعل أفضل وصف كتب عن المؤتمر ، ما ورد في صحيفة لاسويس السويسرية :

" وكانت تدابير المؤتمر توحي بأن الفرنسيين والإنجليز بذلوا وسعهم ، والتجأوا إلى كل ما لديهم من وسائل لوضع عبد الناصر في مركز لا يمكنه فيه أن يقول "لا" ، وإذ ذاك يتحرك الجهاز الحربي " (١٠)

مصر ترد على البيان الثلاثي

وفي ٣ آب ، ردت مصر رسميا على البيان الثلاثي الصادر عن اجتماع الوزراء الثلاثة ، وجاء في ردها :

١- أنها تمارس حقها وسلطاتها وسيادتها .

٢- أن قناة السويس جزء لا يتجزأ من الأراضي المصرية .

٣- أنها شركة مساهمة مصرية مسجلة في مصر .

٤- وهي شركة تزاول نشاطها في ظل القوانين المصرية .

٥- الاتفاقيات والمعاهدات الدولية تقرر حقها في القناة وتأميمها . (١١)

أنتوني إيدن يهاجم ناصر

وفي ٨ آب يلقي ايدن خطابا تهريجيا بخصوص الأزمة ، وورد فيه :

"...لقد سئلت كثيرا .. لماذا لا تثق بالكولونيل ناصر ؟ .. الرد بسيط ، انظروا إلى سجله .

قالها ورفع أمام الملايين من مشاهديه ورقة كبيرة ملطخة باللون الأسود ..! كمهرج يرتدي الملابس الملونة ويحاول جاهدا إمتاع الأطفال بما يأتي من حركات بهلوانية ... ثم قال :

" انظروا إلى سجله الأسود ، عن معركتنا ليست مع مصر ، ثم أنها ليست مع العلم العربي ، وإنما هي مع الكولونيل ناصر .. إن الكولونيل ناصر شن حملة دعائية شديدة ضد بلادنا ، وقد اظهر أنه رجل لا يمكن الوثوق به للمحافظة على أي اتفاق ، ولقد نكث الآن بوعود بلاده لشركة قناة السويس ، وهذا نموذج نعرفه جيدا أيها الأصدقاء ، إننا نعرف أن هذا هو تصرف الحكومات الفاشية ، ونحن نذكر ذلك ، ونذكر جيدا ، ونعرف كم يكلفنا التسامح مع الفاشيست " (١٢)

إذن   فالذين يدافعون عن أوطانهم وشعوبهم فاشيست في معايير ايدن المقلوبة ، والذين يحشدون الجيوش والأساطيل لغزوها ، ونهب خيراتها ، هم دعاة للخير ، ومحبون للشعوب .

ولما وصلت نصوص الخطاب في اليوم التالي إلى القاهرة لم يعد هناك أي داع لتشارك مصر في المؤتمر .

وعبد الناصر يرد

وكم دهش الزعيم الراحل من سلوك ايدن وغطرسته ، وكان السبب الأكبر للدهشة تلك الورقة السوداء التي عرضها رئيس الدولة أمام الناس ، فعلق ناصر :

" هو يكذب على شعبه ، وهذا شأنه ... ولكن هل ينزل من مستوى سياسي يرأس وزارة دولة كبرى ، إلى مستوى ممثل رخيص يحاول التأثير على الناس بورقة سوداء .. هل هذا معقول ؟ وأي نفع من الكلام مع مثل هذا الرجل ؟ " (١٣).

******

من خطاب عبد الناصر
في ١٢ آب ١٩٥٦

" أنا لا أريد أن أتحدث عن المشكلة من أولها ، وإنما سأتحدث عن الجزء
الأخير من مشكلة السويس ، إنها مشكلة بدأت منذ وقت طويل، من وقت
ديلسبس ، وقت اغتصاب حقوق مصر وتسخير مصر لخدمة القناة .. كل منا يعرف
هذا التاريخ .

فمنذ يوم ٢٦ يوليو – عندما تقرر تأميم شركة القناة- كان التأميم منصبا
على الشركة لا على القناة .. لأنه لا يمكن تأميم القناة ذاتها .. فهي جزء لا يتجزأ
من مصر .

حدثت في الخارج ضجة كبرى ورد فعل .. وخرجت الصحف تقول أن مصر
خطفت قناة السويس وسرقتها ، فما سبب هذه الضجة ؟ قالوا عن إنجلترا تملك
٤٤% من الأسهم ، وتتقاضى أرباحا قدرها ٦ ملايين جنيه .. فهل الضجة من اجل
هذه الملايين الستة ، أم من أجل الأسهم التي ضاعت عليها ؟ .

إنه نوع من الضغط الاقتصادي يهدف إلى تجويع الشعب المصري والتأثير فيه
.. هذه الإجراءات تدعو إلى العجب من دول تقول أنها تنادي بالحرية وبسيادة
الشعوب .. وهكذا ظهرت تلك الدول على حقيقتها ، وانكشف المستور " (١٤)

من المؤتمر الصحفي لناصر
١٢ آب ١٩٥٦

ويهمنا من هذا المؤتمر سؤالان ، وذلك ردا على ما كان يشيعه أعداء مصر
لتأليب الأمم عليها .

" سؤال : كيف نشأت فكرة تأميم القناة ؟

جواب : لقد بدأنا نفكر في القناة منذ عامين ونصف عام ، فقد كان المفروض أن تنشأ القناة لخدمة مصر ، لكن الآية عكست فأصبحت مصر هي الخادمة للقناة ، على أننا لم نقرر تأميم القناة إلا بعد رفض الغرب تمويل السد العالي .

ونحن نرى اليوم أننا نستطيع أن نبني السد العالي بأنفسنا ومواردنا ، إن شعبنا الذي بنى الهرم ، يستطيع أن يبني السد العالي ، لكنه في هذه المرة سيقوم ببناء مشروعات لصالحه تحقق له وللأجيال القادمة الرفاهية ، بدلا من أن يسخر في بناء القصور ، كما كان يفعل في الماضي ، ومن الضروري أن تقوم مصر بمجهود إنتاجي ضخم لرفع مستوى معيشة الشعب المصري ، سيصبح ٤٥ مليونا خلال الثلاثين عاما القادمة ، ومعنى ذلك انه يجب علينا أن نعمل دون كلل لرفع مستوى المعيشة الذي وصل إلى هذا الحد من الانخفاض بسبب الاستعمار .

سؤال : إنك أعطيت ضمانا بحرية الملاحة ، ولكن الحكومات تتغير ، فماذا يضمن استمرار ضمان حرية الملاحة في القناة ؟

جواب : لقد أوضحت في بياني أننا لا نعارض في إعطاء ضمان لحرية الملاحة ، ولكننا ضد الاستعمار الجماعي الذي يريد أن يفرض سيطرته علينا ، وتبرير هذه السيطرة بضرورة ضمان الملاحة " (١٥).

واضح إذن أن ناصر ينظر بنظره الثاقب إلى الزمن القادم وما يحمله من مسؤوليات ضخمة تتطلب المزيد من التقدم الاقتصادي ليس فقط لرفاهية الشعب ، بل لمواجهة التضخم السكاني الذي لا مثيل له في سائر الدول العربية ، والرقم

الذي ذكره قريب من الرقم الذي كان عليه الشعب في ذلك التاريخ ، وهو عام ١٩٨٦.

إضراب شامل
١٦ آب ١٩٥٦

وقام في البلاد العربية إضراب شامل ، وذلك احتجاجا على مواقف الدول الثلاث من التأميم ، تضامنا مع مصر في حقوقها العادلة ، وبدأت مصر تتلقى برقيات التأييد من حكام العرب وقادتهم وساستهم ومن بعض الدول الآسيوية والإفريقية ، وعمت المظاهرات المدن العربية .

ولا يروق هذا التضامن العربي للسيد ايدن ، فعلق قائلا :

" وبعد تأميم قناة السويس بيوم واحد ، بدأت الأصوات في العالم العربي تردد : هذه ليست قناة السويس ، بل قناة العرب ، وبدأت القومية العربية تظهر في اكمل صورها ، وتدفقت على مصر كافة التأييدات من ملوك العرب وقادتهم " (١٦)

رفض إدارة الهيئة الدولية : وفي مقابلة مع توم ليتل المدير العام لوكالة الأنباء العربية ، قال عبد الناصر أنه يرفض بان تتولى هيئة دولية إدارة القناة ، لأن في ذلك افتئات على سيادة مصر وكرامتها ، ولكنه رحب بتأليف لجنة من الدول البحرية تستشيرها الهيئة المصرية التي تدير القناة (١٧)

******

الفصل الثاني

مؤتمرات لندن

المؤتمر الأول ١٦- ٢٣ آب ١٩٥٦ :

لما كانت مصر قد قررت عدم حضور مؤتمر لندن ، كلف عبد الناصر السيد علي صبري لمتابعة المؤتمر ، وليكون همزة وصل بينه وبين الوفدين الهندي والسوفييتي ، وأقام علي صبري في السفارة المصرية في لندن مراقبا للأحداث .

وانقسمت الدول المشاركة إلى ثلاث مجموعات :

المجموعة الأولى : وهي مؤيدة للدول الثلاث بريطانيا وفرنسا والولايات المتحدة ، وتضم استراليا ونيوزيلندة وكندا وهولندة والبرتغال .

المجموعة الثانية وهي مترددة في تأييد مواقف الدول الثلاث ، وتضم إيطاليا والمانيا الغربية ، والدول الاسكندنافية والسويد والدنمارك والنرويج .

وقد أيدت الدول الاسكندنافية مشروع التأميم ، ولكنها أيدت مبدأ دولية القناة .

أما إيطاليا فكانت مع التأميم بداية ، ثم تعرضت للضغوط من الدول الثلاث وخاصة أميركا فغيرت موقفها !

أما ألمانيا ، فما كان من إيطاليا كان منها تماما .

المجموعة الثالثة معارضة للدول الثلاث ومنها إسبانيا واليونان ، وكلاهما كان مؤيدا لمصر .

وكان لباقي الدول مواقف متباينة،وقد انقسمت إلى ثلاث مجموعات ، ولكل موقفها ،ويهمنا هنا مواقف الاتحاد السوفييتي والهند وسيلان واندونيسيا الذي كان مؤيدا وبقوة للموقف المصري.

وقد صرح مندوب الاتحاد السوفييتي وهو وزير الخارجية شبيلوف أنه إذا كانت الدول الثلاث تريد تدويل القناة ، فلماذا لا يتم تدويل قناة بنما وقناة كييل ومضيق الدردنيل .

" وأكد شبيلوف أن الاتحاد السوفييتي ليس له مصالح خاصة في الشرق الأوسط ، وانه يهدف إلى جعل هذه البقعة من العالم منطقة سلام وتقدم وتعاون دولي ، وحذر في الوقت نفسه من الاستعدادات العسكرية الغربية التي يحتمل أن تعجل بنشوب صراع من الممكن أن يشمل منطقتي الشرق الأدنى والأوسط ، وربما يتعدى هذه الحدود ، وكان من رأيه أن لمصر لحق المطلق في تأميم القناة ، على اعتبار أن دولا أخرى – بما فيها إنجلترا – قد اتخذت إجراءات مشابهة في داخل أراضيها ، أما عن مسالة حرية المرور ، فقد ذهب إلى أنها ليست مشكلة ، بحكم أن مصر لم ترغب في سد القناة ، كما أكد أن فرض نظام دولي بالشكل الذي أعدته الدول الغربية يعد خرقا للقانون الدولي ولميثاق الأمم المتحدة ، ويعني إعلان الحرب " (١٨)

ورفضت الهند تدويل القناة ، واتهم رئيسها نهرو بريطانيا بأنها تنتقل من خطيئة إلى أخرى .(١٩)

ورغم هذا الانقسام في المواقف ، تتمكن الدول الثلاث المعادية لمصر ، وصاحبة مشروع التدويل من أن تطوي تحت جناحها ١٨ دولة اتفقت على إيفاد لجنة خماسية يرأسها روبرت مانزيس رئيس حكومة استراليا ، وتضم اللجنة ممثلين

عن استراليا وإيران وإثيوبيا والسويد والولايات المتحدة ، وقد عارضت تأليف هذه اللجنة الهند والاتحاد السوفييتي وإندونيسيا .

وكانت البرقيات مستمرة بين ناصر وعلي صبري طوال أيام المؤتمر ،ويهمنا هنا برقية عبد الناصر الأساسية التي تجمل أمورا كثيرة ، وقد جاء فيها :

" من الرئيس

إلى علي صبري :

من الواضح أمامي من مناقشات المؤتمر ان قيادة العملية كلها قد انتقلت من يد ايدن إلى يد دالاس الذي يدير المؤتمر كله بخبث وذكاء .

رأيي كما يلي :

١- لا نتوقع بالطبع أن تصدر عن المؤتمر أية قرارات لصالحنا .

٢- من الواضح أن دالاس يريد أن يخرج من المؤتمر بقرار بإدارة دولية لقناة السويس ، ومع أننا لن نعترف بمثل هذا القرار ، إلا أن صدوره يواجهنا بمشكلة أدبية تؤثر على موقفنا .

٣- على هذا الأساس فلا بد أن نمنع صدور أي قرار يضر بمصالحنا .

٤- الحل الوحيد في نظري هو أن لا تصدر عن المؤتمر أية قرارات ،ولا بد أن نبذل كل الجهود في هذا السبيل .

بلغ وجهة النظر هذه إلى مينون (مندوب الهند) وشبيلوف ، وأكد على أهمية انتهاء المؤتمر بدون قرارات على الإطلاق ، لا معنا ولا ضدنا ، وإذا تم ذلك فإن المؤتمر يصبح ندوة للكلام أكثر منه مؤتمرا سياسيا .

تحياتي للجميع بالتوفيق ، جمال عبد الناصر(٢٠)

وغالبا ما تكون توقعات ناصر سليمة ، فهو يتوقع أن لا تكون القرارات لصالح مصر ، وهذا ما كان ، فالمؤتمر أصلا عقد لتكون قراراته ضدها ، ولإلحاق الضرر بها ، وتقويض خططها ومشاريعها ، والأروع أن ناصر يريد أن لا يخرج المجتمعون بقرارات سواء لصالح مصر أو ضدها ، فلماذا لا يكون هناك قرارات لصالحها .

لعل الزعيم الراحل قصد من ذلك أن يكون المؤتمر فاشلا فشلا ذريعا ، وفي هذا إحباط شديد للدول المتآمرة الثلاث ، وحكم على فشلها في تنظيم شيء لصالح أحد أو ضده ، وفي هذه النتيجة أمل كبير أن لا يفكر المجتمعون والمؤتمرون بتكرار مثل هذه المؤتمرات ، ليظل الحال كما هو في القناة ، وكما أرادت مصر بمشيئتها الوطنية الحرة ، غير التابعة لأحد ، وغير المنتظرة إشارة أو توجيها من أية جهة .

لجنة مانزيس في القاهرة

ووصلت اللجنة التي ضمت رئيس وزراء استراليا ، ووزراء خارجية إيران والسويد وإثيوبيا ، ونائب وكيل وزارة خارجية الولايات المتحدة .

والتقت اللجنة بعبد الناصر يوم ٣ أيلول ، وكانت الجلسة الثالثة والأخيرة يوم ٤ أيلول ، ويثبت النص الرسمي لتلك الجلسة أن ناصر كان وحده يحاور الساسة الخمسة ، ليجد الجميع أن ناصر لم يغير شيئا من مواقفه تجاه الأزمة ، وهي :

" ١- حرية المرور في قناة السويس ، وضمان استخدامها بدون تمييز .

٢- تحسين قناة السويس لمواجهة مطالب الملاحة في المستقبل .

٣- فرض رسوم ومكوس عادلة .

٤- إدارة القناة على نحو يقوم على كفاية فنية ، ونحن نأمل بذلك أن تنفصل القناة عن السياسة ، وتصبح من جديد حلقة من حلقات التعاون والفائدة المتبادلة ، والتفاهم الوثيق بين دول العالم بدلا من أن تكون مصدر النزاع " (٢١)

وفي ٩ أيلول ، أعلن مانزيس في مؤتمر صحفي في لندن عن فشل مهمته .

وفي الوقت الذي كانت فيه بعثة مانزيس تحاور ناصر في القاهرة ، كانت هناك أمور أشد خطورة تجري في لندن ، فهم لا يضيعون وقتا في الفراغ ، فالبدائل تبحث وتدرس بكل عناية وتؤدة ، وحرص وحذر !

لقد كان البريطانيون مشغولون بالخطط التالية :

١- بحث عملية كوماندوز من أهدافها اغتيال عبد الناصر .

٢- بحث احتمال تدبير انقلاب ضد ه .

٣- محاولة تدبير انقلاب في سوريا خلال هجوم على مصر .

٤- جر الولايات المتحدة إلى المشاركة في عملية عسكرية ضد مصر.

٥- بحث ردود الفعل المحتملة من الاتحاد السوفييتي ، وهل يمكن لأميركا أن تتكفل به إذا هاجمت الدول المتآمرة مصر .

٦- ما هو رد الشعب المصري إذا ما حدث الغزو ، ما موقف ناصر ؟ ما موقف الجيش ..؟ ؟ (٢٢)

ولكي تجبر بريطانيا وفرنسا مصر على قبول مقترحات لجنة مانزيس ، قامت ببعض الإجراءات الاستعراضية التهديدية ، ومن ذلك :

١- " استدعاء ٢٥ ألف جندي احتياطي .

٢- تحريك سفن إنزال الجنود وناقلات الدبابات والمدمرات وكاسحات الألغام من مراسيها إلى مالطة وقبرص .

٣- طلاء الدبابات والمدافع واللوريات باللون الأصفر الصحراوي .
٤- تحريك الأساطيل الجوية إلى قبرص "(٢٣).

إيدن يواصل التهريج والخداع : ومع ذلك ، وفي هذه الآونة نرى ايدن يوجه التهم إلى السوفييت بأنهم هم المتآمرون والمتربصون لعباد اللـه في أنحاء المعمورة ، وهم سر البلاء في مواقف ناصر الشجاعة الجريئة !

ففي رسالة بعثها إلى الرئيس الأميركي ايزنهاور يقول فيها :

" وقد تحدث إلي فوستر قبل سفره عن الجهود التخريبية التي بذلها الروس في المؤتمر ، وقد فكرت في هذا مليا، وأود أن أنقل إليك بعض النتائج التي وصلت إليها ،

ليس لدي من شك أن الدب الروسي يستخدم عبد الناصر لتنفيذ أغراضه العاجلة ، بوعي منه أو بدون وعي ، وهذه الأغراض في اعتقادي هي أولا إخراج الغرب من الشرق الوسط ، وثانيا الحصول على موطىء قدم في أفريقية للسيطرة على تلك القارة بدورها ، وأذكر في هذه المناسبة أنني اطلعت على تقرير موثوق كتبه شخص كان حاضرا مأدبة الغداء التي أقامها شبيلوف للسفراء العرب ، فقد زعم السوفييت في تلك الحفلة انهم لا يريدون إلا أن يروا وحدة عربية في آسيا وإفريقيا ، وإزالة جميع القواعد الأجنبية ، والقضاء على الاستغلال ، وان يشهدوا شعبا عربيا عظيما ومتحدا ، يتبوأ مكانه في العالم " .

ثم لا ينسى أن يظهر مخاوفه على قواعده ، فيقول محرضا :

" ومن الواضح أن هذه السياسة تستهدف قواعدنا في هويلاس فيلد (ليبيا) والحبانية (العراق) ، ومصادر تموينلنا البترولية في الشرق الأوسط " . (٢٤)

واضح أن السيد إيدن يحاول أن يخيف ايزنهاور بالدب السوفييتي ، وفي زرع هذا الكابوس في ذهنه فوائد عدة ، فهو يكسب أميركا إلى جانبه إذا ما قامت

الحرب بين بريطانيا ومصر، وفي الوقت نفسه يريد أن يزيد أميركا عداء وكرها للسوفييت، فهم الذين يمدون ناصر بالسلاح، وهذا العداء يحقق مكاسب كثيرة أولها عدم الشعور بالشفقة على عبد الناصر المستند إلى السوفييت، كذلك التلويح للسوفييت أن أميركا تعرف كل شيء، وهذا بمثابة التحذير لهم بعدم " التمادي" في هذا الود.

ويسخر إيدن مما قاله شبيلوف عن رغبته في رؤية العرب موحدين، وان يرى القواعد الأجنبية قد زالت من بلادهم، أو ليس من حق شبيلوف أن يقول ذلك طالما أن الغرب ما زال طامعا في احتلال دول العرب واستعمارها ؟ ثم لا ينسى إيدن أن يظهر مخاوفه فيقول أن هذه السياسة السوفييتية فيها خطر على قواعده المنتشرة في بلاد العرب التي لا يريد لها القوة والوحدة كما أرادها شبيلوف.

مذكرة مصرية إلى دول العالم :

وفي العاشر من أيلول ١٩٥٦ وجهت الحكومة المصرية الدعوة إلى دول العالم لعقد اجتماع لتشكيل هيئة مفاوضة تمثل الدول التي تستخدم قناة السويس، وغايتها الوصول إلى اتفاق لضمان حرية الملاحة بدون المساس بسيادة مصر عليها، وقد استجابت لنداء مصر عشرون دولة ردت بالموافقة الرسمية على مطلب مصر العادل، وهذه الدول هي :

روسيا وألمانيا الديمقراطية وبولندة وتشيكوسلوفاكية والمجر ورومانيا وبلغاريا ويوغوسلافيا والصين الشعبية وإندونيسيا والهند وأفغانستان والباكستان والسعودية وسوريا ولبنان والأردن والسودان وليبيا وبنما .(٢٥)

وهذه المذكرة من قبيل الإعلام الواعي المدرك لقيمة "إيصال الصوت" إلى سائر الدنيا ليطلع القاصي والداني على نوايا مصر وتوجهاتها، وغاياتها

وأغراضها ، ويلاحظ القارىء أن الكتلة الشيوعية برمتها قد وافقت على المذكرة ، ولكن هناك غياب واضح لعدد غير قليل من الدول العربية .

جمعية المنتفعين : وفي ١٢ أيلول ، يعقد أنتوني ايدن اجتماعا لمجلس العموم البريطاني لمناقشة موضوع السويس ، وقد اقترح ايدن في هذا الاجتماع فكرة " نادي المنتفعين" أي الدول التي تستعمل القناة ،ويرمي هذا النادي إلى منع التدخل في حرية الملاحة في القناة ، ووضعها تحت إشراف دولي ، وضمان حقوق الدول التي تستعملها ، وجاء في أقواله :

" يجب أن أوضح انه إذا حاولت الحكومة المصرية التدخل في أعمال الهيئة (أي الجمعية) ، أو رفضت تقديم القدر اللازم من التعاون معها ، فإنها ستكون من جديد قد خرقت ميثاق ١٨٨٨ ، وفي هذه الحالة سيكون لحكومة صاحبة الجلالة ، وغيرها من الحكومات المعنية ، حرية اتخاذ أية خطوات أخرى تراها لازمة ، إما عن طريق الأمم المتحدة ، أو عن أي طريق آخر لضمان حقوقها " (٢٦)

وكأن ايدن هنا يطلب الإذن من مجلس العموم ببدء الأعمال القتالية ضد مصر ، وتأليب القوى الأخرى عليها .

وفي اليوم التالي ٩/١٣ ، سارعت مصر إلى إبلاغ الولايات المتحدة بأن ما يخطط له السيد ايدن مرفوض ، وانه لا يعني إلا الحرب ، وردت أميركا أنها لا تنوي أن تستعمل القوة إذا منعت مصر سفنها من عبور القناة ،وفي الوقت نفسه إلى التريث وإعادة النظر في رفضها القاطع لإنشاء هيئة المنتفعين . (٢٧)

ويظل السوفييت يتابعون الأحداث ، ويؤيدون مصر في كل اتجاهاتها ومواقفها ،" ففي ٩/١٥ ، أذاعت الحكومة السوفييتية بيانا رسميا جاء فيه ان تشكيل هيئة مستعملي القناة استفزاز خطير قد يؤدي الى نشوب نزاع مسلح "(٢٨)

انسحاب المرشدين في ١٤ أيلول

ويجرب الغرب آخر الحلول لإحباط مصر وناصر معا ، فأوعزوا للمرشدين والموظفين الفنيين في القناة بالانسحاب من عملهم ، لتصاب القناة بالشلل ، وبذلك يثبتون للعالم أن مصر عاجزة عن القيام بأعمال إدارة القناة وتشغيلها ، فانسحب من المرشدين ١٥٥ مرشدا من أصل ٢٠٧ ، أي ما نسبته ٧٥% ، وانسحب من الفنيين والإداريين ٣٢٦ من ٨٠٥ ، أي ما نسبته ٤٠% وقد علقت صحيفة المانشستر غارديان الانجليزية على هذا المخطط قائلة :

" إن هذا الإجراء يأتي مؤكدا بما لا يدع مجالا للشك بان الإدارة المنحلة للقناة قد بذلت فعلا كل ما تستطيعه لتجعل من المستحيل على الإدارة المصرية إدارة الممر المائي إدارة فعالة " (٢٩)

ولكن عبد الناصر كان قد اتخذ الاحتياطات الواعية والكاملة لسد هذا العجز المتوقع ، وكما ذكرنا في الصفحات السابقة ، كان قد هيأ مهندسين وفنيين وإداريين لتسلم مهام تسيير القناة إذا نفذ الغرب مؤامرته بسحب المرشدين ، وقد أدى الفنيون المصرين واجبهم على النحو المطلوب بكل قدرة وبراعة ،واستطاع المصريون استقطاب ٢١ مرشدا ألمانيا ، و١٥ يونانيا، و١٥ روسيا ، و١٢ يوغسلافيا ، و١٢بولنديا ، و٧ ايطاليين ، و١٨ من جنسيات مختلفة .

وأمام كل هذه الإجراءات فشلت المؤامرة ، واستمرت أعمال القناة كالمعتاد .

مؤتمر لندن الثاني ١٩- ٢١ أيلول :

عقد هذا المؤتمر من أجل بحث تقرير لجنة مانزيس ، واقتراحات مصر بتشكيل هيئة مفاوضة دولية لحل مشكلة القناة .

وكانت تصريحات الاتحاد السوفييتي والصين مؤيدة بقوة لموقف مصر في مباحثاتها مع لجنة مانزيس ، فقد صرح السوفييت في رسالة لبولجانين رئيس الوزراء السوفييتي للحكومات الغربية " أن الحكومة السوفييتية تعتبر أي اعتداء على مصر ، أو منطقة الشرق الأوسط يؤثر على سلامة الاتحاد السوفييتي.

وأعلنت الصين الشعبية أنه إذا وقع اعتداء مسلح على مصر ، فإنها لن تقف منفردة .

وازدادت حدة مهاجمة نهرو للغرب ، فهاجم مشروع الجمعية المقترحة ، وانتقل إلى مهاجمة ايدن شخصيا بصورة أزعجت الكومنولث البريطاني "(٣٠)

وقد أيدت مصر في موقفها قبل المؤتمر كل من :

الاتحاد السوفييتي ، تشيكوسلوفاكية ، رومانيا ، المجر ، بلغاريا ، بولندة ، المانيا الشرقية ، الصين الشعبية ، الهند ، باكستان ، سيلان ، بورما ، كمبوديا ، اندونيسيا ، أفغانستان ،نيبال ، المغرب ، تونس ، ليبيا ، السعودية ، السودان ، اليمن ، العراق ، الأردن ، سوريا ، لبنان ، بنما ، اليونان ، اسبانيا .

مؤتمر لندن الثالث ، ٤ تشرين أول :

" كان الغرض من عقد هذا المؤتمر الذي حضرته ١٨ دولة بتحفظ ، إعادة بحث مشروع إنشاء هيئة المنتفعين بالقناة ، وانضمام الدول إليها ، وقد رفضت اثيوبيا والباكستان واليابان الاشتراك فيها ، وأعلنت هولندة والنرويج ضرورة الرجوع إلى برلماناتها ، كما أبدت كل من إيران وفرنسا والسويد تحفظات بشأن انضمامها للهيئة .

انتهى المؤتمر بالإخفاق ، ووصفه الأعضاء المشتركون فيه بأنه كان صوريا " (٣١)

الفصل الثالث

أزمة السويس في الأمم المتحدة

وتلفت مصر أنظار العالم ، وتثبت حرصها على السلام ، فتقدمت في ١٧ أيلول ١٩٥٦ بمذكرة إلى مجلس الأمن ورد فيها :

١- استعراض مراحل الأزمة مع فرنسا وبريطانيا ونواياهما العدوانية تجاه مصر والمنطقة .

٢- اقتراح تشكيل هيئة مفاوضة من الدول التي تستعمل القناة .

٣- معارضتها لمشروع جمعية المنتفعين .

٤- وضع حد للأعمال الاستفزازية الموجهة ضد مصر .(٣٢)

وفي ٢٣ أيلول تقدمت بريطانيا وفرنسا بشكوى لمجلس الأمن - إحباطا وردا على الشكوى المصرية – بخصوص السياسة المصرية في القناة .

وفي ٦ تشرين أول ، عقد مجلس الأمن اجتماعه الأول الذي حضره محمود فوزي وزير خارجية مصر ، وسلوين لويد وزير خارجية بريطانيا .

وكان مشروع القرار الإنجليزي الفرنسي يتضمن ما يلي :

١-" تأكيد حرية الملاحة طبقا لمل نصت عليه اتفاقية القسطنطينية .

٢- إدارة القناة بواسطة هيئة ذات طابع دولي .

٣- إقرار النتائج التي انتهت إليها الدول الثماني عشرة في مؤتمر لندن .

٤- توصية بالدخول في مفاوضات على أساس هذه المقترحات .

٥- حمل مصر على التعاون مع جمعية المنتفعين" .(٣٣)

وقد أيدت الولايات المتحدة المشروع المذكور .

ويلقي محمود فوزي كلمته في مجلس الأمن ، وورد فيها ما يدل على براعة وعلم في التخريج القانوني لمسألة السويس وعلاقة مجلس الأمن بها ، فقال :

"مجلس الأمن لا يمكن أن يبحث ، وليس من اختصاصه الأصيل أن ينظر في المعاهدات أو تنفيذها ، بل إن اختصاصه محدد بما يتعلق بالأمن والسلام الدوليين ، ولإيقاف حرب يخشى وقوعها أو الانتهاء من حرب دائرة .

وليس للمجلس إلا اتخاذ إجراءات وقتية لتحقيق هذا الهدف ، وليس في استطاعته أن يقطع في ملكية أية دولة لأي جزء من إقليمها أو سيادتها عليه .

إذا كان هناك تفاوض فإنه لا يجب أن يتم داخل مجلس الأمن بين الأطراف المعنية خارج المجلس للاتفاق على موقف معين ، ويستطيع السكرتير العام أن يساهم فيه بحكم اختصاصه الأصيل "(
٣٤)

وفي ٨ تشرين أول ، أعلنت مصر رفضها لمشروع القرار البريطاني الفرنسي ،واقترحت تشكيل لجنة للمفاوضات للبحث عن حل للأزمة على الأسس التالية ، والتي وافق عليها مجلس الأمن في زمن سابق ، والتي كانت من اقتراح همرشولد :

١- احترام السيادة المصرية .

٢- يكون المرور عبر قناة السويس مفتوحا وحرا بدون أي تمييز أو استثناء .

٣- تحديد الرسوم والمصاريف بواسطة اتفاق يعقد بين مصر والدول المنتفعة بالقناة .

٤- عزل موضوع إدارة القناة عن سياسة أي دولة .

٥- تخصيص نسبة عادلة من الرسوم لتحسين القناة .

٦- أن تسوى الأمور الخلافية بين مصر وشركة القناة عن طريق هيئة تحكيم . (
٣٥)

وقد أيد الاتحاد السوفييتي المشروع المصري ، ووافق عليه مجلس الأمن بالإجماع (٣٦)

أما الشق الآخر من المقترحات فقد تقدمت به الدول الثماني عشرة – المؤيدة لبريطانيا وفرنسا - بشأن تدويل إدارة القناة ، فقد اعترض عليه الاتحاد السوفييتي باستخدام وزير خارجيته " شبيلوف " حق الفيتو ، لذا صارت المبادىء الست الأولى هي موضوع البحث والدرس ، وتقرر أن يجتمع مندوبو الدول أطراف النزاع بريطانيا وفرنسا ومصر للتفاوض المباشر في جنيف في ٢٩ تشرين أول ١٩٥٦ ، وهو اليوم الذي بدأ فيه العدوان على مصر .(٣٧)

الفصل الرابع
نوايا العدوان

إضافة إلى تلك الأسباب التي تدفع الغرب إلى السيطرة على بلاد العرب – منطقة الشرق الأوسط بالذات – والتي شرحناها في الباب الأول ، هناك ظروف خاصة تتعلق بقناة السويس وتأميم الزعيم الراحل لها ، فالتأميم يقف سببا رئيسيا ، والعامل الأول لحرب السويس .

ونعود إلى الوراء قليلا لنطالع العلامات والإنجازات التي حدثت في مصر قبل التأميم ، والتي كونت الأسباب والدوافع الكامنة وراء العدوان :

"معركة رفض الدخول في مناطق النفوذ .

معركة حرب التحرير والجلاء .

معركة عدم الانحياز .

معركة كسر احتكار السلاح .

معركة القضاء على الرجعية وأعوان الاستعمار في مصر .

معركة القضاء على الإقطاع والرأسمالية المستغلة .

ثم جاءت بعد ذلك معركة التأميم ".(٣٨)

إذن .. فكل ما سبق سوف يخلق من مصر قوة عظمى لها وزنها الخطير في منطقة هي الهم الأكبر للغرب المستعمر ، والمشكلة أن هذه القوة غير قابلة للاحتواء والاستقطاب بفضل زعيمها الرافض لكل أنواع التبعية والانضواء تحت الألوية المشبوهة ، أو المنظومات الطامعة الكارهة لكل استقلال وتحرر .

الخطة أوميجا

ومن الأمور التي تكشفت لاحقا ، الخطة السرية أوميجا التي وضعها الأمريكيون بقيادة دالاس ، الذي كان لا يخفي قلقه ومخاوفه من الصعود الناصري ، وكان يتوقع أن تتبعه دول عربية أخرى في هذا الخروج عن الهيمنة الغربية ، لذا كان يحاول دائما – ويتفق معه الغربيون – تحجيم هذا النظام الثوري الجديد ،والحد من قدراته وفعاليته ، لذا يقترح هذه الخطة التي تتضمن :

١- الإيقاع بين مصر والسعودية ، وذلك بتشجيع السعودية على لعب دور القوة الإقليمية في المنطقة بدلا عن مصر .

٢- تدبير انقلاب موال للغرب في سوريا .

٣- رفض تمويل مشروع السد العالي . (٣٩)

فالمؤتمرات كانت تعقد ، والمباحثات كانت تجري ، والشكاوي تقدم وتناقش ، ولكن الاستعداد للغزو كان يجري على قدم وساق -يرافقها استعدادات أكبر واخطر على صعيد المنطقة بأكملها - وفي الخفاء والعلن ، فهي فرصة لاسترجاع كل ما فقد قبل تأميم القناة بعشرات السنين !

أهداف إسرائيلية

وكانت أزمة السويس فرصة ذهبية لإسرائيل المتوثبة الطامعة في التوسع ، وإشباع رغبتها في القتل والاحتلال ، وفي هذه الأزمة كانت هناك أهداف محددة يمكن تحقيقها في غمرة الحرب ، والدعم متوفر على أعلى المستويات ... ومن دول عظمى .

وباعتراف رئيس مكتب رئيس الأركان الإسرائيلي ، العقيد الاحتياط مردخاي بارأون ، كانت إسرائيل تريد تحقيق الهداف التالية :

١- السيطرة على مضائق تيران سيطرة دائمة ، وفي هذا ضمان دائم لتأمين الطريق المائي إلى خليج العقبة .

٢- السيطرة على شرم الشيخ لتامين الملاحة من وإلى ايلات .

٣- احتلال غزة بشكل دائم ،وذلك لمنع الفدائيين والمتسللين الفلسطينيين الذين كانوا ينطلقون من القطاع عبر إسرائيل لتنفيذ عملياتهم ، هذا القطاع الذي قال عنه بن غوريون :إن قطاع غزة هدف مقلق للغاية ، وهو بمثابة عبء بالنسبة لنا .

٤- احتلال المنطقة من العريش جنوبا إلى شرم الشيخ على البحر الأحمر ، وذلك صدا لأي هجوم قد تقوم به مصر في المستقبل .

٥- وكانت الإسرائيليون " يأملون في أن يؤدي إيقاع هزيمة ساحقة بمصر إلى تقويض زعامة عبد الناصر وثقته بنفسه ، ويساعد في إعادة إحياء قدرة الردع الإسرائيلية " (٤٠)

******

وفي ٢٧ تموز - اليوم التالي للتأميم – وصل شمعون بيريز- نائب وزير الدفاع الإسرائيلي - إلى باريس لدراسة خطة إسرائيل الهجومية على مصر ، وما يمكن أن تتطلبه من أسلحة .

وفي ٢٨ تموز ، عقد اجتماع فرنسي إسرائيلي لبحث المشاركة في الضربة القادمة .

وفي ٢٩ تموز ، عقدت اجتماعات فرنسية بريطانية للغاية ذاتها .

وتدخل الأمور المرحلة النهائية في يوم ٣١ تموز عندما تم تشكيل لجنة بريطانية فرنسية مشتركة لوضع خطط العمليات ! (٤١)

وفي الثاني من آب ١٩٥٦ ، أي بعد التأميم بأسبوع واحد ، وقبل الشروع في كل ما قرأناه من مؤتمرات وحلول مطروحة ، طلب رئيس الوزراء ايدن رؤساء

هيئة أركان الحرب ، وأصدر إليهم توجيه العمليات العسكرية ضد مصر لتحقيق هدفين ، وهما السيطرة على قناة السويس ، وإسقاط عبد الناصر ، وتم تكليف اللواء ستوكويل لقيادة العملية التي أطلق عليها اسم " Musketeers " أي الفرسان (٤٢) وذلك بعد خطط أخرى وضعها البريطانيون قبل الاتفاق على العدوان الثلاثي .

******

ويصرح العميد زكريا إمام ، الملحق العسكري المصري في تركيا آنذاك، أنه في شهري تموز وآب قد وصلته معلومات عن وجود حشود عسكرية في قبرص وإسرائيل .

وفي الخامس من شهر تشرين الأول علم العميد إمام من مسؤول تركي أن الإنجليز والفرنسيين سوف يقومون بالهجوم على مصر في منتصف تشرين ثان ، فأرسل برقية إلى بلاده في السادس من تشرين أول يقول فيها :

(ستوجه إنجلترا وفرنسا إنذارا نهائيا إلى مصر يعقبه اعتداء جماعي بالتعاون مع إسرائيل في منتصف نوفمبر ١٩٥٦ . (٤٣)

معاهدة سيفر السرية

وكان موشيه دايان قد أصدر عام ١٩٧٦ كتابه " يوميات حرب سيناء" وفيه اعترافات كاملة وخطيرة عن حرب السويس ، لتصبح هذه الاعترافات مصدرا ثرا للباحثين والدارسين ، والفقرات التالية من هذا الكتاب .

وفي أوائل أيلول ، يزور شمعون بيريز باريس ، ويجتمع مع جي موليه لبحث القيام بعمل عسكري ضد مصر بدون اشتراك البريطانيين ، ولكن البريطانيين أخطروا الفرنسيين أن على الجميع الانتظار لإعطاء فرصة لدالاس الذي كان

يميل إلى إنشاء جمعية للمنتفعين بقناة السويس ، مما جعل الفرنسيين يشكون في الموقف البريطاني الذي يؤخر تنفيذ هجومهم مع إسرائيل .

وفي ٢٩ أيلول توجه وفد إلى باريس ، ويضم بيريز وموشيه دايان وجولدا مائير ، وأصدر إليهم بن جوريون التعليمات التالية التي سيبنون عليها مباحثاتهم مع الفرنسيين :

١- إسرائيل لن تشن الحرب وحدها ، بل لا بد من مشاركة أصدقائها .

٢- على الولايات المتحدة أن تبارك الهجوم .

٣- يجب أن تعلم بريطانيا بما يجري ، وتوافق عليه ، وأن لا تساعد أي دولة تنضم إلى مصر .

٤- الهدف من الهجوم هو السيطرة على الشواطىء الغربية لخليج العقبة ، ونزع السلاح من صحراء سيناء ووضعها تحت الرقابة الدولية .(٤٤)

وفي ١٨ تشرين أول ١٩٥٦ ، يرسل جي موليه رئيس وزراء فرنسا برقية إلى بن جوريون ، يدعوه فيها لزيارة فرنسا ، فلبى بن جوريون الدعوة بعد ثلاثة أيام ، ومعه وزير دفاعه موشيه دايان ،وحضر الاجتماع سلوين لويد وزير الخارجية البريطاني ، ووكيل وزارته باتريك دين ، واجتمعوا في٢٤ تشرين أول في فيلا في ضاحية سيفر الباريسية في جو من الكتمان والسرية، وتحت حراسة مشددة .

وجاء في هذا الاتفاق السري :

١- مساء ١٠/٢٩ تقوم القوات الإسرائيلية بالهجوم على القوات المصرية في سيناء للوصول إلى منطقة السويس في اليوم التالي .

٢- يوم ١٠/٣٠ تقوم الحكومتان البريطانية والفرنسية بتوجيه نداء للقوات المصرية والإسرائيلية يتضمن ما يلي :

١- وقف إطلاق النار .

٢- سحب قوات الطرفين إلى مسافة عشرة أميال عن القناة .

٣- القبول مؤقتا باحتلال المواقع الرئيسية على القناة بواسطة قوات بريطانية وفرنسية .

٤- تعلن موافقة الطرفين – إسرائيل ومصر- خلال ١٢ ساعة .

٣- إذا لم تستجب الحكومة المصرية لشروط النداء ، تقوم القوات البريطانية الفرنسية بالهجوم على القوات المصرية في الساعات الأولى من صباح ١٠/٣١ .

٤- على إسرائيل أن تكلف قواتها باحتلال الشواطىء الشرقية لخليج العقبة وجزر تيران وصنافير لتضمن الملاحة في الخليج .

٥- توفر القوات الجوية الفرنسية الحماية الجوية لإسرائيل .

٦- توفر القوات البحرية الفرنسية الحماية البحرية للمياه الإقليمية لإسرائيل . ٧- تقوم القوات الجوية البريطانية بتدمير المطارات والطائرات والأهداف العسكرية المصرية ، وتحقق السيطرة الجوية في سماء مصر . (٤٥)

٨- تدافع بريطانيا عن دولة إسرائيل في الأمم المتحدة ، وتظل تساندها خفية حتى لا يتزعزع مركزها في العالم العربي .

تعليق

قارىء هذه المعاهدة يلاحظ ، وبكل وضوح ، الأمور التالية :

١-مدى تبني الاستعمار البريطاني لدولة العدو الصهيوني وسياستها التوسعية.

٢- مدى الاتفاق على الأهداف والغايات التي قامت - أو أقيمت- من اجلها دولة إسرائيل .

٣- تؤكد الدولتان على بقاء إسرائيل ومنعتها ، وذلك بخلق حدود استراتيجية لها .

٤- الغزو أكبر من أن يكون هدفه احتلال السويس ، بل هو لأجل تدمير البنية التحتية لمصر ، وإضعافها واستعمارها من جديد .

٥- توطيد التواجد الأجنبي في المنطقة ، بقوة جديدة كونها ترابط متين بين عدة دول جمعها الهدف الواحد ، وليس من السهل على مصر القيام من جديد بفعل عسكري قادر على تحقيق التحرير والاستقلال .

٦- سحق مصر القوة العربية الأولى في المنطقة ، والداعية إلى الوحدة والنهوض والتحرر من آثار الاستعمار .

٧- استرداد القناة .

ولنقرأ ما يقوله الزعيم الراحل مجسدا التعليق السابق يوم ١٩٥٦/٨/٢٠ في تصريح لجريدة الديار اللبنانية :

" لقد قرر العرب تحقيق أهدافهم واستثمار مواردهم ليعيشوا ، وقد انبثق قرار العرب من إرادة عامة ، ولن يفيد فيها التهديد والتهويل ، وإن لدى العرب من الوعي القومي ما يكفي لمقاومة جميع مظاهر القوة التي يهدد بها أولئك الذين يحاولون الاعتداء على حقوق مصر المشروعة .

ليس هدف الذين يحاولون الاعتداء على حقوق مصر المشروعة المساس بسيادتها فحسب ، بل هدفهم وقف تيار الشعور القومي العربي ، لأنهم رأوا الخطر على مصالحهم المادية ، وأهدافهم الاستعمارية في الشرق العربي " .(٤٦)

بن جوريون يقترح

إعادة رسم خريطة المنطقة

وكم هو بن جوريون واسع الخيال ، وذو دهاء سياسي عسكري يحتاج للتأمل والدرس ، لأن ما قاله قبل ٥٠ عاما ، يسعى المستعمرون وإسرائيل لتنفيذه هذه الأيام ، فالرجل يريد استغلال الظروف ، واهتبال الفرص ، لإعادة الاستعمار إلى المنطقة ، وذلك بالطرق والأساليب التالية :

١- يجب تقسيم الأردن : الجزء الشرقي ينضم للعراق ، لتوطين الفلسطينيين – وهو بذلك ينادي بتفريغ الأراضي المحتلة من سكانها وهي السياسة الحالية لإسرائيل – والجزء الغربي يصبح إقليما ذا سيادة ذاتية كجزء من إسرائيل .

٢- أما لبنان فيجب أن يتنازل عن المناطق الإسلامية فيه حتى يتم ضمان استقراره في المناطق المسيحية .(وهي سياسة لتجزئة لبنان ما زالت إسرائيل تنادي بها حتى اليوم) .

٣- بريطانيا سوف تمارس نفوذها على العراق بعد ضم شرق الأردن إليه، وسيطرتها قائمة في المناطق الجنوبية من شبه الجزيرة العربية .

٤- وأما فرنسا فسوف يكون لبنان منطقة نفوذها ، وربما سوريا مع احتفاظها بعلاقات خاصة مع إسرائيل .

٥- توضع مضائق تيران تحت السيطرة الإسرائيلية ،

٦- تدويل قناة السويس .(٤٧)

مراجع الباب الخامس

(١)عبد الحميد أبو بكر ، قناة السويس والأيام التي هزت الدنيا ، ص ١٢٦.

(٢) محمد حسنين هيكل ، عبد الناصر والعالم ، ص ١٤٣ .

(٣) جمال الشرقاوي وآخرون ،نضال عبد الناصر ، ص ٣٧٢ .

(٤) أنتوني ايدن ، مذكرات انتوني ايدن ، ص ٢٤١ .

(٥) صلاح بسيوني ، مصر وازمة السويس ، ص ٦٤.

(٦) م ن ، ص ٦٦ .

(٧)جورج كيرلس ،قناة السويس ، تاريخها وأهميتها العالمية ، ص ١٢٦.

(٨) م ن ، ١٢٦ .

(٩) م ن ، ص ١٢٦ .

(١٠)عبد الحميد أبو بكر ، م س ، ص ١٣١٠- ١٣٢ .

(١١) جورج كيرلس ، م س ، ص ١٢٧ .

(١٢)عبد الحميد ابو بكر ،م س ، ص ١٣٥ .

(١٣) م ن ، ص ١٣٦ .

(١٤) جمال عبد الناصر ،المجموعة الكاملة لخطابات جمال عبد الناصر ، ١٩٥٥-١٩٥٧ ،ص ٣٩٣ .

(١٥) م ن ٤٠٢-٤٠٣ .

(١٦) انتوني ايدن ، م س ، ص ٢٦٠ .

(١٧) جمال عبد الناصر ، م س ، ص ٤٠٥ .

(١٨) احمد عبد الرحيم مصطفى ،مشكلة قناة السويس ، ص١٢٩ .

(١٩) صلاح بسيوني ، م س ، ص ٧٦-٧٧ .

(٢٠) محمد حسنين هيكل ، قصة السويس ، ص ١٥٧- ١٥٨ .

(٢١) عبد الحميد ابو بكر ، م س ، ص ١٣٨ .

(٢٢) محمد حسنين هيكل ، م س ، ١٦١-١٦٢ .

(٢٣) جمال شرقاوي وآخرون ، نضال عبد الناصر ، ص ٣٨٦ .

أنتوني ايدن ، م س ، ص ٢٧٣-٢٧٤ .

جورج كيرلس ، م س ، ص ١٢٩ .

انتوني ايدن ، م س ، ص ٣١٣ – ٣١٤ .

سعد الدين ابراهيم وآخرون ،مصر والعروبة وثورة يوليو ، ص ٣٢٣ .

م ن ، ص ٣٢٣ .

جمال شرقاوي وآخرون ، م س ، ٣٨٩، .

صلاح بسيوني ، م س ، ص ١١٨ .

جورج كيرلس ، م س ، ص ١٣٠ .

جمال شرقاوي وآخرون ، م س ، ص ٣٩٤ .

جورج كيرلس ، م س ، ص ١٣١ .

صلاح بسيوني ، م س ، ١٣٥ – ١٣٦ .

جمال شرقاوي وآخرون ، م س ،ص ٣٩٧- ٣٩٨ .

م ن ، ص ٣٩٨ .

م ن ، ص ٣٩٨ .

(٣٨)أمين هويدي ، حروب عبد الناصر ، ص ٥٠ .

رؤوف عباس ، ثورة يوليو ايجابياتها وسلبياتها ، ص ١٧١ .

(٢٧) مردخاي بارأون ، حرب سيناء ١٩٥٦ ، ص ٣١-٣٢ .

(٢٨)   م ن ، ص ٣٢٣ .

(٢٩)   جمال شرقاوي وآخرون ، م س ،٣٨٩ .

(٣٠)   صلاح بسيوني ، م س ، ص ١١٨ .

(٣١)   جورج كيرلس ، م س ، ص ١٣٠ .

(٣٢)   جمال شرقاوي وآخرون ، م س ، ص ٣٩٤ .

(٣٣)   جورج كيرلس ، م س ، ص ١٣١ .

(٣٤)   صلاح بسيوني ، م س ، ١٣٥ – ١٣٦ .

(٣٥)   جمال شرقاوي وآخرون ، م س ،ص ٣٩٧- ٣٩٨ .

(٣٦)   م ن ، ص ٣٩٨ .

(٣٧)   م ن ، ص ٣٩٨ .

(٣٨)أمين هويدي ، حروب عبد الناصر ، ص ٥٠ .

(٣٩)   رؤوف عباس ، ثورة يوليو ايجابياتها وسلبياتها ، ص ١٧١ .

(٤٠)   مردخاي بارأون ، حرب سيناء ١٩٥٦ ، ص ٣١-٣٢ .

(٤١)   صلاح بسيوني ، م س ،١٧٧ .

(٤٢)   محمد حسنين هيكل ، قصة السويس ،ص ١٤٩ .

(٤٣)   أحمد حمروش ، شهود ثورة يوليو ، ص ١٦٤ .

(٤٤)   محمد حسنين هيكل ، م س ، ص ١٩٣- ١٩٤ .

(٤٥) عبد الحميد أبو بكر ، م س ، ص ٢١٨ .

(٤٦) جمال عبد الناصر ، م س ، ص ٤٠٥ .

(٤٧)   امين هويدي ، م س ، ص ٦٨ .

الباب السادس
الحرب

الفصل الأول

الخطط والمعارك

وضع الشركاء الثلاثة عدة خطط للهجوم على مصر ، وكانت الخطة الأولى هي :

الخطة ٧٠٠

ووضعت في ٢٧ تموز ، وكانت تقتضي أن يبدأ الهجوم على مصر بغزو بحري للإسكندرية ، ويتم تدمير الجيش المصري على الطريق بين الإسكندرية والقاهرة ، ولكن انتوني ايدن رفض هذه الخطة لأن أميركا رفضت المشاركة فيها ، ولن بريطانيا ستضطر لاحتلال مصر قبل الوصول إلى القناة لاحتلالها ، ولعدم توفر قوات كافية تحسم الموقف بسرعة قبل أي تعقيدات دولية .

وأخذ ايدن يبحث عن شركاء للمشاركة في الغزو !

الخطة هاميلكار

ونتيجة للإتصالات بين جي موليه رئيس وزراء فرنسا مع انتوني ايدن ، اتفق الجنبان على الاشتراك في العملية ، واتفقا على ما يلي :

١- اعتماد الخطة ٧٠٠ للهجوم ، مع تغيير اسمها إلى هاميلكار ، وهو اسم قائد قرطاجي قديم .

٢- القوات البريطانية المشاركة ٤٥ ألف جندي ،٣٠٠ طائرة . ١٣٥ سفينة ، منها ٥ حاملات طائرات ، أما عدد القوات الفرنسية فيكون : ٣٤ الف جندي ، ٢٠٠ طائرة . ٣٠ سفينة منها حاملتي طائرات .

٣- تستعمل القوات الفرنسية قبرص كقاعدة لها ، وخصصت مالطة للقوات البريطانية .

٤- تعيين قيادة مشتركة ، وفي يوم ١١ آب تم تعيين اللواء تشارلس كيتلي قائدا عاما للحملة

.

الخطة أومليت

اتفق على أن يكون يوم الهجوم هو٣١ تشرين أول ،أي بعد الهجوم الإسرائيلي بيومين ، وكانت صيغتها النهائية كالتالي :

١- " في يوم ٤ نوفمبر (تشرين ثان) تضرب بطاريات المدفعية الساحلية المصرية بالطائرات .

٢- في يوم ٥ نوفمبر يهبط جنود المظلات البريطانيون على الجميل في بور سعيد ، والفرنسيون جنوبي بور سعيد وفي بور فؤاد .

٣- في يوم ٦ نوفمبر يبدأ الغزو البحري" (١) .

ويصاحب هذه الخطة ، الفكرة - أو المنهج العام – للهجوم ، وقد سمي

الخطة قادش ، وينص على ما يلي :

١- " خلق حالة صراع مسلح على مشارف القناة ، تكون ذريعة لشن الهجوم الذي تقوم به القوات البريطانية الفرنسية .

٢- جذب أنظار القيادة المصرية بعيدا عن اتجاه الهجوم الرئيسي على بور سعيد .

٣- استدراج أغلب القوات المصرية إلى سيناء للقضاء عليها ، ولخلق الأوضاع الملائمة لتوجيه الضربة الرئيسية " (٢)

مراحل الخطة قادش

تنفيذ الجيش الاسرائيلي

المرحلة الأولى :

ليلة ٣٠/٢٩ اكتوبر الساعة الخامسة مساء يبدأ الهجوم :

١- احتلال تقاطع الطرق عند صدر الحيطان باستخدام قوات إنزال جوي .

٢- احتلال نخل والكونتيلا وراس النقب .

٣- تأمين مدخل القسيمة – نخل- تامين ممر الكونتيلا- نخل ، تامين محور راس النقب – نخل .

٤- القوتان الجوية والبحرية تستعدان للقيام بالآتي :

الدفاع عن سماء البلاد.

مساندة القوات البرية

مهاجمة المطارات المصرية

المرحلة الثانية :٣١/٣٠ أكتوبر

١- التقدم في محور راس النقب- شرم الشيخ .

٢-الاستعداد لصد الهجوم المضاد من القطاع الأردني .

٣- الاستيلاء على القسيمة .

٤- الاستعداد للدفاع عن حدود الإسرائيلية المتاخمة لسوريا ولبنان .

المرحلة الثالثة : (٣١اكتوبر/١ نوفمبر)

١- احتلال مضائق إيلات .

٢-احتلال رفح وأبو عجيلة والعريش (أي القطاع الشمالي الواقع جنوب شاطىء البحر الأبيض المتوسط الجنوبي)

٣- تامين طريق الاقتراب إلى صدر الحيطان – الطور ، وفتح محور إلى شرم الشيخ

٤- فتح محور أبو زنيمة (على الساحل الشرقي لخليج السويس) إلــى ذهب(وتقع على الساحل الغربي لخليج العقبة) .

٥- التقدم صوب القناة والتشبث بخط يبعد عنها بما لا يقل عن ١٥ كم .

اللواء موشيه دايان

رئيس هيئة الأركان الإسرائيلي(٣)

اعترافات موشيه دايان

وبعد عشرين عاما من الحرب ، يقول موشيه دايان في كتابه " يوميات حرب سيناء" عن بداية الهجوم :

" إنني أرى مفتاح النجاح بعد تحقيق المفاجأة هو السرعة ،، علينا أن ننهي المعركة في اقصر وقت ممكن ، حتى نتفادى التعقيدات السياسية ، مثل الضغط المنتظر من جانب الولايات المتحدة ، أو وصول متطوعين لمساعدة مصر ، علاوة على أننا من الناحية الواقعية لا نستطيع أن نواصل الحرب لأكثر من أسبوعين يجب خلالهما أن ننتهي من احتلال سيناء .. إن غرضنا من السرعة هو إحداث انهيار كامل في جيوش العدو .. ولكي نحصل على السرعة، يحمل الجنود كل ما يحتاجون إليه من تموين وإمداد لبلوغهم أهدافهم النهائية دون أن يرتبطوا بالإمداد من الخلف في إثناء قيامهم بالتحرك .. وعلى القوات في الوقت نفسه أن تتجنب التوقف أمام مواقع العدو لتطهيرها ، فلا خوف من أن تقوم القوات المعزولة في مؤخرة قواتنا بهجمات مضادة .. إننا لن نتبع تكتيكات كلاسيكية كتلك التي تتبعها الجيوش العربية " (٤)

٢٧٣

أما عن أعداد القوات الإسرائيلية المشاركة ، فيقول العقيد ديوي أنها كانت كالتالي :

١- القيادة الجنوبية بقيادة البريغادير(عميد) عساف سمحوني ، ووضع تحت قيادته ١٢ لواء قوامها ٤٥ ألف جندي .

٢- القيادة الشرقية والشمالية ، وقوامها ٦ ألوية .

وأعلنت التعبئة العامة في ٢٥ /١٠، ولبى النداء ٩٠ ألف من المجندين ، وحوالي ٧ آلاف سيارة .

ووضع دايان أمام ضباطه أهداف العملية ، " وهي :

١- خلق تهديد على قناة السويس .

٢-الاستيلاء على مضائق تيران .

٣- إلحاق الهزيمة بالقوات المصرية .

٤- تدمير قواعد الفدائيين في قطاع غزة وحدود سيناء ." (٥)

وكانت **الخطة المصرية** تقوم على ما يلي :

١- على الكتائب الست الموزعة على خطوط الهدنة أن تتمسك بمواقعها لمدة ٤٨ ساعة لمنع القوات الإسرائيلية من التقدم .

٢- في غزة :على قوات الحرس الوطني تجنب الاشتباك مع القوات الإسرائيلية ، وإذا اضطرت لذلك عليها القتال من الخنادق .

٣- على الفرقة المدرعة الرابعة عبور القناة في ظرف ٢٤ ساعة للتقدم على منطقة بير سالم حيث كان متوقعا نشوب المعركة الأساسية .

٤- يقوم الطيران المصري بغارات "شبه استطلاعية" خلال الساعات الأربع والعشرين القادمة ، بحيث يكون مستعدا لمساندة المدرعات في المعركة الأساسية .

٥- يكون دور سلاح البحرية محددا مقيدا كون شرق البحر الأبيض يعج بالأساطيل المعادية .

القوتان في الميزان

عندما شنت اسرائيل هجومها على عدة محاور في سيناء ، شنته بخمسة وأربعين ألف جندي جيدي التدريب و١٥٥ طائرة حربية ، غير الطائرات الفرنسية الستين ، أمام ٣٠ ألف جندي مصري لم يقل أي باحث انهم كانوا مثل أو أفضل تدريبا من الإسرائيليين ، وسبعين طائرة اعتراضية(٦) ، ومع ذلك قاتل المصريون بكل شجاعة وبسالة وحتى الرمق الأخير أحيانا .

أما الأسلحة السوفييتية التي حصلت عليها مصر عام ١٩٥٥ ، فلم تكن قواتها قد استوعبتها بعد ، وكان قادة الأعداء يعلمون ما يمكن أن تحدثه تلك الصفقة في موازين القوى .

ففي ١٠/١٨ /١٩٥٥ ، عقدت الكنيست اجتماعا لمناقشة موضوع هذه الصفقة ، ليخلص الخطباء جميعا أن هذه الصفقة هدفها محاربة إسرائيل ، وان الحرب باتت قريبة .

ويطالب اليمين الإسرائيلي بعملية وقائية قبل أن يستوعب الجيش المصري الأسلحة الجديدة (٧) .

وخلال المعركة ثبت عدم استيعاب الجيش المصري هذه الأسلحة ،فاستخدم الجيش ٥٠ دبابة من الدبابات المائتين الروسية الجديدة ،ومن طائرات الميج المائة ، كان جاهزا للتشغيل ٣٠ فقط ، ومن القاذفات اليوشن ١٢ طائرة (٨).

يوم ١٠/٢٩ ،الساعة الخامسة مساء ، لواء المظلات ٢٠٢بقيادة المقدم " روفائيل إيتان " يقوم بعملية إنزال في منطقة متلا ، وكان تعداده ٣٩٥ مظليا ، وفي الساعة التاسعة مساء قامت الطائرات الفرنسية بإمداد هذه القوات بالماء والطعام والذخيرة والأدوية ، وبثماني سيارات جيب و أربعة مدافع ١٠٦ .

وفي الساعة السابعة من مساء ذلك اليوم ، علم المصريون بالهجوم ، فصدرت الأوامر للكتيبة الخامسة والسادسة من لواء المشاة الثاني بعبور القناة والتوجه على ممر متلا .

وفي الساعة الثالثة من فجر ٣٠ /١٠ تعبر قوات العقيد شارون الحدود المصرية باتجاه الكونتيلة ، وكانت تتكون من ٣٠٠٠ جندي مزودين بالمدرعات ومدافع الميدان ، وفي الساعة السادسة صباحا سيطر ت القوات الاسرائيلية على " ثامد" بعد معركة مع القوات المصرية ، خسر فيها المصريون خمسين شهيدا،وقتل من الإسرائيليين أربعة وجرح ستة .(٩) وفي الساعة الخامسة مساء استولى الإسرائيليون على"نخل"،وانسحبت القوات المصرية من الموقع بعد أن خسرت ٥٦ شهيدا(رواية موشيه دايان) (١٠)

وفي اليوم نفسه ١٠/٣٠ ،وفي الساعة الرابعة صباحا ، عبر الحدود اللواء الرابع الإسرائيلي بقيادة العقيد يوسف هاريز وهاجم منطقة القسيمة - الواقعة بين الكونتيلة وأبو عجيلة - وفيها جرت معركة مع قوات الحرس الوطني

المصري ، وبناء على رواية موشيه دايان أيضا، استشهد من المصريين ٤٥ جنديا وأسر ٢٧٠ ، وقتل من الإسرائيليين ٤ جنود وجرح ٣٦.(١١)

معركة أم قطف : (الساعة الثانية عشرة والنصف ظهر يوم ١٠/٣٠)

وقبل الوصول إلى " أبو عجيلة " ، وفي منطقة أم قطف ، أوقع المصريون باللواء الإسرائيلي السابع خسائر فادحة ، وأوقفوا الهجوم الإسرائيلي ، مما دعا موشيه دايان إلى الطيران إلى الموقع،وقال للقائد سمحوني :

" لماذا تدفع خسائر بالعشرات من رجالك لتحقيق هدف سوف تحصل عليه بدون قطرة دم واحدة بعد بضع ساعات " (١٢)

ويبدو أن سمحوني لم يكن يعلم بالتواطؤ البريطاني الفرنسي ، وأن قوات الدولتين هي التي سوف تتكبد أي خسارة قادمة .

الإنذار البريطاني الفرنسي : وفي اليوم ذاته ، وبناء على المؤامرة المهيأة مسبقا ، وفي الساعة السادسة والنصف مساء أصدرت بريطانيا وفرنسا إنذارا إلى الطرفين المتنازعين ينص على :

١- وقف جميع الأعمال الحربية في البر والجو .

٢- سحب قوات الطرفين عشرة أميال عن القناة .

٣- لضمان الملاحة في القناة ، وللفصل بين المتحاربين ، على الحكومة المصرية أن تقبل الاحتلال المؤقت بواسطة القوات البريطانية والفرنسية لمواقع رئيسية في بور سعيد والاسماعيلية والسويس (١٣)

٤- ينفذ الإنذار خلال ١٢ ساعة .

وأعلن عبد الناصر رفضه للإنذار .

معركة أبو عجيلة (١٠/٣١) : وفيها حقق المصريون نصرا مؤزرا على الجيش الإسرائيلي ، وتقول المصادر المصرية أن العدو قد ترك في ساحة المعركة ٤٠ دبابة معطوبة ، وأسقطت له ٨ طائرات .(١٤)

معركة ممر متلا (١٠/٣٠ - ١١/١) : شارك في هذه المعركة العنيفة قوات المظليين والطائرات من الطرف الإسرائيلي ، والكتيبتان الخامسة والسادسة من اللواء الثاني من الجيش المصري ، ودمرت الطائرات آليات هاتين الكتيبتين ، ولكن الجنود ظلوا يقاومون من الاستحكامات في الممر، وقد خسرت القوات الإسرائيلية في متلا ٤١ قتيلا و٦٨ جريحا .(١٥)

وفي رواية أخرى:

" وبعد قتال عنيف بالأسلحة البيضاء استمر ساعتين ونصف ، تم إخراج المصريين من مكامنهم ، لكن الثمن كان فادحا ، إذ فقدت إسرائيل ٣٨ قتيلا و ١٢٠ جريحا ، بينما فقد المصريون ١٥٠ قتيلا ، قتل بعضهم بعد سقوطهم في الأسر " (١٦)

ناصر يسحب الجيش المصري من سيناء :

وفي الساعة السابعة من مساء ١٠/٣١ بدأ ت الطائرات البريطانية والفرنسية قصف المطارات المصرية في الماظة وانشاص وأبو سوير وكبريت والمطار الدولي في القاهرة ، وعليه قام المصريون بنقل ٦٠ طائرة عسكرية إلى قواعد سرية في ســوريا والسعودية والأقصر في جنوب مصر (١٧)

وشاهد عبد الناصر الطائرات المعادية وهي تقصف مطار الماظة بقاذفات "كانبيرا" بعيدة المدى .

وهنا يسجل القائد العظيم موقفا شجاعا لا ينسى ، فقد قال في اجتماع لمجلس الوزراء والقيادة العامة :

" إننا لو لم نقاتل اليوم ، فلن نقاتل أبدا .. لا بد لنا من القتال حتى لو أجبرنا على الانسحاب إلى الوجه القبلي واللجوء إلى حرب العصابات "(١٨)

ويبلغ الأمر بأحد رفاق الدرب ، وهو صلاح سالم ، عضو مجلس قيادة الثورة ، أن يقول لناصر كلمات ذكرتها مراجع كثيرة بطرق مختلفة ، ولكن المحتوى واحد ، إذ قال :

" إن بريطانيا وفرنسا أعلنتا انهما لا تعاديان الشعب المصري ، وإنما معركتهما معك أنت ، وأنا أرى انك قدمت لمصر خدمات عظيمة ، وأجدك اليوم مطالبا بخدمة أخرى سوف يذكرها لك التاريخ ، وهي أن تذهب إلى السفارة البريطانية فتسلم نفسك وتنقذ البلاد من أهوال التدخل البريطاني الفرنسي ، فضلا عن إسرائيل "

ويرد ناصر : " أنه لو كان الأمر متعلقا به شخصيا لفعل ذلك فداء لمصر ، ولكن الأمر أكبر من ذلك ... فهو الآن أمر إرادة مصر المستقلة وكرامتها " (١٩)

ولكي لا تقع القوات المصرية في سيناء بين " فكي كماشة " إذا ما احتل البريطانيون والفرنسيون القناة ، يأمر عبد الناصر بما يلي :

١- الكتائب الثماني الموجودة في سيناء من الأصل أن تقاوم مهما كان الثمن لمدة ٤٨ ساعة .

٢- على القوات المتدفقة عبر القناة العودة إلى غربها لمواجهة العدو على الجبهة الرئيسية للمعركة .

٣- تعطيل الملاحة في قناة السويس ، ونسف السفن المحملة بالإسمنت في مجرى القناة .

٤- على الطيران المصري أن لا يشتبك مع الطيران المعادي لكي لا تخسر مصر طياريها في معركة غير متكافئة، وكان لدى مصر ١٢٠ طيارا مدربا .

٥- الاستعداد لحرب شعبية طويلة الأمد حتى لو استطاع الغزاة القضاء على الجيوش النظامية .

وقد تم تنفيذ ما طلبه ناصر بشكل دقيق ، وصمدت القوات المرابطة في سيناء ٤٨ ساعة وأبلت بلاء حسنا ، ولم تستطع القوات الإسرائيلية التقدم عبر محاور سيناء الأربعة إلا بعد انسحابها ، كذلك عادت القوات التي كانت تزمع نجدة القوات التي في سيناء ، وتم تعطيل الملاحة في القناة ، وابتعد الطيارون عن سماء المعركة .(٢٠)

معركة رفح : ليلة الأول من تشرين ثان ، قامت البواخر الإسرائيلية والفرنسية بقصف المواقع المصرية في رفح تمهيدا لدخول القوات الإسرائيلية البرية التي دخلت الساعة الثانية فجر يوم ١١/١ ، وكان يقودها بارليف ، ورغم استبسال المدافعين الفلسطينيين والمصريين في الدفاع عن المدينة ، إلا أن فارق التسليح حسم الموقف ، وانسحبت القوات المصرية الساعة الثامنة صباحا .

مجازر في القطاع

وفي يوم ١١/٣ ، ارتكب الجيش الإسرائيلي مجزرة في مخيم خان يونس قتل فيها اكثر من ٢٥٠ من السكان .

وفي يوم ١١/١٢ ، ارتكب الصهاينة مجزرة أخرى راح ضحيتها ٢٧٥ من السكان .

وفي اليوم نفسه حصلت مذبحة أخرى في مخيم رفح قتل فيها اكثر من ١٠٠ شخص . (٢١)

وواصل الإسرائيليون زحفهم إلى العريش التي كانت القوات المصرية قد انسحبت منها باتجاه القناة ، فواصل بارليف زحفه نحو الغرب .

معركة غزة : ويلخص موشيه دايان ما جرى في معركة غزة في كلمات قليلة ' فقال عن اللواء الفلسطيني رقم ٨٧ الذي كان مرابطا في المدينة :

" إنه بالرغم من أن عدد أفراده كان حوالي عشرة آلاف رجل ، إلا أنهم كانوا مدربين للعمل في مواقع محددة فقط ، ولا يمكنهم العمل خارج هذا النطاق ، كما أن لقب لواء وكتيبة وفئة لم يكن إلا نوعا من التنظيم ، ولكن ليس تنظيما للعمل العسكري "

وقد رفض اللواء الفلسطيني الاستسلام ، ودارت معركة عنيفة حسمتها الدبابات الإسرائيلية فدخلت المدينة التي أعلن القائد العسكري فيها والحاكم الإداري استسلامها الساعة الثانية والنصف بعد ظهر يوم ٢ تشرين ثان ..(٢٢)

معركة شرم الشيخ:

أما الجيش الإسرائيلي الذي توجه جنوبا ، فقد تمكن من احتلال شرم الشيخ بعد معركة كبيرة .

" وكان القائد المصري في شرم الشيخ قد تلقى أمرا من القاهرة بالانسحاب ، ولكنه رد على ذلك باستحالة التنفيذ ، وانه سيقاتل والحالة هذه حتى النهاية ، وكان الضابط يقود ألفا ومائتين من الجنود ، ليس إلا ، تواجههم قوة إسرائيلية ضخمة مؤلفة من لواء مدرع كامل ، وبعض القطع البحرية في إيلة ، وتعززها غارات جوية تقذف قنابل النابالم المحرقة ، وتنزل المظليين في بعض المناطق ، ومع

ذلك ظل القائد المصري صامدا حتى النهاية برغم ما أصيب به من خسائر أربت على ٢٠٠ شهيد و٣٠٠ جريح، ولم يستسلم إلا في الخامس من نوفمبر ، أي بعد خمسة أيام كاملة من تلقيه ما يشعره من القاهرة باستحالة وصول أية نجدات إليه ، وما يبلغه أن بقية القوات المصرية أخذت تنسحب من سيناء " (٢٣) .

وبعد هذا الوصف من باحث غربي لمعركة شرم الشيخ ، يتساءل هذا الباحث :

" وهنا يجوز لنا أن نتساءل : هل هذه الحقائق الثابتة المؤكدة تنطبق مع ما زعمه الإسرائيليون من " نصر خاطف" أو "هزيمة " .

ويعلن بن جوريون أن النصر قد أسكره ، وتوجه إلى الكنيست ليعلن ضم سيناء إلى إسرائيل ، وأنها لم تعد أرضا مصرية ، وأن اتفاقات الهدنة الموقعة بين البلدين قد ماتت إلى غير رجعة .(٢٤)

معارك بحرية (٢٥)

نذكر هنا باختصار نبذة عنى المعارك وذلك لعدم وجود مراجع تفي بالغرض .

٣٠ /١٠ :

المدمرة المصرية " إبراهيم الأول " تهاجم ميناء حيفا وتضربه بالقنابل ، وقد هوجمت من قبل المدمرات الإسرائيلية والفرنسية ، ولما انسحبت ضربتها الطائرات الإسرائيلية وألحقت بها ضررا فادحا ، وتم أسرها واسر بحارتها (رواية دايان).

أما الروايات التالية فهي بلاغات عسكرية مصرية :

ليلة ١١/١ :

اشتباكات بين المدمرة المصرية دمياط وسفن إسرائيلية يؤدي إلى غرق المدمرة المصرية .

١١/٣ :

نجت المدمرتان المصريتان النصر وطارق بعد الاشتباك مع حاملة طائرات بريطانية .

معارك بين البحرية البريطانية والفرنسية وبين مدفعية السواحل المصرية ، تؤدي إلى إغراق قطعة بحرية بريطانية ، وإصابة قطعة بحرية أخرى ، وإغراق حاملة جنود بريطانية .

١١/٤

اشتباكات بين بحرية الطرفين تؤدي إلى :

إغراق مدمرتين فرنسية وبريطانية وطراد فرنسي في شرم الشيخ .

إصابة ثلاث مدمرات للحلفاء إصابات شديدة .

تدمير وإغراق مدمرة فرنسية في بحيرة البرلس .

المعارك الجوية

بدأت الطائرات البريطانية بقصف المطارات والمواقع المصرية في الساعة السابعة مساء يوم ٣١ / ١٠ ، في المطارات المذكورة آنفا ، وقد كانت الحصيلة تدمير ٢٦٠ طائرة مصرية ، وتم إسقاط ٥ طائرات بريطانية وطائرتين فرنسيتين .

كذلك قامت الطائرات الفرنسية بضرب الجيش المصري المنسحب من سيناء بناء على أوامر ناصر.(٢٦)

مشاهد البطولة في بور سعيد

كان في بور سعيد لما بدأ الهجوم عليها من الجيش المصري كتيبة واحدة ، وبعد الانسحاب من سيناء التحق بها ١٥ سرية ، وبطارية مدافع ، وكتيبة حرس وطني .

أما القوات المهاجمة فقد بلغت ٤٠ ألفا ، تعينها الأساطيل والقوات الجوية من البحر الأبيض المتوسط . (٢٧)

بدأ الهجوم على بورسعيد في ٣١ / ١٠ :

" مع خيوط النهار الأولى ، أمر القادة كل مدافع الأسطول – باستثناء المدافع الثقيلة جدا – بفتح نيرانها ، وأبيدت كل مظاهر الحياة من على شواطىء بور سعيد وبور فؤاد المزدانة بالنخيل ، بدعم من مدافع الأسطول ، وهو التعبير المهذب لعملية القصف الذي استخدمته الصحافة في لندن .

وبينما مدفعية الأسطول تصب حميمها ، كانت أسراب الطائرات المسعورة تنقض من السماء مطلقة مدافعها الرشاشة ، وصواريخها وقنابلها ، وسرعان ما غطى الدخان الشاطىء ... وما أن بدأت القذائف في التساقط ، حتى اختلط الدخان بالوميض ، بينما تصاعدت النيران والسنة اللهب هنا وهناك ، لتكشف عن صف من أكواخ المصطافين وهي تحترق .

واستغرقت هذه المرحلة التمهيدية خمسا وأربعين دقيقة لمدافع الأسطول ، وعشرة دقائق بالنسبة للطائرات ، وبعد ان أحرقوا حتى الرمال ، بدأ البريطانيون في النزول عند بور سعيد ، والفرنسيون إلى الجنوب منها

عند بور فؤاد ، وانزل البريطانيون ١٣٥٠٠ رجل ، والفرنسيون ٨٥٠٠ رجل ، واستخدم البريطانيون أسلوبا حربيا جديدا في هذا اليوم ، إذ استعملوا طائرات الهيلوكبتر في نقل الرجال والمعدات إلى منطقة العمليات بسرعة كبيرة ، وهو الأسلوب الذي سيطوره الأمريكيون إلى حد الكمال بعد عقد من الزمان في حرب فيتنام ، وفي غضون ساعة ونصف ، قامت ٢٢ طائرة هيلوكبتر، أقلعت من على متن حاملتي الطائرات " ثيسيوس وأوشن " بنقل ٤٠٠ رجل ، و٣٣ طنا من العتاد إلى ساحة المعركة .

وقاتل المصريون ببسالة ، رغم أن المقاومة المنظمة للجيش سرعان ما انهارت في مواجهة القوة العاتية للغزاة ، وقد حمل العديد من المدنيين السلاح ، وتحول الجميع بدءا من النساء والعجائز ، وحتى الأطفال إلى حرب العصابات ، وتعين الاستيلاء على المنازل بينما الأطفال يلقون بالقنابل اليدوية من الأدوار العليا ، والقناصة يطلقون النار من مكامن داخلها (٢٨) .   " وكانت القيادة قد وزعت ٢٠٠ ألف قطعة سلاح على كل مواطن طلب السلاح بدون تسجيل اسمه ، وبعد الحرب ردت جميع هذه الأسلحة إلى الدولة عدا عدد قليل جدا " (٢٩)

وبلغ الهجوم ذروته في ١١/٥ ، بإنزال كتائب جديدة من قوات المظليين البريطانيين والفرنسيين ، " والإذاعات والمنشورات المعادية تطالب الشعب بالانقلاب على قيادته ، والترحيب بالغزاة .. والاستسلام ...؟ الشعب الذي قابل عبد الناصر في ذهابه وإيابه إلى الأزهر في عربة مكشوفة وهو ينشد : حنحارب ..حنحارب.. اللـه أكبر فوق كيد المعتدي " (٣٠)

وكانت سوريا في ١١/٢ ، قد أبلغت اميركا – بواسطة سفارتها في واشنطن- أنها قد وضعت قواتها تحت قيادة موحدة مع مصر ، وذلك تنفيذا للميثاق الدفاعي المصري السوري المشترك .(٣١)

وفي الأمم المتحدة :

وفي ١١/٢ اتخذت الجمعية العامة للأمم المتحدة قرارها بوقف إطلاق النار ،وفي اليوم التالي وافقت مصر على هذا القرار. (٣٢)

****

الفصل الثاني
الإنذار السوفييتي والانسحاب

وفي يوم ١١/٥ وجه رئيس وزراء الاتحاد الـسـوفييتي الماريشال "بولجانين" إنذارا لبريطانيا وفرنسا ، وآخر إلى إسرائيل ، يهدد في الإنذار الأول بقصف باريس ولندن بالصواريخ ، وفي الثاني تلميح لاستعمال القوة ضد إسرائيل إذا لم توقف أعمالها الحربية .

وقد ورد في الإنذار الموجه لبريطانيا وفرنسا ما يلي :

" إن قناة السويس استعملت كمبرر فقط من أجل شن حرب عدوانية مدبرة ضد الأمة العربية بقصد تصفية الاستقلال الوطني لدولها ... وإني لأتساءل في أي موقف تجد فيه بريطانيا - أو فرنسا - نفسها إذا هوجمت بواسطة قوى أكبر منها، تملك أنواعا حديثة من أسلحة الدمار الشامل، إن هذه القوى الكبيرة لن ترسل أساطيلها البحرية أو الجوية لتقتحم الشواطىء البريطانية (أو الفرنسية) ، وبدلا من ذلك فإنها تستطيع أن تستعمل وسائل أخرى كالصواريخ مثلا ، وإذا استعملت الصواريخ ضد بريطانيا وفرنسا ، فإنكم بالتأكيد سوف تسمون ذلك عملا بربريا ، ومع ذلك فأي فارق بين هذا وبين غزوكم لمصر " (٣٣)

وورد في الإنذار الموجه إلى إسرائيل :

" السيد رئيس الوزراء :

لقد أعربت الحكومة السوفييتية من قبل عن تنديدها بالعدوان المسلح الإسرائيلي،بالإضافة إلى العدوان الفرنسي ضد مصر، والذي يؤلف خرقا واضحا وصريحا لميثاق الأمم المتحدة وأسسها.   وفي الجلسة الطارئة للجمعية العامة نددت

معظم دول العالم عمل العدوان الذي استهدف جمهورية مصر ، وطالبوا حكومات إسرائيل وبريطانيا وفرنسا إنهاء الأعمال العسكرية بدون تأخير ، وسحب الجيوش المغيرة من المناطق المصرية ،إن جميع البشر المحبين للسلام يشجبون بسخط الأعمال الإجرامية للمعتدين الذين خرقوا وحدة أراضي وسيادة استقلال جمهورية مصر .

وبدون أخذ هذا بالاعتبار ، تستمر حكومة إسرائيل بعملها كأداة في أيدي قوى الإمبريالية الخارجية في هذه المغامرة ، وبهذا تتحدى جميع الشعوب المحبة للسلام في العالم .

إن أعمال حكومة إسرائيل هذه توضح بجلاء التقييم الذي يوضع لجميع تصريحاتها الباطلة عن حب إسرائيل للسلام ، ورغبتها في تعايش سلمي مع الأقطار العربية المجاورة ، وفي هذه التصريحات ، فقد هدفت حكومة إسرائيل في الواقع إلى تحذير يقظة الشعوب الأخرى ، بينما كانت قد بيتت هجوما غادرا على جيرانها ، لإطاعة إرادة أجنبية ، والعمل بأوامر خارجية .

إن حكومة إسرائيل تلعب بمصير السلام بشكل إجرامي ، وبدون تقدير للمسؤولية ، كما تلعب بمصير شعبها نفسه ، إنها بعملها هذا تزرع الحقد بين شعوب الشرق الأوسط على إسرائيل ، وتضع علامة استفهام على الوجود الحقيقي لها كدولة في الشرق الأوسط .

إن الحكومة السوفييتية باهتمامها الحيوي في الحفاظ على السلام ، والإبقاء على الهدوء في الشرق الأوسط ، تتخذ في هذه اللحظة الخطوات لإنهاء الحرب وكبح المعتدين .

نحن نقترح أن تدرس حكومة إسرائيل - وقبل فوات الأوان - أن تنهي إجراءاتها العسكرية ضد مصر .

نحن نطلب منكم ومن البرلمان ، ومن العمال في دولة إسرائيل ، ولجميع شعوب إسرائيل إيقاف العدوان ، وإيقاف هدر الدماء ، وأن تسحبوا جيوشكم من المناطق المصرية " (٣٤)

رد ايدن

وقبل أن ندرس إنذارات السوفييت وأثرها ، حري بنا ان نقرأ بشيء من العمق رد رئيس الوزراء البريطاني على الإنذار ، ففيه مدلولات سنأتي على ذكرها والتعليق عليها لاحقا ، يقول مخاطبا بولجانين :

" لقد تلقيت بأسف بالغ رسالتكم أمس ، وإن اللهجة التي صيغت بها جعلتني أفكر في البداية بإصدار الأمر إلى سفير حكومة جلالتها لإعادتها إليك ، على اعتبارها غير مقبولة مطلقا ، لكن خطورة الوضع الراهن تحملني على محاولة الرد عليك ، مستخدما مشورة العقل التي كثيرا ما لجانا أنا وأنت إليها لبحث جميع قضايا العالم الحيوية "

" إننا حققنا فعلا هدفنا بالفصل بين القوات المتحاربة في مصر ، وإننا رحبنا بالقوة الدولية المقترحة التي تستطيع أن تتولى المسؤولية عنا "

" وإذا أيدت حكومتكم إنشاء قوة دولية مهمتها منع استئناف القتال بين مصر وإسرائيل ، وضمان انسحاب القوات الإسرائيلية ، واتخاذ التدابير الضرورية لإزالة العوائق ، وإعادة حركة المرور عبر القناة ، وإيجاد تسوية لجميع مشاكل المنطقة ، فإنها تكون بذلك قد أسهمت في ضمان السلام الذي نرحب به "

" إن هدفنا إقامة حل سلمي ، لا الدخول في جدال ومناقشات معكم ، ولكني لا أستطيع أن أترك اتهاماتك التي لا أساس لها بدون رد ، فأنت تتهمنا بإشعال حرب ضد الاستقلال الوطني لبلاد الشرقين الأدنى والأوسط ، وقد أثبتنا عمليا سخافة هذه التهمة عن طريق التصريح برغبتنا في أن تحل الأمم المتحدة محلنا في مهمة صيانة السلام في المنطقة "

" ويعرف العالم أن القوات السوفييتية خلال الأيام الثلاثة الماضية ، كانت تسحق بلا رحمة ، المقاومة البطولية ، لحركة وطنية صادقة تستهدف الاستقلال ، في حركة أثبتت بإعلان حيدتها ، أنها لا تشكل تهديدا لأمن الاتحاد السوفييتي وسلامته .

وفي مثل هذا الوقت بالذات ، لا يليق بالحكومة السوفييتية أن تصف أعمال حكومة جلالتها بالبربرية ، وقد ناشدت الأمم المتحدة ، حكومتك الكف عن هجومها المسلح على شعب المجر ، وسحب قواتها من الأراضي المجرية ، وقبول المراقبين الدوليين في المجر ، وسيحكم العالم على ضوء ردك ، على مدى ما في الكلمات التي وجدت من المناسب توجيهها لحكومة جلالتها ، من صدق " (٣٥)

وفي الساعة الثانية من فجر اليوم التالي ١١/٧ ، أصدرت الدول الثلاث المعتدية قرارا بوقف إطلاق النار ، وقبلت مصر القرار .

******

الفصل الثالث

تقييم الإنذار السوفييتي

بالرغم من مضي نصف قرن على حرب السويس ، إلا أن موضوع الإنذار السوفييتي ، ومدى مصداقيته وجديته ، مازال قيد البحث والدرس .

وقد أحسن السوفييت التمثيل بأنهم جادون فيما يقولون .

فقد طلبوا من تركيا السماح لخمس سفن عسكرية روسية بعبور مضيق الدردنيل .

وظهرت غواصات سوفييتية في المياه المصرية .

كما ظهرت أسراب من الطائرات السوفييتية على أجهزة الرادار التركية وهي في طريقها إلى سوريا . (٣٦)

ترى هل كان السوفييت جادين في قصف باريس ولندن وتل أبيب بالصواريخ ؟ أم أنه كان مجرد تهديد ووعيد لحفظ ماء الوجه ، ولإثبات وجود الاتحاد السوفييتي كدولة عظمى لها وزنها ، وقد خرجت للتو من الحرب العالمية الثانية منتصرة على ألمانيا النازية التي اجتاحت جيوشها معظم البلدان الأوروبية ؟ .

وهل يهمنا نحن كعرب وجود الجدية أو غيابها إذا كان التهديد قد حقق الهدف المراد ؟ .

وما حجم هذا الإنذار ؟ وماذا كان أثره على أطراف النزاع ؟ وهل نجح في تحقيق ما أحببنا – كعرب – تحقيقه ؟

للإجابة على السؤال الأول أقول :

١- إني أستبعد الجدية والمصداقية في ضرب أحد بالصواريخ ، لأن ذلك كان سيكلف السوفييت والعالم حربا عالمية ثالثة .

٢- كان بإمكان أصدقائنا السوفييت نجدة مصر بأشياء أقل من الصواريخ ودك العواصم ، وذلك بإرسال بعض الفرق العسكرية للدفاع عن القاهرة والمدن الأخرى ، فيقاتل المصريون على الجبهة وظهورهم مستندة إلى جيش مسلح مدرب قادر على الرد الفاعل .

٣- لقد هدد السوفييت بإرسال متطوعين للقتال إلى جانب المصريين ، ولكن لم يصل منهم أحد ، وهذا أقل ما يمكن أن تقدمه دولة عظمى .

٤- قبل نشوب الحرب العراقية الأميركية ، كان هناك معاهدة دفاعية موقعة بين العراق والاتحاد السوفييتي ، ولكن السوفييت لم ينفذوا منها حرفا عندما حصل الغزو الأميركي للعراق .

٥- خاضت فيتنام الشمالية الشيوعية حربا تحريرية ضروسا ضد أميركا مدة عشر سنوات ، وكان السوفييت يدعمونها بالسلاح والمؤن ، ولكنهم لم يرسلوا جنديا واحدا للقتال إلى جانبهم وهم في أقسى ظروف الحرب .

٦- وفي حرب عام ١٩٦٧ ، فقدت مصر غطاءها الجوي بعد ضرب مطاراتها ، ولم تكن مصر بحاجة لصواريخ عابرة للقارات لتدمير باريس ولندن ، بل كانت في أمس الحاجة إلى الطائرات لتغطية انسحاب جيشها من سيناء ، ولكن السوفييت لم يستخدموا طائرة واحدة لهذا الغرض ، ولم يرسلوا جنديا ولا متطوعا !

٧- هناك رسالة أرسلها خروتشوف إلى الرئيس عبد الناصر حملها الرئيس السوري شكري القوتلي " تنبئه صراحة أن روسيا لن تغامر بالتورط في حرب عالمية ثالثة من أجل قناة السويس ، وأنه إذا كان لا بد من خوض مثل هذه الحرب ، فإن الروس سيختارون مكانا وزمانا أكثر ملاءمة ، وفي نفس الوقت أشار خروشوف بضرورة أن تعقد مصر صلحا بأسرع ما يمكن مع بريطانيا وفرنسا لأن قواتهما المتفوقة لن يجدي معها القيام بمزيد من المقاومة ، وأن روسيا سوف تقدم لها كل تأييد أدبي لازم ، إلا أنها لا تستطيع تقديم أية مساعدة أخرى في هذه المرحلة " (٣٧)

ولكن السؤال الأجمل والأصدق الذي علينا طرحه والإجابة عليه بكل أمانة وصدق : **هل أدى الإنذار السوفييتي دوره ؟**

تأمل عزيزي القارىء رد السيد ايدن على تهديد بولجانين الصريح والشجاع ، إنه ينضح بالخوف والتقية والحذر....!

فهو مثلا لا يرد : إذا ما قصفتم بلادنا بالصواريخ فسوف نرد بكل ما أوتينا من قوة ، وسوف نقاتلكم إلى آخر رجل (وقد فعل ذلك عبد الناصر وهو في أسوأ الظروف ، ونفذ ما قال) .

وايدن لا يقول لبولجانين :إنكم غير قادرين على فعل شيء من هذا القبيل ، وتاريخكم يشهد بذلك .

بل إنه يختار عباراته بكل أدب وتهذيب :

تلقيت رسالتكم بأسف بالغ ..

لنستخدم مشورة العقل لبحث المشكلة ..

هدفنا إقامة حل سلمي ...

نؤيد حكومتكم لإنشاء قوة دولية ..

وغير ذلك من الخطاب الدبلوماسي المكتوب بعناية !

ولنقرأ الآن ردود فعل **بقية الضحايا** من قادة الدول المعتدية وكبارها :

جولدا مائير وزيرة الخارجية الإسرائيلية : إنها إنذارات مخيفة توحي بتهديد يؤدي إلى قيام حرب عالمية ثالثة (٣٨)

بن جوريون : أؤكد أن إسرائيل لا تستطيع الوقوف في وجه الاتحاد السوفييتي . (٣٩)

الرئيس الأمريكي ايزنهاور موجها حديثه إلى بن جوريون : " يجب أن أقول لك صراحة - يا سيدي رئيس الوزراء- انه لو صحت التقارير التي تصلنا عن رفضكم الانسحاب ، فإن ذلك موقف سوف يؤدي إلى إدانتكم ،وسوف يكون من دواعي أسفي أن تضطرنا سياسة إسرائيل - التي يمكن أن تؤدي إلى عواقب وخيمة - إلى اتخاذ موقف يؤثر في التعاون الودي القائم بيننا " (٤٠)

وسارع بن جوريون إلى كتابة رسالة إلى ايزنهاور يقول فيها : إنك سوف تجد إسرائيل مستعدة دائما للقيام بدورها المتواضع إلى جانب الولايات المتحدة الأميركية من اجل تعزيز العدل ، وتقوية السلام العالمي " (٤١)

فها هو بن جوريون قد صار قلقا على العدل والسلام العالمي !

ايتان وكيل وزارة الخارجية الإسرائيلي :" الأنباء الموثوق بها يوم ٨ نوفمبر عن المخاوف من احتمال قيام الاتحاد السوفييتي بهجوم جوي على إسرائيل في اليوم التالي ، إذا لم يتلق المندوب السوفييتي الدائم إخطارا من المندوب الإسرائيلي بان إسرائيل قبلت الانسحاب " (٤٢)

شمعون بيريز وزير الدفاع الإسرائيلي:لقد وجدنا الفرنسيين منقسمين في آرائهم حول معنى التهديد السوفييتي،ولكنهم كانوا أبعد ما يكونون عن الهدوء "(٤٣)

المستشار الألماني أديناور مخاطبا رئيس وزراء فرنسا :

"أرجوكم .. كصديق لفرنسا أن تنظروا في هذا الموضوع بدون أية محاولة لخداع النفس .. إن الأمريكيين لن يهرعوا لمساعدتكم ، بالرغم من حلف الأطلنطي "(٤٤)

حكومة الولايات المتحدة - على لسان أحد الصحفيين -:

"من العسير أن نكون فعالين إذا وصفنا التوتر المتناهي الذي استولى على حكومة الولايات المتحدة ، من الساعة السادسة مساء أمس حتى الساعة الواحدة بعد ظهر اليوم ، عندما أعلنت بريطانيا وفرنسا وقف إطلاق النار في مصر ، لقد أخذت الحكومة الأمريكية موضوع التهديد مأخذ الجد الشديد ، لقد كانت اللهجة التي صيغت بها المذكرات الثلاث مفاجأة ولدت الذعر في الحال "(٤٥)

وزير الدفاع الفرنسي بينو مخاطبا بيريز:"ليست لدينا وسائل للدفاع ضد الصواريخ ، وإذا هاجمكم الروس فسنكون بلا حول أو قوة أمام الصواريخ حتى لو هرعنا لمساعدتكم بكل قوانا" (٤٦)

مجلس الوزراء الإسرائيلي :

" وتكهرب الموقف في مجلس الوزراء الإسرائيلي بعد ظهر يوم ٧ نوفمبر ، عندما وصلت تقارير الوفد الإسرائيلي في باريس كاملـة ، ومعها نسخة من تقرير كتبه بوهلن السفير الأمريكي في موسكو ، وقال فيه " إن السوفييت يعتزمون تـسوية إسرائيل بالأرض فـي اليوم التـالي "

"واحتدت المناقشات في مجلس الوزراء الإسرائيلي، وارتفعت الأصوات ، وتبودلت الاتهامات ، **وأجهش بعض الوزراء بالبكاء** ، واضطر رئيس الدولة " بن زفاي" إلى التوجه عند الفجر إلى اجتماع مجلس الوزراء يطلب سرعة اتخاذ قرار لأن الموقف لا يحتمل الانتظار ، وابلغه بن جوريون **أن مجلس الوزراء قرر قبول وقف إطلاق النار ، وقبول الانسحاب من سيناء** "(٤٧)

هكذا إذن ...

كل أنواع الخوف وأصنافه نقرأها ونحسها في تصريحات المعتدين وأصدقائهم ....!

قد تنشب حرب عالمية ثالثة .

لا أحد يستطيع الوقوف أمام الاتحاد السوفييتي .

بن جوريون صار قلقا على السلام العالمي ، بعد أن قال أن احتلاله سيناء حقق أملا قديما !

الفارق بين إنذار بولجانين ومسح إسرائيل عن الوجود يوم واحد !

الولايات المتحدة لن تنجد أحدا إذا ما نفذ السوفييت إنذارهم.

لهجة بولجانين صعبة وجادة .

فرنسا ... تجمع وتطرح .. ليس لديها وسائل للدفاع ضد الصواريخ السوفييتية .

وزراء إسرائيل يجتمعون في ساعات الفجر لاتخاذ قرار ما ... ويبلغ بهم الرعب أن يجهشوا بالبكاء ..!

كل هذه المخاوف والمواقف تحدث هنا وهناك ، ولم نسمع عن مسؤول واحد قال للسوفييت : بلطوا البحر .. فنحن جاهزون لأي هجوم ، وسوف نقاتل دفاعا عن أوطاننا وحقوقنا .

بل ولم نقرأ عن زعيم واحد فكر في توحيد هؤلاء المهددين بالفناء على يد السوفييت ، ليقفوا صفا واحدا ضد هذا الخطر الداهم !

إذا ما الذي بقي عند الغزاة من مشاعر الحذر والخوف ولم يعلمه الناس في أنحاء المعمورة سواء في زمن الحدث أو بعده بسنوات ؟ وذلك بعد أن بدأ أصحاب القرار من قادة ووزراء وزعماء الذين عايشوا الأحداث ورسموها ينشرون مؤلفاتهم ومذكراتهم وأسرارهم على الملأ ، وكل شيء أضحى معروفا .

ونعود إلى السؤال:

هل أدى الإنذار دوره ؟

والجواب نعم ، وأكثر مما توقعه اكبر المتفائلين .

فالكل يريد أن ينسحب ولا بديل عن الانسحاب ، وهذا الانسحاب غير مشروط .

والسؤال يولد عادة سؤالا آخر...!

وسؤالنا الذي طرحناه وأجبنا عليه يولد عدة أسئلة ..!

هل كان الاتحاد السوفييتي سينذر المعتدين ويهددهم لو أن المقاومة المصرية فشلت في صد الهجوم الاستعماري ؟

هل كان هناك موقف سوفييتي شجاع كهذا الموقف لو أن مصر- لم تكن أشجع - وأعلنت استسلامها ، ولم تستبسل في القتال في كل المعارك والجبهات ، وهي تعلم أنها الطرف الأضعف عدة وعتادا ؟

وهل كان هذا الإنذار لو لم تقف أميركا موقفها السلبي من عدوان حلفائها ؟ .

وهل كان هناك إنذار سوفييتي لو لم تتخذ الأمم المتحدة قرارها بوقف إطلاق النار في يوم ١١/٢ ، في حين جاء الإنذار في ١١/٥ ؟

ها هو عبد الناصر نفسه يرد على الزعيم السوفييتي خروتشوف الذي
قال في رسالة أرسلها لناصر في نيسان١٩٥٩ :

" وهل كانت هناك أية شكوك تخامر أي إنسان في انه لو
تجاهلت القوات التي شنت العدوان المسلح على مصر التحذير القطعي
من الاتحاد السوفييتي ، ولم توقف الأعمال الحربية ، لكان الاتحاد
السوفييتي استخدم وسائل أكثر فعالية لوقف المعتدين وإحباطهم "

فرد عبد الناصر :

" ولعلك تعلم يا سيادة الرئيس أن الإنذار السوفييتي الذي لا
يستطيع أحد أن ينكر مفعوله - صدر من موسكو دون علمنا تماما ،
وبعد مرور تسعة أيام كنا فيها وحدنا في ميدان المعركة .

كان هناك احتمال أن نفقد عزيمتنا ، وكان ثمة احتمال آخر أن
نستسلم بعد يومين ، أو ثلاثة أيام ، أو أسبوع ، بل كان حتى من الممكن
أن نستسلم في صبيحة اليوم الذي صدر فيه إنذاركم .

فأي جدوى كان يمكن أن تكون لهذا الإنذار يومها - يا سيادة الرئيس -
لو كنا وصلنا إلى النهاية وسقطنا " (٤٨)

هذه الأسئلة طرحها أكثر من كاتب ومؤرخ في الخمسين سنة الماضية
، ولكن السؤال الذي لم أقراه حتى اليوم ، ولربما كان هناك من طرحه :

لماذا لم يكن هناك إنذار مماثل كنا بأمس الحاجة إليه بعد حرب
حزيران عام ١٩٦٧ ؟

لقد خسرنا في تلك الحرب سيناء والضفة الغربية وهضبة الجولان ،
وحتى اليوم لم ينذر أحد أحدا .

وأعود فأقول : إن ما طرحناه من أسئلة يقف أمامها مواقف الزعماء والكبار من الغزاة الذين قرروا الانسحاب بدون جدل أو مراء ، وقد أطلنا في شرح تلك المواقف .

لقد كان الإنذار السوفييتي موقفا يسجل للسوفييت لا نستطيع- مع الأسف - إثبات كذبه أو صدقه ، ومؤكد أن لديهم ردودهم على ما نقول ونزعم عن عدم جديتهم !

والفرق كبير بين الباحث والسياسي ... .

فالباحث الأمين الذي يحترم أمانته العلمية غايته الوصول إلى الحقيقة ونقلها للأجيال القادمة .

ولكن السياسي يريد إضعاف حجج الخصوم ودحضها ، وإثبات حجته بكل الوسائل ، وذلك لأن موقفه - الحزبي أو العقائدي أو الإقليمي - يتطلب ذلك .

لذا نقول أن أثر هذا الإنذار لن يستطيع المؤرخ الحصيف إنكاره ، والأدلة موجودة ، ولا يستطيع إنكارها من يريد الاطلاع والمعرفة .

وإنذار من الصين ...

وكانت الصين قد سبقت الاتحاد السوفييتي في الوقوف بحزم مع مصر ، ففي ١٠/٣١ حذرت الصين الدول المعتدية أن مصر لن تكون وحدها في الساح ، ولكن ستقف معها كل الشعوب المحبة للسلام في إفريقيا وآسيا .

وفي ١١/٤ ، عادت الصين لتحذر من جديد ، ووصفت العدوان بأنه وقح ، وطالبت بوقف جميع العمليات العسكرية ، وسحب القوات المعتدية .(٤٩)

وتحذير من الهند ...

وفي يوم ١٠/٣١ ، اعتبر الزعيم الهندي جواهر لال نهرو في بيان أصدرته حكومته العدوان انه خرق لمواثيق الأمم المتحدة ، وحذر من حرب قادمة بسبب هذا العدوان ، ثم أبلغ الحكومة البريطانية أن بلاده ستجد نفسها مضطرة إلى الانسحاب من الكومنولث البريطاني ، وحذر كندا من تأييد بريطانيا في الأمم المتحدة .(٥٠)

ردود الفعل في الوطن العربي

وفي سوريا أعلنت التعبئة العامة ، وتقرر قطع العلاقات مع إنجلترا وفرنسا ، وخرجت المظاهرات مؤيدة مصر في كفاحها ضد العدوان الغاشم .

وفي العراق ، شجب نوري السعيد والملك فيصل الثاني العدوان الإسرائيلي ، ولم يذكرا العدوان البريطاني الفرنسي ، في حين تظاهر الشعب مطالبا بالانسحاب من حلف بغداد ، وتجمع الألوف أمام السفارة المصرية طالبين التطوع .

وفي السعودية صدر بيان بإعلان التعبئة ، وأرسل الملك سعود رسالة لناصر معلنا استعداد السعودية لتنفيذ اتفاقية الدفاع المشترك .(٥١)

" وفي عدن ، أضرم المتظاهرون النار في ثكنات القوات الإنجليزية ، والمؤسسات البترولية .

وفي الكويت شبت النيران في حقول البترول .

وفي إمارة قطر ، نشبت اضطرابات عنيفة .

وقامت فتنة في البحرين " (٥٢)

نسف أنابيب البترول في سوريا

ويبلغ التضامن ذروته في سوريا ، عندما قام بعض الشبان في الجيش بقيادة المقدم عبد الحميد السراج ، بنسف محطات ضخ البترول التي تضخ البترول القادم من العراق إلى مينائي طرابلس وبانياس ، وبذلك حرموا الدول المعتدية من نفط الشرق لفترة طويلة .(٥٣)

وفي الأردن عمت المظاهرات البلاد ، وأضرب العاملون في مطار المفرق حيث توجد القاعدة البريطانية ، وأرسلت برقيات للعراق تحثه على الانسحاب من حلف بغداد ، وبرقيات شكر للسوفييت ، وبرقيات احتجاج للسلطات البريطانية .(٥٤)

الانسحاب في سطور

في ٦/ ١١ /١٩٥٦ ، الأمم المتحدة توافق على إرسال قوات الطوارىء الدولية .

وفي ١١/١٥ ، وصول أول دفعة من قوات الأمم المتحدة إلى بور سعيد .

وفي ١٢/٣ ، القوات البريطانية والفرنسية تبدأ في الانسحاب من مصر ، ووعد من إسرائيل بأنها ستنسحب من سيناء .

١٢/٢٢ ، القوات البريطانية والفرنسية تغادر أرض مصر عن آخرها ،وبذلك تم الجلاء .(٥٥)

كانون ثان وشباط ١٩٥٧ ، الأمم المتحدة تضغط على إسرائيل للانسحاب التام غير المشروط ، والتهديد بتوقيع العقوبات عليها إذا لم تلتزم .

٣/١ ، إسرائيل تبدي استعدادها للانسحاب من الجزء الباقي من سيناء .

٣/٨ ، إسرائيل تسحب جميع قواتها .(٥٦)

٣/١٤ ، تسلمت الإدارة المصرية رسميا مهام إدارة قطاع غزة ، بينما أعلن وزير الخارجية البريطاني إصرار حكومته على رأيها بضرورة تدويل القطاع ،(٥٧)

الفصل الرابع

ثلاثة خطابات لعبد الناصر

خطاب عبد الناصر إبان العدوان

سنقاتل ولن نسلم ١/١١/ ١٩٥٦

أيها المواطنون :

السلام عليكم

"في هذه الأوقات الحاسمة من تاريخ وطننا ، أتحدث إلى كل فرد منكم ، وفي هذا الوقت ، يتجه تفكيرنا جميعا إلى الوطن ، وسلامته وشرفه وكرامته ، فإما أن نحيا حياة شريفة كريمة ، أو نحيا حياة ذليلة ، وأنا أشعر وأحس أن كل واحد منكم يريد أن يحيا حياة يتمتع فيها بالحرية والشرف والكرامة .

إن الحياة الذليلة هي العبودية ، وان الموت خير من الذل .

أيها الأخوة :

لنفكر جميعا اليوم في وطننا ، في مصر ..وليكن هدف كل منا ان يحيا حياة شريفة كريمة ، هذه هي سياستنا التي أعلنها ، وهذه هي أهدافنا التي آمنا بها .

لقد أعلنت مصر سياستها الحرة المستقلة ، التي تنبع منها ، وصممت على أن تسير في هذه السياسة ، وكان كل ذلك من أجل هدف أكبر ، هو إقامة حياة تسودها الرفاهية لجميع أبناء الوطن .

ولكن هل تركنا الاستعمار نعمل من أجل هذا الهدف الكبير ؟

كان الاستعمار لنا دائما بالمرصاد ... كان الاستعمار يريد منا أن نكون أذلاء تابعين ، نحيا حياة جردت من الشرف ومن الكرامة .

كنا ننادي بالسلام ، وكنا نقول أننا نعمل من أجل رفاهية مصر،ولكن الاستعمار كان يريد منا أن نعمل من أجل أهدافه ،وان نعمل من أجل تنفيذ سياسته .

كنا نقول أننا نسالم من يسالمنا ، ونعادي من يعادينا ، وليست لنا أية نوايا عدوانية ، كانت هذه هي سياستنا الواضحة ،وكانت هذه أهدافنا التي أعلناها .

ولكن هل تخلت إنجلترا عن حقدها ؟ وهل تخلت عن مكرها ؟

لقد كانت إنجلترا دائما لمصر بالمرصاد .

وقفت لها في أيام محمد علي ، حينما وجدت أن قواتها المسلحة أصبحت قوية ، وان قواتها المسلحة أصبحت عاملا في القضاء على النفوذ البريطاني .

وتآمرت بريطانيا على مصر ، واستطاعت في هذا الوقت أن تنزل بمصر ضربة ، حينما قضت على أسطولها في معركة "نفارين " من أجل تنفيذ سياستها .

وبعد هذا ، في سنة ١٨٨٢ ، لم تقبل إنجلترا أن تنهض مصر ، وان تخلق لنفسها شخصية قوية ، فتآمرت عليها ، واستطاعت أن تثبت أقدامها .

هذا هو التاريخ ، تاريخنا في الماضي .

واليوم ، بعد أن أصبحت مصر كتلة واحدة ، متحدة متماسكة متساندة .. هل سيعيد التاريخ نفسه ؟

إن ما حدث في الماضي كان بسبب الانقسام والتفرقة والتخاذل ..أما اليوم فنحن نقابل هذه المؤامرات ، كتلة واحدة ، وقلبا واحدا ، ورجلا واحدا .

لقد بدأت هذه المؤامرات ، مؤامرة إنجلترا وفرنسا وإسرائيل ، بهجوم إسرائيل الفجائي يوم الاثنين ٢٩ أكتوبر ، بدون أي سبب إلا التآمر ، وإلا حقد بريطانيا .

وقامت قواتنا المسلحة بتأدية واجبها ببسالة كبيرة ، وقام سلاحنا الجوي بتأدية واجبه ببسالة خالدة في تاريخ وطننا .

وحينما هاجمت إسرائيل أعلنت بريطانيا أنها لن تستغل الفرصة .. ولكن حينما ظهر أن مصر استطاعت أن تسيطر على أرض المعركة ، وحينما تبين لإنجلترا أن السلاح الجوي المصري استطاع أن يسيطر على سماء المعركة .. بدأت في إظهار نواياها .

وفي يوم ٣٠ أكتوبر، قدم إلينا إنذار بريطاني فرنسي يطلب وقف القتال .. وقف القتال والقوات الإسرائيلية المعتدية لا تزال داخل الأراضي المصرية ، ويطلب من مصر وإسرائيل الانسحاب عشرة أميال من قناة السويس .. ويطلب من مصر ومن إسرائيل أيضا قبول احتلال بور سعيد والإسماعيلية والسويس ، بواسطة القوات المسلحة البريطانية الفرنسية من أجل حماية الملاحة في القناة !

حدث هذا ، في وقت كانت الملاحة فيه مستمرة ، ولم تهدد إطلاقا .. وحدث هذا في الوقت الذي كانت القوات المصرية تحشد لمقابلة القوات الإسرائيلية المعتدية ، وكانت القوات المصرية ترد القوات الإسرائيلية على أعقابها .

وقالت بريطانيا في إنذارها : إذا لم يصل الرد في ١٢ ساعة ، فإنها ستعمل على تنفيذ ذلك .

هل نقبل احتلال بريطانيا وفرنسا لقطعة من أرض مصر ؟ هل نقبل راضين هذا الاحتلال ، أو هل نقاتل في سبيل حرية وطننا ، وفي سبيل الشرف وفي سبيل الكرامة ؟

وأعلنت مصر بعد هذا الإنذار موقفها .. أنها لا يمكن أن تسمح ، ولا يمكن أن تقبل ، ولا يمكن أن توافق على احتلال بور سعيد والإسماعيلية والسويس بقوات أجنبية ، بريطانية أو فرنسية .

وأعلنت مصر أن هذا انتهاك لحريتها .. لحرية الشعب المصري وسيادته وكرامته .

وأعلنت إسرائيل ، حليفة بريطانيا ، وحليفة فرنسا .. أنها وافقت على هذه الشروط !

طبعا إسرائيل توافق على أن تنسحب عشرة أميال من القناة وهي بعيدة عن القناة ، وهذا سينصب على مصر .

وقف القتال مع إسرائيل توافق عليه طبعا لأنها المعتدية .. وكانت قواتنا منتصرة ، وترغمها على الارتداد .

واحتلال بور سعيد والإسماعيلية والسويس إسرائيل توافق عليه طبعا ، لأن إسرائيل كانت الدولة الوحيدة التي عارضت في جلاء بريطانيا عن قناة السويس .

أبلغنا مجلس الأمن ، ومجلس الأمن عقد جلسة ، ولكن بريطانيا وفرنسا استهانتا بجميع القوانين الدولية ، واستهانتا بميثاق الأمم المتحدة ، واستهانتا بالرأي العام العالمي ، واعترضتا على قرار بوقف القتال ، وقال إيدن أن بريطانيا لا تعترف بقرارات مجلس الأمن ، وستعمل ما في وسعها كي لا تعتبر إسرائيل دولة معتدية ، لأن عملها من أحسن الأعمال .وبهذا لم يستطع مجلس الأمن أن يصل إلى قرار .

وأمس ، ٣١ أكتوبر ، كانت قواتنا متفوقة تفوقا ساحقا ، إن سلاحنا الجوي متفوق على السلاح الجوي الإسرائيلي تفوقا ساحقا .

وأنا متأكد أن جميع البلاغات الحربية المصرية التي صدرت ، كانت سليمة ، فسياستنا أن نبين لكم الحقائق جميعا .. لأن هذه المعركة معركتكم .

الحقائق .. مالنا وما علينا ، كانت خسائر إسرائيل في الجو حتى امس ١٨ طائرة ، وكانت خسائرنا طائرتين .

وقواتنا التي كانت موزعة ، حشدت لتقابل العدوان الإسرائيلي ، واستطاعت بسرعة فائقة أن تتجمع لمقابلة هذا العدوان

وأمس ظهرت طائرات فرنسية تساند إسرائيل ، وبرغم هذا ، فإن قواتنا أبلت بلاء حسنا ، وسيطرت قواتنا الجوية على سماء المعركة .

وفي الساعة السابعة من مساء أمس ، بعد هذا النجاح لقواتنا الجوية وقواتنا البرية ، أصدرت وزارة الدفاع البريطانية بلاغا بأنها ستضرب المطارات المصرية نتيجة لرفض مصر الإنذار البريطاني الفرنسي الموجه إليها ، وإلى إسرائيل بسحب قواتهما على بعد عشرة أميال من القناة .

طبعا .. هذا الكلام يظهر فيه الخداع ، فنحن رفضنا احتلال بلدنا ، لأن وزارة الدفاع البريطانية تقول أنها ستضرب المطارات المصرية لأن مصر رفضت سحب قواتها ، وهذا كلام ينطوي على الكذب الصريح ، والكذب الواضح .

وبدأت بريطانيا وفرنسا في الساعة السابعة من مساء أمس ، بغارتهما الجوية على القاهرة وعلى منطقة القناة ،وعلى الإسكندرية .

وكان الغرض من هذا واضحا ، كان غرضهما غارات مركزة على مطاراتنا ، وكان الغرض تدمير السلاح الجوي المصري الذي أظهر تفوقا ساحقا في اليومين الماضيين ، هذا السلاح يسيطر على المعركة وأعجز السلاح الجوي الإسرائيلي .

وبهذا اتضحت خطة العدو الذي يؤلف التحالف الإنجليزي الفرنسي الإسرائيلي .

اتضحت الخطة ،وتبين أنهم كانوا يقصدون تدمير طائراتنا ، وسحب
قواتنا إلى داخل سيناء وتدميرها ، ثم احتلال مصر بدون أية مقاومة .

وكان لا بد من اتخاذ قرار خطير : هل تترك قواتنا على الحدود بدون
حماية جوية ، لأن السلاحين الجويين الإنجليزي والفرنسي ، وكذلك
السلاح الإسرائيلي ، تعمل جميعا ضد السلاح الجوي المصري ؟

بحث الأمر وبحث الموقف العسكري،وكان لا بد من اتخاذ قرار حاسم
حتى يمكن إحباط خطط بريطانيا وفرنسا وإسرائيل،وحتى يمكن
المحافظة على قواتنا الرئيسية، وحتى يمكن أن تكون القوات المسلحة
ذاتها مساندة للشعب. كلف القائد العام بحماية قواته المسلحة،
والعمل على أن ينضم أكبر جزء منها إلى الشعب،والعمل على إحباط
محاولات بريطانيا وفرنسا وإسرائيل في عزل وتدمير قواتنا الرئيسية في
صحراء سيناء .

وبدأ أمس تنفيذ الخطة .

والآن أيها المواطنون ، ونحن نواجه هذا الموقف : هل نقاتل أم
نسلم ؟

إن تاريخ الشعوب والكفاح هو الذي يكتب لها المستقبل ، فإن الأيام
العصيبة تحتاج إلى مزيد من الصبر والثقة والإيمان والثبات حتى يتحقق
النصر .

لقد أعلنت مصر دائما أيها الأخوة أنها ستقاتل دفاعا عن سيادتها ،
وعن حريتها .. وعن كرامتها .

سنقاتل أيها المواطنون قوة الظلم التي تريد انتهاك حريتنا .

سنقاتل أيها الأخوة في سبيل حرية مصر .. وفي سبيل حرية الشعب
المصري .

سنقاتل كما كنا دائما ، في حرب شاملة جنودها الشعب .. الشعب
المصري جنبا إلى جنب مع قواته المسلحة .

لقد قاتلت شعوب من قبلنا ضد قوى الظلم التي تفوقها عددا وعدة ..فانتصرت .. قاتلت يوغسلافيا ، قاتلت بأسلحتها الصغيرة الفرق المدرعة الألمانية ، والسلاح الجوي الألماني ، وانتهت المانيا المعتدية ، وانتصرت يوغسلافيا .

قاتلت اليونان قوات تفوقها عددا وعدة ، وانتصرت اليونان .. وانتهت القوات المعتدية .

قاتلت اندونيسيا قوات تفوقها عددا وعدة ، وانتصرت اندونيسيا ، وانتهت القوات المعتدية .

.... والآن إن لكم أخوة في الجزائر يقاتلون قتالا مريرا ضد نصف مليون جندي فرنسي في سبيل حريتهم ، وفي سبيل كرامتهم .

والآن يوجد مجاهدون في قبرص يجاهدون ويقاتلون ضد الجيش الإنجليزي وضد الجيش الفرنسي الموجودين هناك الآن ، من اجل حريتهم ، ومن أجل استقلالهم .

وكانت قوات منكم في الفالوجا في حرب فلسطين ، لقد حوصرت أربعة أشهر ، ودافعت عن كيانها ضد القوات الإسرائيلية المعتدية ، وكنت موجودا ضمن هذه القوات ، وطلب منا أن نسلم ، وكان ردي على الضابط اليهودي الذي طلب ذلك : " إننا الآن ندافع عن شرف مصر وشرف القوات المسلحة المصرية " .

أيها الأخوة ....

لقد صدرت الأوامر بتوزيع السلاح ، وعندنا منه الكثير ، وسنقاتل في معركة مريرة ، سنقاتل في معركة من قرية إلى قرية ، ومن مكان إلى مكان ، ليكن كل فرد منكم أيها المواطنون جنديا في القوات المسلحة ، حتى ندافع عن شرفنا ، وحتى ندافع عن كرامتنا ،وحتى ندافع عن حريتنا.

وليكن شعارنا أننا سنقاتل ، ولن نسلم .. سنقاتل .. سنقاتل ..ولن نسلم .

إننا اليوم أيها الأخوة نكتب صفحة جديدة في تاريخنا ، إننا الآن نريد الصبر والإيمان حتى ننتصر .

وأنا أعاهدكم أني سأقاتل معكم من أجل حريتكم ، كما عاهدتكم من قبل لآخر قطرة من دمائي .

وفقكم اللـه ، والسلام عليكم ورحمة اللـه (٥٨)

تحليل

١ـ يركز الزعيم الراحل في خطابه هذا على معاني الذل والكرامة ، وان الاستعمار سبب مباشر لوصول الأمة إلى أحوال الذل وغياب الكرامة والعزة ، في حين يقف بالمرصاد لكل أسباب الرفاهية والتقدم والازدهار ، وهو أيضا عدو للسلام ، لأنه إن حل في المنطقة كان عزها وتقدمها واستقلالها .

٢ـ مصر منذ أيام محمد علي وهي غاية الاستعمار وأعداء الأمة ، فانتهت المؤامرات والمخططات إلى احتلال مصر .

٣ ـ رفض مصر الإنذار والاحتلال ، وعدم انصياعها وخوفها من تهديدات الدول العظمى .

٤ـ ظهور الحقائق ، وانكشاف المؤامرات على مصر بالعدوان الثلاثي ،الذي ما هو إلا حلقة من حلقات المسلسل الاستعماري التآمري على الأمة ، وعلى مصر بالذات .

٥-ضرب الأمثلة الواقعية من ذلك الزمن من شعوب تحررت من ربقة الاستعمار ، بجهودها وثوراتها ، وكفاح أبنائها ، وذلك شحذا للهمم - كعادته في كل خطاب وتصريح - على القتال ، والتصدي لأعداء مصر والأمة العربية .

٦- ولا ينسى عبد الناصر أن في مصر من هم مثل تلك الأمثلة ، فيتدارك ذلك بذكره بطولات المصريين في "الفالوجا " ، ورفضهم التسليم مدافعين عن "شرف مصر وشرف القوات المسلحة المصرية " .

الخطاب الثاني

كلمة ألقيت في الأزهر الشريف
لن نسلم أبدا ، وسنبني بلدا وتاريخا ومستقبلا
وهذا شعار كل مصري ١٩٥٦/١١/٢

في هذه الأيام التي نكافح فيها من أجل حريتنا ، حرية شعب مصر ، ومن اجل شرف الوطن ، أحب أن أقول لكم أن مصر كانت دائما مقبرة للغزاة ، وان جميع الإمبراطوريات التي قامت على مر الزمن ، انتهت وتلاشت حينما اعتدت على مصر ، ولكن مصر باقية متماسكة متحدة متكاتفة ، انتهى الغزاة ، وانتهت الإمبراطوريات ، وبقيت مصر ، وبقي شعب مصر .

واليوم أيها الأخوة ونحن نقاتل عدوان الظلم والاستعمار ،الذي يريد أن ينتهك حريتنا وإنسانيتنا وكرامتنا ، ونحن نقاوم هذا العدوان ، أطلب من اللـه أن يلهمنا الصبر والثقة والعزم والتصميم على القتال ، ويقوي قلوبنا جميعا ونفوسنا حتى ندافع عن وطننا .

ولقد أعلنت أمس باسمكم أننا سنقاتل ، ولن نسلم ، ولن نعيش عيشة ذليلة مهما أخذوا في غيهم ، ومهما استمروا في خطتهم العدوانية ، وان الموقف اليوم أحسن مما كان منذ يومين .

ولقد كانت المؤامرة أن يستدرج جيش مصر إلى شبه جزيرة سيناء ، وتترك مصر دون جيشها حتى يستطيعوا أن يفعلوا ما يريدون .

وفي يوم الاثنين ٢٩ أكتوبر ، هجمت إسرائيل ، وأعلنت أنها تغزو الأراضي المصرية ، وأعلنت بريطانيا ـ الشريفة ـ التي تتبع أساليب الشرف ، أنها لن تستغل الاشتباك بين مصر وإسرائيل لمصالحها ، أو لتنفيذ نواياها .

واتجهت قواتنا المسلحة إلى سيناء ، لترد جيش إسرائيل ، وتكيل له الصاع صاعين ، وفي خلال ٢٤ ساعة ، كانت قواتكم المسلحة تنزل الخسائر الفادحة بجيش إسرائيل ، ولم تستطع إسرائيل أن تطنطن في هذين اليومين ، كما كانت تطنطن في الأيام السابقة ، ولقد قاتل كل فرد من أفراد قواتكم المسلحة في سيناء قتالا مريرا بعزم وتصميم .

هذا هو الموقف يوم الثلاثاء ، قواتنا المسلحة كلها تواجه إسرائيل ، وفي هذا اليوم قدمت بريطانيا إنذارا لمصر بان تقبل احتلال بريطانيا وفرنسا للأراضي المصرية ، وانهما سينفذان ذلك بالقوة إذا لم تقبل مصر هذا الإنذار خلال ١٢ ساعة .

وهذا لا تقبله العزة ولا الشرف ولا الكرامة ، فأهون علينا أن نموت دون أن نقبل طوعا احتلال فرنسا وبريطانيا جزءا من أراضينا ، فشرف الوطن كتلة واحدة ، وكل لا يتجزأ ، ورفضنا الإنذار رفضا باتا وحاسما ، وتنبهنا إلى المؤامرة التي دبرتها بريطانيا وفرنسا وإسرائيل ، على أن تقوم إسرائيل بالهجوم على سيناء ، فتتصدى لها قواتنا المسلحة ، فيخلو الجو لبريطانيا وفرنسا ، فتنفرد بالمواطنين في داخل البلاد .

وفي يومي ٣٠ و ٣١ (أكتوبر) قامت قواتنا الجوية بالسيطرة على أرض المعارك في سيناء ومنطقة القنال ، وأسقطوا ١٨ طائرة إسرائيلية ، أي ما يعادل ثلث السلاح الجوي الإسرائيلي ، وكان أفراد القوات الجوية المصرية يعملون ليل نهار باستمرار ، ولم نخسر في هذه المعارك سوى طائرتين ، واستشهد طياران في هذا القتال ، ولكن الله وفقنا .

وبعد الغارة الأولى البريطانية الفرنسية التي حدثت يوم الأربعاء ، صرنا نحارب في جبهتين ، جبهة اليهود على الحدود ، وجبهة الاستعمار الفرنسي الإنجليزي في القنال ، وكان لا بد لنا من أن نتخذ قرارا سريعا حاسما لإحباط خطة العدو ، وكان الغرض من وجود القوات المسلحة المصرية في سيناء ، هو أن تصل القوات البريطانية الفرنسية إلى القنال.

فكان لا بد لنا من اتخاذ القرار الخطير وهو توحيد جبهتنا ،فأصدرت الأمر إلى القائد العام للقوات المسلحة بسحب جميع القوات المسلحة المصرية من سيناء إلى غرب قناة السويس،حتى تكون بجانب الشعب لملاقاة قوات الاستعمار.

وقد تم انسحاب قواتنا المسلحة من منطقة سيناء ، وتركت قوات انتحارية ، ورجعت جميع قواتنا إلى القنال والدلتا ، ونحن في انتظار الإنجليز والفرنسيين في الدلتا ، ويجب أن تعلموا جميعا أن قواتنا ليست معزولة ، وبذلك أحبطت المؤامرة الماكرة التي قامت بها بريطانيا وفرنسا ، بالاتفاق مع إسرائيل لعزل القوات المسلحة المصرية عن الشعب ، وكانت الخطة هي ضرب المدن المصرية بالطائرات ، وتدمير الجيش في سيناء ، ولكنا كشفنا الخطة ، وحشدت قواتنا المسلحة لصدها .

وقد وصلت قواتنا الرئيسية إلى القنال تاركة القوات الانتحارية في شبه جزيرة سيناء .

وأحب أن أقول لكم أن الجيش سليم ، وسينضم إلى الشعب ، والجيش الآن غرب القنال ، وقد وحدنا جبهاتنا في جبهة واحدة هي قناة السويس .

لقد سررت حينما رأيت أمس واليوم كتائب التحرير والحرس الوطني ، والمتطوعين يتدفقون إلى مكاتب الحرس الوطني ، وستحارب كتائب التحرير والحرس الوطني جنبا إلى جنب مع الجيش من قرية إلى قرية .

ولقد كافحت الشعوب في الحرب العظمى وانتصرت ، فنحن اليوم نقر مستقبل وطننا ، والموقف اليوم والحمد لله أحسن مما كان ، فسنقاتل في كل مكان ، ولن نسلم ، وسيكون شعار كل فرد منا في القوات المسلحة والشعب : سنقاتل ولن نسلم .

نحن اليوم مستعدون للقتال ، وأنا في حرب فلسطين ، كمثل من الأمثلة ، كنت موجودا في "الفالوجا " لمدة خمسة أشهر ، وكانت الغارات متوالية ، وكان الهجوم مستمرا ولم أكن في الخنادق ، وإنما كنت في الخلاء ، ومع ذلك لم أمت لأن العمر واحد ، ولا يستطيع أحد أن يعرف ذلك سوى الله ، وأنا في القاهرة سأقاتل معكم ضد أي غزو ، وسنقاتل إلى آخر قطرة دم ، لن نسلم أبدا ، وسنبني بلدا وتاريخا ومستقبلا ، وهذا شعار كل مصري .

وإذا كانت بريطانيا تعتبر نفسها دولة عظمى ، وتعتبر فرنسا نفسها دولة عظمى أيضا ، فسنعتمد على الله وعلى أنفسنا ، وسنجاهد ونكافح ونقاتل وننتصر بإذن الله .

وفقكم الله ، والسلام عليكم ورحمة الله(٥٩)

تحليل

١- يواصل ناصر شحذ الهمم ، ويؤكد على حقيقة تاريخية وهي أن مصر مقبرة للغزاة على مر التاريخ .

٢- تأكيد القائد على عمق العلاقة مع شعبه ومواطنيه ، ويحافظ على تواصله الدائم معهم عبر الخطابات ليظل الشعب على صلة به وبالجيش والمعركة ، فلا يكون (الرئيس أو الجيش) في برج عاجي منعزل بعيد ، وهي سياسة حكيمة لم يمارسها زعيم قبل عبد الناصر .

٣- طمأنة الشعب على سير المعارك بالتفاصيل الدقيقة مما يترك ثقة كبيرة للشعب في قائده .

٤- اطلاعه كرئيس وكعسكري سابق على سير المعارك بالتفاصيل الدقيقة ، مما يدل كذلك على صدقه وأمانته ، وتحمله للمسؤولية ، وهو ما عرف عنه طوال فترة حكمه .

٥- يؤكد دور الشعب في القتال إلى جانب الجيش ضد الاستعمار .

٦- اطمأنانه الدائم على الجيش .

٧- تأثير التلاحم بين الجيش والشعب والحرس الوطني الذين يقاتلون صفا واحدا لأن المصير واحد .

٨- ربط السياسة والقتال بتقادير اللـه عز وجل ، وهذا رائع لأنه يزيد من إيمان الشعب وإقباله على الاستشهاد في سبيل بلاده وأمته .

الخطاب الثالث

خطاب ألقي في القاهرة
بور سعيد في محنتها
تفدي مصر بدمائها ، ١٩٥٦/١١/٩

أيها الأخوة :

ان العالم اليوم يعيش الساعات الفاصلة في تاريخه ، العالم اليوم يعيش الساعات التي تقرر مصيره ، بل مصير الإنسانية جميعا ، العالم اليوم يمر بلحظة حاسمة سيتقرر فيها مصائر البشر أجمعين .

العالم اليوم مهدد من أقصاه إلى أدناه ، الإنسانية اليوم مهددة ، هل نحن هنا في مصر المسؤولون عن هذا التهديد ؟هل نحن هنا في مصر مسؤولون عما يحيط بالعالم اليوم ؟

مصر أعلنت سياستها التي تتلخص في محافظتها على حريتها وعلى استقلالها ، والتي تتلخص في تمسكها بالسلام .

نحن في كل وقت ، وفي كل مكان أعلنا ، وكنت أنا أتكلم باسمكم ، كنت أنادي بالسلام في باندونج وفي بريوني ، وكنا ننادي بالسلام .

في مصر كنا ننادي بالسلام ، ولكننا أيضا كنا ننادي بمحافظتنا على حريتنا وعلى استقلالنا وعلى حقنا في الحياة ، هناك فرق بين السلام والاستسلام .

إن سياستنا التي أعلناها هي أن نعيش أحرارا كراما في بلادنا .. إن سياستنا هي أن مصر سياستها مستقلة ، ولن نكون ذيلا لأحد ، ولن نكون تابعين لأحد ، ولن نتلقى أوامر من لندن ، عن سياستنا تنبعث من إرادتنا ومن روحنا ، ونريد أن

نعيش عيشة حرة ، عيشة مستقلة ، وان نحيا حياة كريمة عزيزة ، وكنا في الوقت ذاته ننادي بالسلام .

من المسؤول اليوم عن هذا التهديد الذي يحيط بالعالم اجمع ، هب مصر هي المسؤولة ؟ هل مصر الدولة الناشئة التي انتفضت لتبني نفسها ، ولتنشيء وتعمر وتدافع عن كيانها ؟ أم المسؤولون هم الطامعون الذين كانوا يريدوننا ذيلا لهم ومستعمرة لهم ، نأخذ أوامرنا منهم ، نترك حريتنا واستقلالنا ، ونتنازل عن كرامتنا وعزتنا ؟

من المسؤول اليوم عن تهديد العالم بالدمار ، المسؤولون هم الطامعون المستعمرون تجار الحروب الذين يريدون استعباد الشعوب ، المسؤولون عن التهديد بالحرب الكبرى التي قد تفني الانسانية كلها ، هم المعتدون الذين جاؤوا إلى أراضينا ، واعتدوا على أرضنا ، واعتدوا على رجالنا ، فحاولنا بكل وسيلة أن ننقذ السلام ، وننقذ كرامتنا وعزتنا ، وان نحافظ على استقلالنا .

وقلت دائما أن هناك فرقا بين السلام والاستسلام ، فإذا كنا ننادي بالسلام فإننا ننادي بالسلام مع عزة وكرامة وشرف ، إننا نحمي السلام بدمائنا ، ونحمي السلام بعرقنا ، ونحمي السلام بعملنا ، ولكننا نعلم علم اليقين ما هو الفرق بين السلام والاستسلام .

إن السلام أيها الأخوة أن نعيش عيشة حرة كريمة ، نتمتع فيها بحريتنا وكرامتنا وعزتنا واستقلالنا ، نتمتع فيها بأرضنا ، نتمتع فيها بحكم نفسنا بنفسنا ، هذا هو السلام .

أما الاستسلام الذي كان يريده المستعمرون فهو أن نأخذ منهم أوامر ونكون ذيلا لهم .

إن مصر حينما تدافع عن حريتها وكرامتها ، تعلم علم اليقين ما هو الفارق بين السلام والاستسلام ، لقد أعلنت مصر انه في سبيل المحافظة على هذه الأهداف الكبرى ، ستقاتل في سبيل السلام وفي سبيل الحرية والاستقلال ، وان كل فرد من أبنائها يعلم ما هو السلام ، وكل فرد يعلم أن المحافظة على السلام تحتاج إلى جهد وجهاد وإلى عرق ودماء ، وكل فرد فيها يهدف للمحافظة على السلام وان هذه المحافظة لا تعني الاستسلام ، هذا هو موقفنا منذ قامت الثورة لتنقذ مصر من الاستعمار ، ولتبني لمصر قوتها المعنوية ، هذه هي أهدافنا الكبرى ، فهل تركنا الاستعمار ؟ هل تركنا تجار الحروب ؟ .

أن الاستعمار لم يرض أبدا أن يرى مصر وقد تحررت منذ زمن طويل من العبودية ، وقد رفعت رأسها على السماء متحدة قوي تنادي بالحرية والسلام .

أن الاستعمار كان يتربص بنا ، وكان يطلب مني ومنكم أن نكون أذيالا ، وأنا حين كنت أرفض ، كنت أرفض باسمكم واسم عزتكم ، حينما كنت أقول أننا سنعيش أحرارا ، كنت أعبر عن مشيئتكم ، وباسمكم كنت اعبر عن مشاعر كل فرد منكم ، حينما أعلنت باسمكم أن تعيش مصر حرة كريمة ، لن تكون تابعة للندن ، وكنت اعبر عن كل فرد منكم ، واعبر عما قاله آباؤكم وأجدادكم .

إنني حينما كنت أعلنت أيها الأخوة أننا سنقاتل في سبيل حريتنا واستقلالنا وكرامتنا ، كنت أعبر عن كل فرد منكم وعن آبائكم وأجدادكم .

إن الاستعمار كان يتربص بنا ويتحكم فينا ، فهل سلمنا ؟ إننا لم نسلم أبدا ، لقد مات منا الأجداد والآباء ، وماتوا في سنة ١٨٨٢ وسنة ١٩١٩ وسنة ١٩٣٦ ،

على مر السنين يموت المصريون في سبيل تحقيق هذا الهدف الكبير..
الحرية والاستقلال والوحدة .....

.......إن العالم اليوم يتعرض للدمار ، والإنسانية إذا كانت تتعرض للدمار ، فليست المسؤولية مسؤوليتنا .. إننا كنا ننادي بحقوقنا المشروعة في الحرية وفي الحياة ..

..... ماذا يريد منا ايدن ؟ يريد أن يحكمكم ، يريد أن يحكم مصر ، ويقول أنه لا يريد جمال عبد الناصر ، لأي شيء ؟

لأن جمال عبد الناصر لم يقبل أن يكون عميلا لهم ، أنا هنا امثل شعب مصر ، لا امثل إرادة ايدن أو تجار الحروب ولا المعتدين .

..... ايدن فرض علينا القتال بالمكر والخديعة ليحقق أهدافه وأغراضه ، ليتحكم ويتحكم في وطننا ، ولكنه لن يستطيع أبدا أن يفرض علينا الاستسلام .

إن اللـه يقول : كتب عليكم القتال .

لقد فرض علينا القتال ولن يستطيع أحد أن يفرض علينا الاستسلام ، هذا هو الموقف وهذه هي التجربة التي مرت بنا في الأيام العشرة الماضية ، وأنا احب أن أقول لكم أنه بعد الأيام العشرة من القتال ضد الظلم والطغيان ، وإسرائيل وبريطانيا وفرنسا .. أننا اليوم نخرج من هذه المحنة أشد عزما وأشد قوة ، إننا اليوم بعد عشرة أيام من القتال قلب واحد وهدف واحد ورجل واحد.

إن إسرائيل التي قامت بالاعتداء علينا في ٢٩ اكتوبر ، كانت تنفذ خطة الاستعمار ، إسرائيل في ٢٩ اكتوبر هجمت على مصر وكانت تنفذ خطة الاستعمار الفرنسي البريطاني ، بمعنى انه كان فيه تحالف إسرائيلي فرنسي .

في يوم ٢٩ اكتوبر بالليل ، يوم الاثنين ، هجمت إسرائيل واخترقت الحدود المصرية في منطقة خالية من القوات المسلحة ، وفي هذه الليلة نفسها أعلنت بريطانيا الشريفة أنها لن تستغل هذه الفرصة للتدخل .

في يوم ٢٩ دخلت إسرائيل ، وفي اليوم نفسه أعلنت إنجلترا أنها لن تستغل هذه الفرصة .. لما حصل اعتداء على قلقيلية في الأردن الشقيق ، أرسلت برقية للملك حسين وقلت له يجب أ ن ننتبه لمؤامرات الاستعمار والذين يسندون إسرائيل .

في يوم الاثنين لم تشتبك قوات إسرائيل مع قواتنا في سيناء ، ولكنها أخذت منطقة خالية فيها بعض نقط الحدود ، ويوم الثلاثاء كانت قواتنا الضاربة تتحرك إلى الحدود الشرقية ، ويوم الأربعاء كانت قواتنا المسلحة تأخذ مواقعها بعد أن تكتلت على الحدود الشرقية ، لتبدأ معركتها للدفاع عن حق الوطن ضد العدوان الإسرائيلي .

يوم الثلاثاء والأربعاء قواتنا كانت متجمعة في أماكن مختلفة ، قامت بهذا العمل بعزم وتصميم وإيمان ، يوم الثلاثاء والأربعاء كانت حربنا مع إسرائيل ، وكانت قواتنا الضاربة على الحدود الشرقية ، وكانت معظم قواتنا المسلحة على الحدود ، وسلاحنا الجوي يوجه ضربات قاصمة لإسرائيل .

سلاح الطيران المصري بدأ منذ قام الاعتداء بالاشتراك بكل قوته في المعركة ، يوم الثلاثاء صباحا ويوم الأربعاء طول النهار قامت قاذفات القنابل المصرية بواجباتها في ضرب مطارات العدو ، ومراكز حشود العدو ، الطائرات المقاتلة المصرية كانت يوم الثلاثاء تعمل عملا متواصلا ، كان الطيار ينزل يأخذ طائرة ثانية ويطلع .. وكان التوفيق معنا .

في يوم الاثنين والثلاثاء والأربعاء استشهد ثلاثة طيارين ، وأسقطنا ١٨ طائرة يهودية ، يعني كان سلاحنا مسيطر على أرض المعركة .

يوم الأربعاء فوجئت بخبر يقول انهم أسقطوا ١٨ طائرة إسرائيلية ، منها عدد كبير من الطائرات المستير الفرنسية ، قال الطيارون المصريون أنهم لاحظوا وجود طائرات مستير في الجو أكثر من الموجود عند سلاح الطيران الإسرائيلي ، وبذلك تبين لنا أن فرنسا قررت معاونة إسرائيل معاونة مستترة ، ورغم هذا استطاع سلاحنا أن يسيطر على المعركة .

لغاية يوم الأربعاء كانت قواتنا الرئيسية لم تلتحم بقوات إسرائيل ، وكانت المعركة الوحيدة التي وقعت على حدودنا الشرقية بين العوجة وأبي عجيلة ، قواتنا صدت هجوم اليهود ثلاث مرات ، وكبدتهم خسائر فادحة ،هذا الموقف حتى الساعة السادسة من مساء الأربعاء .

يوم الأربعاء (١٠/٣١) الساعة السادسة مساء حصلت الخديعة الكبرى .. الخيانة ، الغدر ، انتهاك القيم الأخلاقية ، قامت طائرات نفاثة وقاذفات قنابل بضرب مطار القاهرة الدولي ، قلنا : إذن إنجلترا قررت مساعدة إسرائيل مساعدة سرية .

يوم الأربعاء الساعة السابعة مساء ،أعلن صوت بريطانيا وجود حاجة اسمها قيادة الحلفاء ، وظهر التحالف الإنجليزي الفرنسي الإسرائيلي، وأعلنوا انهم يحافظون على سلام العالم ، ولهذا يتدخلون ليفرقوا بين القوات المصرية والإسرائيلية ، هذا هو الإعلان الذي أعلن يوم الأربعاء ، أعلنوا انهم يحافظون على سلام العالم ، والغرض منه طبعا خداع الرأي العام العالمي لا خداع مصر ، قالوا انهم سيتدخلون بالقوة .

وانتظرنا لنرى ما هو الوضع يوم الأربعاء ، يم الأربعاء طول الليل غارات مستمرة على مطاراتنا الموجودة في مصر ، لا في جبهة القتال ، وعلى قشلاقاتنا ومعسكراتنا ، وطبعا ظهر بوضوح الغرض الذي تتطلع إليه بريطانيا ، الغرض الذي تكلم عنه مستر ايدن في مجلس العموم ، ليس إلا خدعة كبرى ،غرضه أن نستسلم لقواته الغاشمة ، غرضه أن يوقع بنا أكبر كمية من الخسائر ، غرضه أن نسحب جيشنا إلى حدود إسرائيل ، ويضربنا ، ويتركنا أمام إسرائيل ، ليقال أن إسرائيل هزمت قواتنا ، ويحيق بنا الذل والعار ، غرضه آن يذلنا .

لو كان ايدن هاجمنا هجوما مباشرا بغير هذه الخديعة كنا احترمناه ، وكنا نقاتله قتال الند للند ، ولكن ايدن حينما هاجمنا ، هاجمنا وقاتلنا قتال الغدر ، وكانت المعركة تتمثل فيها الخديعة والغدر تحت اسم السلام والمحافظة على السلام العالمي .

ضربوا مصر والقاهرة ومطارات القاهرة تحت اسم السلام ، هذه المعركة أيها الأخوة التي تخلت عنها أساليب الشرف والكرامة والقيم الأخلاقية ، تنبهنا لها من أول يوم ، كان غرض ايدن هو نفس غرض إنجلترا

سنة ١٨٤٠ ، فلما أصبحت لمصر شخصية ، واستطاعت أن تتحرر ، وتبني قوة مسلحة ضربت بريطانيا الأسطول المصري في " نفارين " .

قلنا يجب أن نهزم ايدن في الوصول إلى غرضه ، وصدر قرار سريع بسحب القوات المسلحة من الجبهة الشرقية ، وبهذا لا يمكن ايدن من غرضه في حرماننا من القوات المصرية .. الجيش معزول في الحدود على سيناء ، محروم من التموين والإمداد ، يقاتل سلاح الطيران البريطاني والإسرائيلي والفرنسي .

وبعد ذلك يقولون أن قوات إسرائيل هزمت الجيش المصري . ونشعر بهذا الذل وهذه الهزيمة وهذا العار، في هذا الوقت فهمنا أن ادعاءات بريطانيا التي تقول : سنفصل مصر عن إسرائيل ليست إلا تحالفا بريطانيا إسرائيليا فرنسيا للقضاء على قوات مصر المسلحة ، متى قضي على قوات مصر المسلحة سيطروا على مصر وحققوا أهدافهم العسكرية ، وترجع مصر مستعمرة تأخذ أوامرها من السفارة البريطانية والحكومة البريطانية .

هذه هي أهداف الأعداء ، لذلك صدرت الأوامر يوم الأربعاء بسحب جميع القوات المسلحة من سيناء ، على أن تقاتل غرب القنال ، وكان هدفنا أن نهدم هدف ايدن .. .

تعرف طبعا أن يوم الثلاثاء وجه ايدن وموليه إنذارا لرئيس مصر الذي يمثلكم يقول : يجب أن تقبل مصر أن تحتل القوات البريطانية والفرنسية بور سعيد والسويس والإسماعيلية لأجل أن تتمكن من حماية القناة ،وتوقف تقدم إسرائيل .

هذا الإنذار طبعا لا يمكن لأي فرد يشعر بكرامته ، لا يمكن لأي وطني يشعر بشخصيته أن يقبله ، ليس من الممكن لأي أحد أن يقبله ، وأنا باسم هذا الشعب رفضت طبعا هذا الإنذار ، وقلت لا يمكن أن نقبل راضين الاحتلال ، رفضت باسم هذا الشعب الذي كافح على مر السنين ، وسيكافح أيضا ليثبت الأهداف والحرية التي حققناها ..

هذا ما حدث يوم الثلاثاء .. ويوم الأربعاء بدأ التدخل البريطاني ، وكلكم هنا في القاهرة أحسستم أن الأساس تكسير قواتكم المسلحة ، وجعل مصر من غير جيش ، وبعد ذلك يمسكون برقابنا ، ويتحكمون فينا .

يوم الخميس والجمعة (١و٢ / ١١) استطاعت قواتكم المسلحة أن تعود من سيناء متماسكة ، وقابلت بالنهار السلاح الجوي الفرنسي ، كانوا يضربونهم في حالة رجوعهم ، وأحب أن أقول لكم انه من توفيق اللـه أن قواتكم المسلحة عادت من هذه العملية الشاقة قوية متماسكة ، حدثت طبعا خسائر ، وكانت هذه الخسائر في العربات غير المصفحة ، وعوضنا هذه العربات من مخازنهم الموجودة في القنال .

هدف العداء يا إخواني كان القضاء على قواتكم المسلحة ، واستعبادنا ، وفي يوم الجمعة كانت قواتنا قد عادت من سيناء بعد أن تركت قوات انتحارية في المنطقة الأمامية ، لأجل أن تقفل الطريق على اليهود ، وتستر الانسحاب .

وقاتلت هذه القوات قتالا مريرا في سبيل الغرض الأسمى ، وهو المحافظة على قواتنا المسلحة ، وعدم تعريضها للدمار الذي كان مبيتا لها في خطة فرنسا وبريطانيا وإسرائيل ،

وفي يوم الأحد (١١/٤) بدأ الضرب يشتد على الإسكندرية ، وعلى مناطق القنال ، وعلى القاهرة ، ونحن يا إخواني كنا نمر بهذه التجربة لأول مرة ، نحن في الحرب العالمية الثانية لم نمر بمثل هذه التجربة ، أنا كنت في هذه الغارات أشعر بإحساسكم ، وان الشعب يزيد في تصميمه ، وأنا لما جئت هنا يوم الجمعة الماضي وجدت أن الغارات زادتكم تمسكا وتصميما في سبيل المحافظة على حريتكم ، كما قال وزير الحربية بريطانيا ، انهم كانوا يعتقدون أن العملية عملية بسيطة ، وقال الإنجليز أننا سنأخذ مصر في ٢٤ ساعة ، وان الشعب المصري غير متماسك ، ومن السهل علينا أن نعود كما كنا في الماضي .

وبدأ الهجوم على بور سعيد ، دولتان تهاجمان بور سعيد ، دولتان كبيرتان استعماريتان ، إنجلترا وفرنسا ، بالأساطيل والطيران والقوات البرية .

وبدأت عملية الغزو .. هدفهم غزو مصر الذي قالوا انه سيتم في أربع وعشرين ساعة .

قاومت قواتكم المسلحة والشعب هذا الغزو مقاومة مريرة ، مقاومة مستميتة ضد الغزو اليهودي الفرنسي الإنجليزي ، الشعب اتحد مع القوات المسلحة ، القوات المسلحة عادت إلى بور سعيد لتقاتل مع الشعب .

يوم الاثنين (١١/٥) أعلن ايدن في مجلس العموم أن بور سعيد سلمت ، أنا لم أصدق هذا ، لأني كنت أشعر بإيمان وتصميم وعزم هذا الشعب ، الشعب الذي أعلن أنه سيقاتل إلى آخر قطرة من دمه .. لا يمكن أن يسلم .

بور سعيد لم تسلم ، وانما قاتلت وقاست وقاومت ، وضربت بقنابل الأسطول والطائرات والقوات المعتدية ، بور سعيد هي التي حمت مصر كلها ، بور سعيد هي التي فدت مصر والعروبة ، بور سعيد استطاعت أن تحبط خطط الاستعمار الذي قال انه سيأخذ مصر في ٢٤ ساعة .

بالأمس قال وزير الحربية البريطانية في مجلس العموم أن المقاومة ما زالت مستمرة ، وأن أمامه ثلاثة أيام ليعود الوضع العادي في بور سعيد .

لقد عشت يا إخواني مع معركة بور سعيد بأعصابي ودمائي وقلبي ..

كانت أعصابي معهم لأنهم كانوا يقاتلون قتالا فرض علينا حينما كنا ننادي بالسلام ، ولا بد أن نقاتل ولا بد أن نتحمل الضحايا في سبيل المحافظة على شرفنا وكرامتنا وعزتنا وحريتنا ، بور سعيد فدت مصر ، فدت العرب ، فدت

الدول الصغرى كلها ، الدول التي تدافع عن الحرية والاستقلال ، شهداء بور سعيد سقطوا في سبيل المثل العليا .

أيام النبي - صلى الـله عليه وسلم - سقط شهداء ، وأيام المسيحية سقط شهداء ، وأيام الإسلام سقط شهداء ، حينما فرض القتال ، واليوم سقط منا شهداء ، لأننا نقاتل بعد أن فرض علينا القتال ، أما الاستسلام فلن يفرض علينا أبدا ، ولكننا سندافع عن كرامتنا وعزتنا وشرفنا .

بورسعيد يا إخواني دفعت ضريبة الدم ، في محنتها كانت تفدي كل واحد منكم بدمائها ، كانت تحمي شرفنا ، شرف الوطن ، وكما قلت لكم فإن شرف الوطن لا يتجزأ ، بور سعيد ضحت وقاتلت وأنا اعلم أن أهالي بور سعيد مروا بمحنة ، ولكنها ؟ أظهرت للعالم أجمع أن مصر ستقاوم مقاومة مستمرة .

أنا كنت ذاهبا إلى بورسعيد ، قمت من مصر الساعة الواحدة ، وصلت الإسماعيلية الساعة الثالثة صباحا ، قالوا إن القوات نزلت بور سعيد ، فلم أتمكن من الوصول إليها .

رأيت الروح المعنوية في الإسماعيلية عالية جدا ، كل واحد يحمل سلاحه بجوار القوات المسلحة ، كل واحد سيدافع عن بلده ، هذه هي مصر الحقيقية يا إخواني .

هذه التجربة خرجنا منها أقوى مما دخلنا ، خرج منها الشعب المصري وكله عزم وتصميم وتضحيات ، إننا بهذه التجربة نكتب تاريخنا ومستقبلنا ، ونثبت دعائم حريتنا وكرامتنا وعزتنا .

إنني اليوم ، وأنا منكم كفرد منكم ، سنقاتل لآخر قطرة من دمائنا ، وإذا فرض علينا القتال ، لن يفرض علينا الاستسلام ، سنقاتل ، سنقاتل ، ولن نستسلم .

أيها الأخوة :

شرف الوطن لا يتجزأ ، بور سعيد ضحت وقاتلت ، وأنا أعلم أن إخواننا في الدول العربية ، والقومية العربية ، حدثت دعايات معادية كانت تهدف إلى القضاء على القومية العربية ، أرادت أن تبث في نفوسنا الشك نحو العرب ، ولكنني أرد على هذه الدعايات ، فأقول إني في يوم الأربعاء الماضي اتصل بي الملك سعود تلفونيا ، وقال لي أن جيش السعودية تحت تصرفنا وأموال السعودية تحت تصرفنا ، وأن السعودية مستعدة لعمل أي شيء نطلبه منها ، وكان ردي أنا قلقون جدا على الأردن لأن الجيش المصري يستطيع أن يصد العدوان اليهودي ، وأن يلقن إسرائيل درسا ، وأبلغته أننا سنتصل بالأردن ، ولكن الملك سعود أبلغني أن جيش السعودية مستعد لمعاونة مصر لتلبية أي طلب ، وان أموال السعودية تحت تصرف مصر .

وفي نفس اليوم اتصل بي الملك حسين بالتليفون وقال لي أن الجيش الأردني مستعد بناء على الاتفاق الثلاثي الذي وقع منذ ١٥ يوما ، أن ينفذ كل ما تراه القيادة المشتركة ، وان الأردن متعاون معنا كل التعاون .

وكان الملك حسين يعي كل كلمة يقولها ، وقال لي أن أية خطة مشتركة سننفذها ، وأنا قلت للملك حسين أن هدفنا ألا تكون هناك جبهة على الأردن ، وأن ينحصر القتال بين الجيش المصري والإسرائيلي ، وان تتعاون السعودية والأردن حتى يقاتلوا القوات الإسرائيلية إذا حصل اعتداء على الأردن .

الملك سعود عرض وكان يعي كل كلمة ، ولكن خطتنا كانت تمنع إرسال قوات إلى مصر لأن الأردن كان مهددا ، الملك حسين عرض جميع المعاونات الممكنة ، ولكن خطتنا كانت ألا تورط الأردن .. هذا حدث يوم الجمعة .

أما سوريا ، فإن شكري القوتلي اتصل بي وقال انه مستعد أن يقوم بأي عمل تكلفه به القيادة المشتركة ، ولكن خطتنا كانت عدم فتح أي جبهة أخرى .

هذا هو موقف الدول التي تحالفنا معها .. موقف مشرف يدعو إلى الاعتزاز وإلى الثقة .

هذه دولنا الحليفة ، لماذا أقول هذا ؟

لأن راديو العدو يقول : أين القومية العربية ؟

والأعداء يهدفون إلى القضاء على القومية العربية ، الشعوب العربية في كل مكان تعاونت معنا ضد الاستعمار وضد مصالح الاستعمار ، من العراق إلى مراكش ، دخلنا المعركة وكانت القومية العربية كلاما ،، وخرجنا وقد أصبحت عملا حقيقيا .

الشعوب العربية عرضت نفسها للخسارة ، ولكنها كانت ضربة قاضية للأعداء ، القومية العربية هي الهدف ، هي الغرض .

هدف الاستعمار انهم يريدون أن يقضوا على كل هذا التكتل ، وأنا قلت لكم من أشهر أن القومية العربية قد انبثقت .

إن القومية العربية لم تكن كلاما يقال ، بل أصبحت عملا فعالا ، بريطانيا اليوم لا يصلها بترول – والعرب تعاونوا معكم في كل الميادين ، نسفوا أنابيب البترول ، وعرضوا أنفسهم للخسارة ، إنها خسارة لهم ، لكنها ضربة قاضية للأعداء ، وكسب للأمة العربية ، عمل متماسك ، إذن إن الهدف الذي كانت

تهدف إليه بريطانيا قد فشل – فالقومية العربية اليوم أقوى مما كانت عليه في أي يوم ، العرب اليوم من رؤساء وشعوب وحكومات رجل واحد مع مصر في هذه المحنة ، بل في هذه المعركة يضرب بها المثل في سبيل الحرية والكرامة .

صوت العرب (يقصد إذاعة صوت العرب) الذي كان يرفع صوت مصر للأمة العربية جاءت طائرات دول الأعداء فضربته ، صوت العرب الذي يتكلم اكثر مما كان ، صوت العرب هدف عسكري تضربه طائرات بريطانيا وفرنسا .. يتكلم أقوى مما كان ، يتكلم وهو يعلم أن العرب متحدون اتحادا كاملا ، اليوم نحن أقوى مما كنا عليه منذ عشرة أيام ، العرب كلهم اتحدوا ، العرب كلهم مصممون على أن يعملوا .

اليوم مصر مؤيدة من العالم أجمع ، كل العالم قام ضد المعتدين ، كل دول العالم ما عدا إنجلترا وفرنسا وإسرائيل .. ومنزيس الذي تعرفونه جميعا ، أسترالي ، بل إن الأحرار في إنجلترا وفرنسا ، هؤلاء الأحرار واقفون ضد العدوان الغاشم ، ضد تجار الحروب ، ضد الاستعمار ،ضد الاستعباد ، العالم كله معنا ، مصر متحدة قوية مصممة بعزم وإيمان ، الجيش المصري استطاع أن يعود سليما متماسكا ، خسائره من العربات عوضناها من مخازن الجيش البريطاني في القنال .

الطيران المصري له قصة بعد يوم الأربعاء ، وبعد اشتراك بريطانيا وفرنسا ، قلت لكم انه كان عندنا يوم الثلاثاء والأربعاء ثلاث طائرات خسائر ، وثلاثة طيارين استشهدوا .. يوم الأربعاء وضح غرض بريطانيا في القضاء على قواتنا ، وبدأت الغارات الجوية بعدد كبير جدا من الطائرات .. كان أمامنا حلان لا بد أن نصل فيهما إلى قرار :

هل يطلع سلاح الطيران ويشترك في المعركة ، ويموت كل الطيارين ويقضى على سلاح الطيران ، والطيار يحتاج إلى أربع سنين لكي يتعلم ؟

أم لا يتدخل سلاح الطيران في المعركة ، ونترك لهم الجو ، وندخر سلاح الطيران للمعركة الفاصلة ؟

هذا القرار يحتاج إلى بت ، وكان أمامنا أن نهدم غرض الإنجليز ، فأصدرنا أمرا مشددا بألا يشترك طيارونا في المعركة .

ولكن طيارينا كانوا منتظرين أن يدخلوا المعركة ، ولما وصلتهم الأوامر يوم الخميس صباحا ، كانوا في حالة نفسية حماسية ، وقرروا أن لا بد من أن يضربوا الطائرات الفرنسية والإنجليزية ، وأنا طبعا رحبت بهذه الحماسة ، ولكن كان رأيي أنهم إذا اشتبكوا مع الإنجليز والفرنسيين في هذه المعارك فمحتمل أن نخسر الطيارين ، وأصدرت أوامر مشددة بمنع الاشتباك مع الطائرات إلا بالمدافع المضادة .

وبدأنا في تعزيز المدفعية المضادة للطائرات ، وتركنا طائرات في المطارات ، وفي هذه المطارات وضعنا طائرات هيكلية مصنوعة من الخشب ، واستطعنا أن نحافظ على سلاحنا الجوي .

محطات إذاعات الأعداء تقول أنهم قضوا على سلاحنا الجوي فعلا ، هم ضربوا كل المطارات، والضرب أدى إلى خسائر في المعدات وفي المطارات ، وكلامهم الذي قالوا فيه انهم قضوا على سلاحنا الجوي .. كلام هراء .

أمس الأول ظهرت طائرات مصرية في المعركة ، وقالت البرقيات أن الطائرات الروسية كانت تشترك في المعركة ، بالأمس جاءت الأخبار من لندن تقول : عن فيه لغزا .. لم يجدوا قاذفات القنابل المصرية اليوشن .

إذن خرجنا من هذه المحنة ، الجيش رجع متماسكا وقادرا على القتال بشدة ، طيراننا متماسك ، بحريتنا قامت بعمليات حربية حاربت فيها البحرية الفرنسية والبريطانية .... عمليات انتحارية ، كان الضباط والعساكر يخرجون وهم يعلمون انهم قد لا يرجعون ، كانوا يخرجون على هذا الأساس ، ناس منهم استشهدوا وناس رجعوا ، كانوا خارجين على أساس انهم ليسوا راجعين ، وكانت هذه هي الروح التي حارب بها سلاحكم البحري .

إذن يا إخواني هذا العدوان كان يهدف إلى أغراض :

أولا : احتلال مصر ، وهذا الهدف لا يمكن أن يتحقق لأن مصر قاتلت مع الجيش كرجل واحد ، كانوا يريدون أن يقضوا على وحدتنا كما فعلوا في الماضي ، لكن وحدتنا ازدادت اكثر من الأول ، كل واحد فينا يشعر أنه هو وأخوه في المعركة ، اتحاد البلد أقوى مما كان ، كانوا يريدون ان يقضوا على الجيش ، ولكنهم فشلوا في هذا الهدف ، فالجيش سليم ، والخسائر في العربات عوضناها من مخازن الجيش .

دماء زكية أريقت ، أروع أمثلة في البطولة ، الجيش قاتل قتالا مريرا ، ولكن استطاع أن يحقق الهدف ويعود سليما متماسكا إلى القناة ، والبحرية قامت بأعمال بطولية في السويس وفي البحر الأبيض ، وكبدت العدو خسائر فادحة .

ايدن لم يحقق أهدافه .. قال إنه جاء ليدافع عن قناة السويس فسدها ، والبترول واقف ، والبترول منع كلية عن إنجلترا وفرنسا بواسطة العدو البريطاني الفرنسي ، وقد استردت القناة من يوليو ، ومرت فيها ثلاثة آلاف باخرة ، ووقفت الحركة في القناة نتيجة للعدوان الإنجليزي الفرنسي ، أغرقوا المراكب ، وكسروا كوبري

الفردان لكي يمنعوا الجيش من العودة ، الجيش الذي لم يضربوه وهو متجه على سيناء لكن حاولوا أن يضربوه وهو راجع .. ويتحقق غرضهم .

إذن ايدن لم يحقق أي هدف ، الشعب متماسك ومتحد في تصميم وإمان ، القومية العربية أصبحت أقوى مما كانت ، الجيش المصري متماسك ، البحرية المصرية متماسكة ، الطيران المصري الذي كانوا يريدون أن يبيدوه ما زال موجودا ، وينتظر دوره .

حينما استنكر العالم كله العدوان البريطاني الفرنسي الإسرائيلي ، واتخذت الأمم المتحدة قرارا بوقف القتال ، فإن مصر التي تنادي بالسلام وافقت على وقف القتال ، لأن إنجلترا وفرنسا المعتديتين المجرمتين معزولتان عن العالم كله ، وفي كل مكان ضد الحرب وتجار الحروب ، العالم الآسيوي والأفريقي ، وفي اوروبا ، التأييد في كل مكان ، الدول مستعدة لتحارب معنا ، الضمير العالمي يستنكر عدوان ايدن وعدوان فرنسا ، انعزلت إنجلترا وفرنسا ، جزء من شعب فرنسا وأحرار في إنجلترا يقاومون العدوان ، أظنكم تتبعتم كلام الأحرار في هذه البلاد وهم يدفعون العدوان ، ويقولون لهم : انتم لكم أهداف استعمارية عدوانية .

قبلت مصر إيقاف القتال ، ولم تقبل إنجلترا ولا إسرائيل ولا فرنسا ،وكانت إنجلترا وفرنسا وإسرائيل حينما اعتدوا على مصر يعتقدون أنها لقمة سائغة ، كانوا يلعبون بالنار ، لكن مقاومة مصر الباسلة واستشهادها في سبيل أراضيها من أول عوامل هزيمة ايدن.

وفي اليوم التالي ، قامت روسيا بإنذار بريطانيا وفرنسا ، وأبلغت أن روسيا أرسلت إلى بريطانيا وفرنسا تعلن عن تصميمها على محو العدوان البريطاني

والفرنسي بالقوة إذا لم ترجع بريطانيا وفرنسا عن عدوانهما ، وبعد ذلك اتصلت بالرئيس الأمريكي ايزنهاور ، وطلبت منه أن يوضح موقف أمريكا ، وكان ذلك قبل وبعد الإنذار الروسي ، وعلمت منه أن الرئيس الأمريكي يقاوم هذا العدوان ، وان أمريكا ستعمل كل الوسائل للقضاء على الروح العدوانية في فرنسا وبريطانيا ، لوقف استمرار هذه الأعمال .

والآن توجد دولتان كبيرتان واقفتان معنا : روسيا التي هددت ، وأمريكا التي أبلغتني انه ستقاوم هذا العدوان .

نهرو وتيتو وسوكارنو وشوإين لاي ، كل قادة العالم الأحرار استنكروا هذا العدوان ، ووصفوه بالإجرام ، وبأنه عمل ضد الإنسانية .

حينما أقول لكم أن موقفنا بعد عشرة أيام أقوى مما كان ، فإنني أعني ما أقول ، القومية العربية تحققت وأصبحت عملا بعد أن كانت قولا ، الشعب قوة متحدة ، الجيش والطيران والبحرية قوة متماسكة .

اثنتان من الدول الكبرى ضد العدوان : روسيا هددت فعلا انه ستسحق العدوان .

هذا هو الموقف :

الأمم المتحدة قامت بعمل مستمر ، مستر همرشولد ، لما وجد أن إنجلترا وفرنسا رفضتا وقف إطلاق النار ، ولا تريدان أن تنفذا قرار الأمم المتحدة بوقف إطلاق النار ، قرر الاستقالة من منصبه ، وأنا أرسلت له وقلت له أننا لا نريدك أن تستقيل ، نريد منك أن تقف لتحارب معنا في معركة الإنسانية والسلام .

وقد قالوا إن مصر ستنسحب من الأمم المتحدة ، وقلنا إن مصر لن تنسحب ، وإنها ستستعمل كل الأسلحة السياسية وغير السياسية في سبيل حريتها .

وبعد أن تطور الموقف ، ووقف العالم كله ضد إنجلترا وفرنسا ، وظهرت الحرب العالمية في الأفق ، وافقت إنجلترا وفرنسا على وقف إطلاق النار .

وبالأمس أنذر إيزنهاور إسرائيل أن تعود في الحال ، وكانت إسرائيل حتى أول أمس ترفض الانسحاب ، وأنذر بولجانين إسرائيل ، فأعلنت أنها مستعدة للانسحاب .

واليوم .. هل انتهت المعركة ؟

لا .. إن المعركة لم تنته ، إننا نكافح قوى الغدر والظلم والاستعمار ، وتجار الحروب ، إننا نقاوم اليوم ومعنا العالم أجمع ضد العدوان وضد مجرمي الحروب ، وضد تجار الحروب .

إن المعركة لم تنته بعد ، فهي ما زالت قائمة ، إن الاستعمار لم يحقق أهدافه ولم يستطع أن يتحكم فيكم ، وأن يتمكن من مصر ومن رقابكم ، الاستعمار هزم ، ومصالحه في هذه المنطقة أصيبت بأضرار، فها هو يعود الاستعمار أدراجه ؟ .

إن قرارات الأمم المتحدة التي اتخذت أول أمس لم نرد عليها حتى الآن ، وما زلنا ندرسها بدقة ، لأن مصر لن تقبل أي شيء يمس سيادتها أو كرامتها ، ومصر مصممة على المحافظة على سيادتها واستقلالها ، وكرامتها وأراضيها .

مصر في هذه المعركة السياسية ستكون على حذر حتى لا تؤخذ بالخديعة والغدر ، كما أخذت بالغدر في المعركة العسكرية .

أما معركتنا الحربية فنحن على أتم استعداد ، كل فرد مستعد ، الإنجليز يقولون أنهم جاؤوا معهم بفنيين لتصليح القناة ، ولكننا أعلنا أنه طالما كانت هناك قوة أجنبية أو جندي أجنبي واحد في مصر ، فإن مصر لن تبدأ في إصلاح

القناة أو تطهيرها ، لأن هذا يؤثر على خطتنا الدفاعية ، ولن نؤخذ بالغدر مرة أخرى .

هذا أيها المواطنون هو شعارنا ، عزم وتميم وإيمان ، هذا هو شعارنا اليوم : إننا نريد السلام ، ولن يفرض علينا الاستسلام .

هذا هو شعارنا اليوم : اتحاد وقوة وعمل وتصميم وكفاح وجهاد .

إن العالم كله يساندنا ، الأحرار في كل مكان ، واحب أن أقول لكم أن العالم كله يمر بأخطر فترة من تاريخه ،وإنني أعلن اليوم للعالم اجمع أن مصر لم تكن السبب ، لم تعتد على أحد ، إنما تدافع عن سيادتها .

إن الذين يتسببون في تهديد الإنسانية هم تجار الحروب ، الذين اعتدوا على أراضينا .

إن شعارنا اليوم أيها الأخوة أن نتجه إلى اللـه ليملا قلوبنا بالإيمان والتصميم ، ونتجه إلى اللـه يشد أزرنا ويعيننا على مقاومة الطغيان .

شعارنا اليوم : سنقاتل ، سنقاتل ، سنقاتل ، دفاعا عن أرضنا ، ولن نفرط في سيادتنا ، شعارنا اليوم :إذا أردنا السلام وفرض علينا القتال ، فلن يفرض علينا استسلام .. والسلام عليكم ورحمة اللـه .(٦٠)

******

تحليل

١- يؤكد الزعيم الراحل ما أوردناه في الباب الأول من هذا البحث ، وهو ان ما يجري في هذه المنطقة من صراعات ومنازعات ، واحتلال واستعمار ، مسؤول عنه الطامعون والمستعمرون ، وليس من المعقول أن تكون الشعوب المضطهدة هي المسؤولة عن ذلك ، إن المسؤولين هم تجار الحروب الذين يريدون استعمار

الشعوب ، ونهب خيرات البلاد ، وهم يتربصون ويراقبون ، ويحصون على هذه الشعوب أنفاسها على مدار الساعة .

٢- يذكر لنا كشفه المؤامرة مبكرا ، وذلك عندما طلب الانسحاب من الفريقين لإتاحة الفرصة لبريطانيا وفرنسا بأخذ دورهما في المعركة .

٣- الإشادة بدور بور سعيد الباسلة التي حاربت دولتين عظميين حربا ضروسا من شارع إلى شارع ، ومن حي إلى حي ، وقدمت الكثير من الضحايا ، ورفضت الاستسلام .

٤- يؤكد الرئيس انه لم يكن بعيدا عن ساحة الحرب ، فقد توجه بنفسه إلى بور سعيد ولم يتمكن من دخولها لنزول القوات المهاجمة فيها .

٥- يركز ناصر على القومية العربية ، ويقول انها بخير ، وأنها كانت غرضا وهدفا للحرب ، وأنا أشاركه في ذلك ... ولكني أشك في مدى متانة هذه القومية وإخلاص الآخرين لها كما أخلص لها ناصر.

٦- يشيد بالدور الإعلامي لمحطة صوت العرب ، فــقد كانت رمزا للوحدة ، لذا لا غرابة أن تكون هدفا لغارات الطائرات المعادية .

٧- يشيد بنسف بعض الضباط السوريين لأنابيب النفط المحمول إلى ميناء حيفا لتصديره للدول المعادية ، ويرى ذلك مكسبا مهما للقومية العربية ، وهذا كلام لا غبار عليه .

٨-يحاول طمأنة الشعب بأنه ليس وحده في المعركة،بل هو يلقى التأييد من دول العالم ، وفي ذلك صفة قيادية وهي رفع معنويات الشعب والجند .

٩- يشيد بأبطال سلاح الطيران ، وهذه ميزة في القائد الناجح الذي يثني على كل مبدع من العاملين معه .

١٠-يكيل عبارات المدح والثناء للجيش المقاتل وإنجازاته ، وهذا يؤكد ما سبق .

١١- كان فشل الغزو فشلا لأنطوني ايدن الذي حاول الدفاع عن القناة فسدها .

١٢- يزيد من تشجيعه لشعبه ، فيؤكد له أن الأحرار من حكام العالم – ويذكرهم بالاسم – استنكروا العدوان ، وأن روسيا وأمريكا مع مصر ، وأن قوات الجيش متلاحمة مع الشعب ، وكأنه يقول : لا خوف بعد اليوم ، وهذا دور رائع يلعبه القائد وهو رفع معنويات شعبه وجيشه بالأدلة والبراهين المقنعة .

١٣-الحرب مستمرة وعلينا أن نظل متيقظين مستعدين لها في كل وقت وحين .

١٤- بعد الحرب : موقف مصر القانوني سليم ،فهي لم تهاجم أحدا ، وهي تحتفظ بسيادتها ، وتملك القناة ، وتملك أن تقبل قرارات الأمم المتحدة أو ترفضها .

الفصل الخامس

نتائج الحرب

ليس صعبا على الباحث أن يعلم - بعد انتهاء الحرب - أن نتائج حرب السويس قد صبت في الصالح المصري حتى لو كان هناك هزيمة عسكرية ، فالأمور والأحداث تقيم بنتائجها وآثارها ، وهذا ما سنعرضه في الصفحات القادمة .

ونجمل هذه النتائج في النقاط التالية :

١- أصبحت قناة السويس ملكا لمصر ، وهذا يعني :

أ- أنها تتحكم في الدول التي تستطيع استعمال القناة .

ب- أن إيراداتها بالكامل أصبحت لمصر ، وبالتالي تستطيع الإنفاق على مشاريعها الاقتصادية الكبرى ، وفي مقدمتها السد العالي .

ت- لا تستطيع أي دولة استخدامها لغزو مصر أو أية دولة أخرى .

٢- أسدل الستار على امبراطوريتين عظميين هما بريطانيا وفرنسا فاصبحتا دولتين من الدرجة الثانية (٦١) ، فقد عرفهما عدوانهما وزنهما الحقيقي بين دول العالم ، بدليل أنهما عجزتا عن صنع الانتصار على دولة عربية خارجة لتوها من عهد الاستعمار .

٣- على العكس تماما أصبح الحال بالنسبة للاتحاد السوفييتي وأميركا اللتين تأكد وزنهما كدولتين عظميين قادرتين على التحكم في غيرهما من الدول ، والحد من خطورة الدول ذات السطوة في الزمن الغابر .

٤- كان انتصار السويس مصدر الهام للمناضلين في سائر أنحاء العالم ،فصارت مصر مثلا يحتذى لمريدي الحرية ، وللسعاة من أجل نيل الاستقلال عن القوى العظمى المحتلة لبلادهم .(٦٢)

" في عام ١٩٦٠ ، وإثناء مقابلة بينهما في نيويورك ، قال كاسترو لعبد الناصر : في عام ١٩٥٦ كنا في الجبال نقاوم نظام باتيستا ، ووصلنا إلى حال من اليأس ، ولكن عندما رأينا أنكم صمدتم أمام الإنجليز والفرنسيين والإسرائيليين ، وان العالم وقف إلى جانبكم ، قررنا أن نصمد ، وتلك كانت نقطة تحول بالنسبة لنا " (٦٣) .

٥- أصبح عبد الناصر رمزا للنضال الحقيقي ، وملهما للثوار والأحرار في أنحاء المعمورة ، وصارت أقواله شعارات يتمثلها قادة الشعوب الساعية على دروب التحرر من ربقة الاحتلال والاستعمار ، وبذلك برزت **الناصرية** كحركة فاعلة في المنطقة والعالم .

٦- **سقوط انتوني ايدن** : وذلك باعتزاله السياسة في ٢٠ /٥٦/١١ ، معترفا بالهزيمة ، وفي التاسع من كانون ثان١٩٥٧ قدم استقالته من منصبه .

٧- سقوط جي موليه رئيس وزراء فرنسا في ٢١ أيار ١٩٥٧ ، وجاء من بعده ديغول الذي منح الاستقلال للدول الإفريقية الناطقة بالفرنسية ، كما نالت الجزائر استقلالها بمعاهدة ايفيان .(٦٤)

٨- في ١٩٥٧/١/١ ،صدر في القاهرة القرار الجمهوري بإلغاء معاهدة الجلاء الموقعة في ١٩ أكتوبر ١٩٥٤ - وذلك اعتبارا من ١٠/٣١ /٥٦ تاريخ الهجوم على مصر -

" وبذلك الغيت المعاهدة التي عقدت بين مصر وبريطانيا باستخدام القناة

في حالة وقوع هجوم مسلح من دولة من الخارج على مصر ، أو على أي بلد تكون طرفا في معاهدة الدفاع المشترك بين دول الجامعة العربية أو تركيا " (٦٥)

٩-صادرت مصر أموال وممتلكات رعايا بريطانيا وفرنسا، وفرضت الحراسة عليها ، وشمل ذلك المؤسسات التجارية والمالية والبنوك(٦٦).ويقول صلاح نصر أن قيمتها كانت بليون دولار .(٦٧)

١٠ – أتاح العدوان الثلاثي للاتحاد السوفييتي أن يقترب من دول المنطقة بوقوفه مع مصر في صراعها ضد الغزاة ، وظلت العلاقات قوية بينه وبين مصر طوال الزمن الناصري ، وتمثل ذلك في إمدادات الأسلحة لمصر، فضلا عن الخبرات العسكرية والاقتصادية ، ومساهمته الكبيرة في بناء السد العالي .

١١- " ومن أهم النتائج ظهور **القومية العربية** كقوة فاعلة تلعب دورا أساسيا في تجمع الشعوب العربية ، وكانت المقدمة للاتحاد بين مصر وسوريا " (٦٨) .

١٢- أسدل الستار على زمن الاستعمار التقليدي الذي مارسته الدول العظمى اكثر من قرن (٦٩) ، وبدأت أشكال أخرى من الاستعمار بالظهور كالاستعمار الثقافي والاقتصادي .

١٣- وكان من آثار سقوط بريطانيا في الشرق الأوسط ، سقوط الأنظمة التابعة لها ، ومن ذلك ، قيام ثورة تموز في العراق في ١٤ تموز ١٩٥٨ ، وسقوط الملكية ، ومقتل نوري السعيد ، مما قوض دعائم الوجود البريطاني في المنطقة . (٧٠)

١٤- اجتاحت إفريقيا وأمريكا اللاتينية و آسيا روح جديدة ، فهبت عليها رياح التغيير ، فاستقلت غانا وغينيا ومالي ، وكان ما ذكرناه في كوبا .(٧١)

١٥- إذا كان العدوان هزيمة عسكرية لمصر، فقد أضعف مرارتها هجوم دولتين عظميين عليها إلى جانب إسرائيل ، ولا ننس الصمود الرائع للقوات المصرية في سيناء قبل وبعد صدور الأوامر بالانسحاب من سيناء .(٧٢)

١٦- خسائر الطرفين :يقول الضابط السابق أحمد حمروش:

" بلغت خسائر الجيش المصري ألف شهيد ، واستشهد عدة مئات في عمليات المقاومة الشعبية في بور سعيد ، وأسر ستة آلاف مصري وفلسطيني معظمهم من قطاع غزة ، ولكن أفرج عنهم تدريجيا بعد وقف القتال .. ولم تبلغ خسائر المعتدي إلا ١٧١ قتيلا إسرائيليا ، ٢٦ جنديا فرنسيا وبريطانيا عند الإنزال ، ثم ارتفع الرقم خلال عمليات المقاومة الشعبية " (٧٣)

وهذه شهادة ضابط من كبار ضباط الثورة ، والذي قبل أن يكتب عن حرب السويس ، كان له مناقشات واسعة مع رفاقه الذين شاركوا في مجريات الحرب ، ولكن كم هو عدد الجنود والضباط الذين خسرهم المعتدون في حرب مكشوفة في شوارع بور سعيد وأزقتها ، لا شك أن العدد كان كبيرا ، ولكن المصادر تبخل علينا بهذه المعلومة المهمة .

١٧- أدى الانتصار إلى نمو الشعور القومي بضرورة الاتحاد والتضامن للوقوف في وجه المعتدين والمستعمرين والطامعين سعيا للوصول إلى الحرية والاستقلال ، ومستوى أفضل بين الأمم(٧٤) .

١٨- يعد ممكنا أن يظل أي مسؤول عربي بعد حرب السويس صديقا لبريطانيا وعدوا لعبد الناصر ، حقا لقد كلفت السويس بريطانيا دنيا العـــرب (٧٥)،وكان نوري السعيد أول الضحايا.

١٩- تم طرد اليهود المصريين ومصادرة أملاكهم . (٧٦)

٢٠- استفادت أميركا من هزيمة المعتدين ، فأصبحت الوريث الوحيد للغرب في منطقة الشرق الأوسط ، وصار بإمكانها ممارسة سياسة الاحتواء لدول المنطقة ، أما الاتحاد السوفييتي ، فقد نفض عن نفسه غبار العزلة التي عاشها في زمن ستالين مدة ٣٠ عاما ، وصار له دوره الفاعل النشط في المنطقة ، وأصبح له أصدقاء في الوطن العربي بشقيه الإفريقي والآسيوي ، يمدهم بالسلاح والمال والمدربين والخبرات في الجوانب العلمية والعسكرية .

٢١- سقوط نظرية البقاء للأقوى ، فقد أثبت الصراع في حرب السويس أن على الكبار الإدراك بأن الأمم الصغيرة قادرة على الانتصار ، بإيمانها بقدراتها . وثقتها بنفسها وقياداتها ، إذن فهي قادرة على التغيير في حركة التاريخ .

٢٢-ثبوت نظرية " إرادة الشعوب " ، التي إن أرادت الكفاح والجهاد ، والوقوف أمام المستعمر فلن يضنيها سمعة خصم ، أو قوة باغ محتل ، فالإرادة قادرة على فعل المستحيل .

٢٣-أثبت انتصار السويس أن بإمكان مصر - بقيادتها الواعية الملهمة- أن تشكل قيادة لدول المنطقة ، ليس في المجال السياسي والعسكري فحسب ، بل في المجال الاقتصادي والثقافي ، وقد أثبت صحة ذلك سنوات الخمسينيات والستينيات ، وما أنجزته مصر خلال تلك الحقبة الخصبة من إنجازات ما زالت مجال بحث العلماء والدارسين .

٢٤-أثبتت حرب السويس أن الدول الصغيرة - أو من يقال أنها صغيرة- قادرة على صنع التاريخ والمستقبل لدول أخرى تجاورها ولم تشترك في الصراع ، ولكنها استفادت من انتصار مصر ، ورحيل المستعمر على الأبد .

٢٥- تأثير كبير على الاقتصاد البريطاني :

١- انخفض رصيد الذهب إلى ٢٧٩ مليون جنيه.

٢- خسائر تقدر بحوالي ٢٣٥ مليون جنيه بسبب نسف أنابيب النفط ، واضطرار السفن لاستعمال طريق رأس الرجاء الصالح ، وخسائر الشركات البريطانية ، وخسائر الاحتياط من الدولارات .(٧٧)

ونختم عن حرب السويس بحديث للجنرال الفرنسي " أندريه بوفر" نائب قائد القوات البرية في الحملة البريطانية الفرنسية ، أدلى به للمؤرخ الكبير محمد حسنين هيكل ، يقول :

" كنا نشعر بأن القرارت بطيئة ، وأن القوات أقل من حجم المهمة المطلوبة منها ، ولقد جاء وقت شعرنا فيه أن قرار مصر باستمرار المقاومة قد قلب التوازن رأسا على عقب ، فقد كانت الخطة موضوعة وفي تصور الموجهين لها سياسيا أن الظروف لن تضطرنا إلى تكملتها ، لأن الجبهة المصرية الداخلية سوف تبدأ في التهاوي والانهيار .

وهكذا ، فإن مجرد القرار المصري بمواصلة الحرب ، واجهنا بالحقيقة التي كنا نحاول أن نتجنبها اعتمادا على وعود السياسيين لنا ، وهي حقيقة أن قواتنا غير كافية لاحتلال منطقة قناة السويس والتقدم نحو القاهرة .

ولم ترتفع معنوياتنا بعد نزولنا في بور سعيد ، فقد كنا ندرك أن تلك مجرد خطوة على الطريق ، وأن أي جيش مهاجم يستطيع أن ينجح فيها لأنه كان يوجه قبضته ووراءها كل قوته إلى نقطة محددة ومحدودة على جبهة العدو ، ولكن المهم هو الخطوة الثانية بعد الخطوة الأولى .

وهكذا أستطيع أن أقول :

إن حملة السويس فشلت عسكريا في نفس اللحظة التي قررت فيها مصر رفض الإنذار البريطاني الفرنسي ، وحمل السلاح مهما كان الثمن .

إنكم بهذا القرار فهمتم جوهر الحرب المحدودة في عصرنا الحديث.

إن الحرب صراع إرادات .

ولم يعد مهما في العصر الحديث أن يفرض طرف بالقوة المسلحة إرادته كاملة على الطرف الآخر ... ذلك مفهوم فات أوانه في العصر النووي ...الآن مجرد أن يتمكن طرف من منع طرف آخر من فرض إرادته عليه ، فإن ذلك يعني أنه انتصر .. وذلك ما فعلتموه في السويس .

إنكم لم تفرضوا إرادتكم علينا ... ولكنكم أثبتم لنا أننا لا نستطيع فرض إرادتنا عليكم .

وهكذا تعثرت الحملة .

ثم وقعت على الأرض تماما بما طرأ بعد ذلك من تطورات سياسية "(٧٨)

أما عن الزعيم الراحل ، فنختم بما قاله أحد الزملاء :

"لم يكن جمال عبد الناصر كسوكارنو أو نهرو أو نكروما ،مجرد زعيم وطني بارز في العالم الثالث..وإنما كان بفكره وسلوكه الدولي قائدا تاريخيا ضمن حركة التحرير الوطني العالمية ، ودوره النضالي في العالم النامي لا يمحوه الزمن،إذ أن عبد الناصر ـ كشخص ـ قد مات ..ولكن الناصرية كاتجاه للتقدم الاجتماعي لا تزول آثارها ،فإنها بآثارها قد فعلت فعلها المحتوم وانتهى الأمر ..فأصبحت مثل خلايا الدم جزءا لا يتجزأ من نسيج الحياة.

وفضلا عن ذلك ، فإن جمال عبد الناصر بعيدا .. أخطر من جمال عبد الناصر قريبا ، لأنه في غيابه تحولت "الناصرية " من " شخص" إلى " فكر وحلم أمة " .. ومن فكرة وحلم أمة إلى تنظيم " !(٧٩)

" تم بحمد اللـه "

عمان – ١٧ آب ٢٠٠٦

مراجع الباب السادس

(١)أمين هويدي ، حروب عبد الناصر ، ص ٧٤-٧٥.

(٢) م ن ، ص ٧٩-٨٠ .

(٣) م ن ، ص ٨٤ .

(٤) م ن ، ص ٨٥ .

(٥) د .أحمد العلمي ، حرب السويس ١٩٥٦ ، ص ٨٥ .

(٦) دونالديف ، حرب السويس ، ٥١٩ .

(٧) مردخاي بارأون ،حرب سيناء ، ص ٢٢ –٢٣ .

(٨) أنتوني ناتنج ، ناصر ، ص ٢٠٩ .

(٩) احمد العلمي ، م س ، ص ٩٦ .

(١٠) م ن ، ص ٩٦ ،

(١١) م ن ، ص ٩٧ .

(١٢) محمد حسنين هيكل ، ملفات السويس ، ص ٥٣٨ .

(١٣) محمود فوزي ، حرب السويس ، ص ١٠٠-١٠١ .

(١٤) احمد العلمي ، م س ، ص ١١٣ .

(١٥) محمد حسنين هيكل ، م س ، ص ٥٣٨ .

(١٦) دونالديف ، م س ، ص ٥٢١ ،

(١٧) احمد العلمي ، م س ، ص ١٢٩ .

(١٨) عبد الحميد ابو بكر ، قناة السويس والأيام التي هزت الدنيا ، ص ٢٢٧.

(١٩) محمد حسنين هيكل ، قصة السويس ، ص ٢٣٤ .

(٢٠) م ن ، ص ٢٣٤- ٢٣٥ .

(٢١) جواد الحمد ، المجازر الصهيونية ضد الشعب الفلسطيني ،ص ٨٣ .

(٢٢) احمد العلمي ، م س ، ص ١٣٨- ١٣٩ .

(٢٣) أرسكين تشايلدرز ، الطريق إلى السويس ،ص ٢٣ ،

(٢٤) د. رؤوف عباس وآخرون ، حرب السويس بعد أربعين عاما ، ص ٢٠٣

(٢٥) احمد العلمي ، م س ،ص ١٥٣ .

(٢٦) عبد الحميد ابوبكر ،م س، ص ٢٢٨ .

(٢٧) احمد العلمي ، م س ،ص ١٥٧- ١٥٨ .

(٢٨) دونالديف ، م س ، ص ٥٥٩ .

(٢٩) عبد الحميد ابو بكر ، م س ، ص ٢٤٧ .

(٣٠) م ن ،ص ٢٤٧ .

(٣١) سعد الدين ابراهيم ،مصر والعروبة وثورة يوليو، ص ٣٢٤.

(٣٢) صلاح بسيوني ، مصر وأزمة السويس ، ص ٢٤٦ ،

(٣٣) محمد حسنين هيكل ، م س ، ص ٢٥٣ .

(٣٤) احمد العلمي ، م س ، ص ١٦٢ .

(٣٥)   انتوني ايدن ، مذكرات انتوني ايدن ، ص ٤١٧ .

(٣٦)   مردخاي بارأون ، م س ، ص ١٢٥ .

(٣٧)   انتوني ناتنج ، م س ، ص ٢٠٩ .

(٣٨)   د . رؤوف عباس ،م س ، ٢٧٨ .

(٣٩)   مردخاي بارأون ، م س ، ص ١٢٥ .

(٤٠)   محمد حسنين هيكل ، قصة السويس ، ص ٢٥٩ .

(٤١)   م ن ، ص ٢٥٩ .

(٤٢)   م ن ، ص ٢٦٠ .

(٤٣)   م ن ، ص ٢٥٦ .

(٤٤)   م ن ، ص ٢٥٧ .

(٤٥)   صلاح نصر،ثورة يوليو بين المسير والمصير، ص ٢٨١ .

(٤٦)   محمد حسنين هيكل ، ملفات السويس ، ص ٥٥٨ .

(٤٧)   م ن ، ص ٥٥٩ – ٥٦٠ .

(٤٨)   محمد حسنين هيكل،عبد الناصر والعالم،ص ٢٠٦ .

(٤٩)   صلاح بسيوني ، م س ، ص ٢١٩ .

(٥٠)   م ن ، ص ٢١٩ .

(٥١)   م ن ، ص ٢٢١ .

(٥٢)   عبد الحميد ابو بكر ، م س ، ص ٢٤٢ .

(٥٣)   م ن ، ص ٢٤١ .

(٥٤)   احمد العلمي ، م س ، ص ١٦٩ .

(٥٥)   رؤوف عباس ، قرص مضغوط ، ناصر رمز الحلم العربي .

(٥٦)   م ن .

(٥٧)   سعد الدين ابراهيم وآخرون ، م س ، ص ٣٢٥ .

(٥٨)   جمال عبد الناصر ، المجموعة الكاملة لخطب عبد الناصر
        ١٩٥٥، ١٩٥٧ . ص ٣٢٤-٣٢٩ .

(٥٩)   م ن ، ص ٤٣٠ – ٤٣٢ .

(٦٠) م ن ، ٤٣٢ – ٤٤٥ .

(٦١) رؤوف عباس ، ثورة يوليو ايجابياتها وسلبيلتها ، ص ١٨٤ .

(٦٢) نجلاء ابو عز الدين ، عبد الناصر والعرب ، ص ٣٠٥ .

(٦٣) د . رؤوف عباس وآخرون ، حرب السويس بعد أربعين عاما ، ص ٣٤٩ .

(٦٤) امين هويدي ، حروب عبد الناصر ، ص ١١١ .

(٦٥) م ن ، ص ١١٢ .

(٦٦) م ن ، ص ١١٢ .

(٦٧) صلاح نصر ، م س ، ٢٨٢ .

(٦٨) د . رؤوف عباس ، م س ، ص ٣٤ .

(٦٩) م ن ، ص ٤١١ .

(٧٠) م ن ، ص ٤١١ .

(٧١) محمد حسنين هيكل ، سنوات الغليان ، ص ٤٨ .

(٧٢) احمد حمروش ، خريف عبد الناصر ، ص ٤٥ ،

(٧٣) م ن ، ص ٤٥ .

(٧٤) شارل الخوري ، هكذا عاش ومات جمال عبد الناصر ، ص ٣٤ .

(٧٥) محمد حسنين هيكل ، عبد الناصر والعالم ، ص ١٥٩ .

(٧٦) صلاح نصر ، م س ، ص ٢٨٢ .

(٧٧) احمد العلمي ، م س ، ص ١٨٦ .

(٧٨) محمد حسنين هيكل ، قصة السويس ، ص ٢٣٦ .

(٧٩) د. مجدي حماد ، ثورة يوليو ١٩٥٢ ، ص ٢٠ ـ ٢١ .

مراجع الكتاب

(١) ابراهيم العدوي ، الصراع بين الأمة العربية والاستعمار الجديد ، دار نهضة مصر ، القاهرة ، بلا تاريخ .

(٢) احمد حسين ، موسوعة تاريخ مصر ،دار الشعب ، القاهرة ، بلا تاريخ .

(٣) أحمد حمروش ١- شهود ثورة يوليو ، المؤسسة العربية للدراسات والنشر ، بيروت ١٩٧٧ .

٢-خريف عبد الناصر ، المؤسسة العربية للدراسات والنشر بيروت ، ١٩٧٨ .

٣- مجتمع عبد الناصر ، دار الموقف العربي ، القاهرة ، بلا تاريخ .

(٤) احمد عبد الرحيم مصطفى ١- مشكلة قناة السويس ، معهد البحوث والدراسات العربية ،القاهرة ، ١٩٦٦ .

٢- الولايات المتحدة والمشرق العربي ، المجلس الوطني للثقافة والفنون والآداب ، الكويت ، ١٩٧٨ .

(٥)أحمد عرابي ، مذكرات الزعيم أحمد عرابي ، دار الهلال ، مصر ، بلا تاريخ .

(٦) أحمد عطية ، القاموس السياسي ، دار النهضة العربية ، القاهرة ، ١٩٦٨ .

(٧)أحمد العلمي ، حرب السويس ١٩٥٦ ، بلا معلومات نشر .

(٨)ارسكين تشايلدرز ، الطريق الى السويس ، بلا معلومات نشر .

(٩) امين هويدي ، حروب عبد الناصر ، دار الطليعة ، بيروت ، ط٢ ، ١٩٧٩ .

(١٠) أنتوني ايدن ،مذكرات انتوني ايدن ، ج٢ ، ترجمة خيري حماد ، دار مكتبة الحياة ، بيروت ، بلا تاريخ .

(١١)أنتوني ناتنج ، ناصر ،ترجمة شاكر إبراهيم سعيد ،ط ٢ ، مكتبة مدبولي ، القاهرة ،١٩٩٣ .

(١٢) أنيس الصائغ وآخرون ،عبد الناصر وما بعد ، المؤسسة العربية للدراسات والنشر ، ١٩٨٠ .

(١٣) بول جونستون ،حرب السويس ، دار المعارف ، القاهرة ، بلا تاريخ.

(١٤) جلال العالم ، دمروا الإسلام وأبيدوا أهله ، ط ٨ ، دار السلام،١٩٧٨.

(١٥) د .جلال يحيى ، البحر الأحمر والاستعمار ، وزارة الثقافة ، مصر ، ١٩٦٣ .

(١٦) د . جلال يحيى وطارق نعيم ، الوفد المصري ، المكتب الجامعي ، الإسكندرية ، ١٩٨٤ .

(١٧) د. جمال حمدان ، الإستعمار والتحرير في الوطن العربي ، دار القلم ، القاهرة ، ١٩٦٤.

(١٨) جمال شرقاوي وآخرون ، نضال عبد الناصر ، مؤسسة الأبحاث العلمية العربية العليا ، بيروت ، ١٩٧٣ .

(١٩)جمال عبد الناصر ١- الثورة والانسان "مختارات " دار مكتبة الحياة ،بيروت ،بلا تاريخ .

٢- خطب جمال عبد الناصر لعام ١٩٥٩ ، مكتبة مدبولي ، القاهرة٢٠٠١ .

٣- المجموعة الكاملة لخطب وأحاديث جمال عبد الناصر ١٩٥٥-١٩٥٧ج ٢ ،مركز دراسات الوحدة العربية ، بيروت ،١٩٩٦.

٤- فلسفة الثورة ، بلا معلومات نشر..

(٢٠)جواد الحمد ، المجازر الصهيونية ضد الشعب الفلسطيني ،ط ٣ ، مركز دراسات الشرق الأوسط ، عمان ، ٢٠٠٠ .

(٢١) جورج كيرنس ، قناة السويس ، تاريخها وأهميتها العالمية ، دار المعارف ، القاهرة ، ١٩٧٥ .

(٢٢) د . حورية مجاهد ، الاستعمار كظاهرة عالمية ، عالم الكتب ، القاهرة ، ١٩٨٥ .

(٢٣) د. راشد البراوي . حرب البترول والشرق الأوسط ، مكتبة النهضة المصرية ، القاهرة ، بلا تاريخ .

(٢٤) رؤوف عباس ١- حرب السويس بعد أربعين عاما ، مركز الدراسات السياسية والاستراتيجية ، القاهرة ، ١٩٩٧ .

٢-ثورة يوليو ايجابياتها وسلبياتها ، دار الهلال ، القاهرة ٢٠٠٣ .

٣-قرص مضغوط بعنوان:ناصر رمزالحلم العربي .

(٢٥) سعد الدين إبراهيم وآخرون ،مصر والعروبة وثورة يوليو ،مركز   دراسات الوحدة العربية ، بيروت ، ١٩٨٢ .

(٢٦) سعد جمعة ، اللـه أو الدمار ، دار الكاتب العربي ، بيروت ، بلا تاريخ.

(٢٧)سلامة موسى ، تربية سلامة موسى ، دار المستقبل بالفجالة والإسكندرية ومؤسسة المعارف ببيروت ، بلا تاريخ .

(٢٨) د. سليمان الطماوي ، ثورة ٢٣ يوليو بين ثورات العالم ، دار الفكر العربي ، ١٩٦٤ .

(٢٩) د . سمير طه ، احمد عرابي ودوره في الحياة السياسية المصرية ، الهيئة العامة المصرية للكتاب ، القاهرة ، ١٩٨٦ .

(٣٠) شارل الخوري ، هكذا عاش ومات جمال عبد الناصر ، دار االأدب الجديد ، بيروت ، ١٩٧٠ .

(٣١) صبري أبو المجد ، سنوات الغضب ،دار الحرية ، القاهرة ، ١٩٨٩.

(٣٢)صلاح بسيوني ، مصر وأزمة السويس ، دار المعارف ، مصر ، ١٩٧٠ .

(٣٣) د. صلاح الدين الشامي و د .فؤاد الصقار ، جغرافية الوطن العربي الكبير ، ط ٣ ،منشأة المعارف ، الإسكندرية ، بلا تاريخ .

(٣٤) صلاح نصر ، ثورة يوليو بين المسير والمصير ،مؤسسة الاتحاد للصحافة والنشر ، ١٩٨٦ .

(٣٥)عباس محمود العقاد ، ١١ يوليو وضرب الإسكندرية ، ط ٢ ، دار المعارف ،مصر ، ١٩٨٣ .

(٣٦)عبد الله السلطان ، البحر الأحمر والصراع العربي الإسرائيلي ، ط٣ ، مركز دراسات الوحدة العربية ، بيروت ، ١٩٨٨ .

(٣٧)عبد الحميد أبو بكر ، قناة السويس والأيام التي هزت الدنيا ،دار المعارف ، مصر ، بلا تاريخ .

(٣٨)عبد الرحمن الرافعي ،١- بطل الكفاح محمد فريد ، دار الهلال ، مصر ، بلا تاريخ .

٢- عصر إسماعيل ، ط ٣ ، دار المعارف ، مصر ، ١٩٨٢ .

٣- كفاح الشعب والجلاء ، دارالجمهورية للطباعة ، مصر،بلا تاريخ.

٤- مقدمات ثورة ٢٣ يوليو ، ط٣ ،الهيئة العامة لقصور الثقافة ،١٩٨٧.

(٣٩)عزيز زند ، تاريخ الخديوي توفيق ، مكتبة مدبولي ، القاهرة ، ١٩٩١ .

(٤٠) د . عمر عبد العزيز ، تاريخ مصر الحديث والمعاصر ، دار المعرفة الجامعية ، الإسكندرية ، ١٩٩٣.

(٤١)لويس جرجس ، يوميات من التاريخ المصري الحديث ،١٧٧٥-١٩٥٢،الهيئة العامة المصرية للكتاب ، القاهرة ، ١٩٩٨.

(٤٢) مجدي حماد ، ثورة ٢٣ يوليو ١٩٥٢ ، مركز دراسات الوحدة العربية ، بيروت ،١٩٩٣.

(٤٣) محمد حسنين هيكل ، سنوات الغليان ، مركز الأهرام للترجمة والنشر ،القاهرة ، ١٩٨٨ .

٢- عبد الناصر والعالم ،دار النهار للنشر ، بيروت ، ١٩٧٢ .

٣- قصة السويس، ط٢،شركة المطبوعات للنشروالتوزيع ،بيروت،١٩٨٢ .

٤- لمصر لا لعبد الناصر ،ط٢ ، شركة المطبوعات للتوزيع والنشر ، بيروت ، ١٩٨٢ .

٥- ملفات السويس ،مركز الأهرام للترجمة والنشر،القاهرة، ١٩٨٦ .

(٤٤)محمد الرميحي ،النفط والعلاقات الدولية ، المجلس الوطني للثقافة ، سلسلة عالم المعرفة ، الكويت ، ١٩٨٢ .

(٤٥) محمد الصياد وآخرون ، المجتمع العربي والقضية الفلسطينية ،دار النهضة العربي ، بيروت ، ١٩٧٣ .

(٤٦) د . محمد فؤاد شكري ، مصر والسودان ،ط٣ ، دار المعارف ،مصر ، ١٩٦٣ .

(٤٧)   محمود سامي البارودي ، ديوانه ، تحقيق علي الجارم ومحمد شفيق معروف ، دار المعارف بمصر ، ١٩٧٤ .

(٤٨) محمود فوزي ، حرب السويس ١٩٥٦ ، ترجمة مختار كمال ، دار الشروق ، القاهرة ، ١٩٨٧ .

(٤٩) مردخاي براأون ، حرب سيناء ١٩٥٦ ،ترجمة بدر العقيلي ، دار الجليل ، عمان ،١٩٨٨ .

(٥٠) مصطفى الحفناوي ، قناة السويس ومشكلاتها المعاصرة ، مطبعة مصر ، القاهرة ، ١٩٥٢ .

(٥١) مصطفى الخالدي وعمر فروخ ،التبشير والاستعمار في البلاد العربية ط ٥ ، المكتبة العصرية ، بيروت وصيدا ،١٩٧٣.

(٥٢) نجلاء أبو عز الدين ، عبد الناصر والعرب ، ترجمة يوسف الصباغ ، مكتبة مدبولي ، القاهرة ، ١٩٨١ .

(٥٣) نديم البيطار ، من التجزئة إلى الوحدة ، ط ٣، مركز دراسات الوحدة العربية ، بيروت ، ١٩٨٢ .

مراجع اخرى :

(٥٤) موسوعة انكارتا .

(٥٥) مجلة العربي ، الكويت ، آذار ١٩٨٧ .

(٥٦) مجلة الهلال ، مصر ، ١٩٦٧/٨ ، عدد من ١٩٧٧ ، ٢٠٠٢/٧ .

(٥٧) مجلة وجهات نظر ، مصر ، ابريل ٢٠٠٢.

المجموع :٧٣ مرجعا .

الفهرس

Printed in the United States
By Bookmasters

Printed in the United States
By Bookmasters

T0271445